ABITUR-TRAINING

Geographie

Baden-Württemberg

Thomas Kremsler • Michael Lamberty • Simon Lamberty • Kay Sickinger

STARK

ISBN 978-3-8490-0915-1

© 2014 by Stark Verlagsgesellschaft mbH & Co. KG
Besuchen Sie uns im Internet: www.stark-verlag.de

Das Werk und alle seine Bestandteile sind urheberrechtlich geschützt. Jede vollständige oder teilweise Vervielfältigung, Verbreitung und Veröffentlichung bedarf der ausdrücklichen Genehmigung des Verlages.

Inhalt

Vorwort

Reliefsphäre 1

1	Fluviatile Prozesse: Wirkung und Formenbildung	1
1.1	Prozesse im Flussbett	2
1.2	Talformen und Flusslängsprofil	4
2	Glazialmorphologie	12
2.1	Ursachen der Eiszeiten	13
2.2	Gletscher	14
2.3	Glaziale Abtragung und Akkumulation: Prozesse und Formen	17

Atmosphäre 25

1	Grundlagen	25
1.1	Aufbau der Atmosphäre	26
1.2	Strahlungs- und Wärmehaushalt	28
1.3	Wasser in der Atmosphäre	31
1.4	Steigungsregen und Föhn	33
1.5	Wolken	34
2	Thermisch bedingte Zirkulation	36
2.1	Luftdruck und Wind	36
2.2	Land-See-Windsystem	37
2.3	Planetarische Zirkulation	38
3	Dynamisch bedingte Zirkulation	44
3.1	Westwinde der gemäßigten Breiten	44
3.2	Zyklone und Antizyklone	46
3.3	Zyklonales Wettergeschehen	47
3.4	Wetterkarten	52
4	Räumliche Differenzierung des Klimas	57
4.1	Klimaklassifikationen	57
4.2	Räumliche Differenzierung des Klimas nach TROLL/PAFFEN	58
5	Stadtklima	65

Pedosphäre 71

1	Bodenbildungsprozesse	71
2	Verwitterung der Ausgangsgesteine: Mineralisierung	73
2.1	Physikalische Verwitterung	73
2.2	Chemische Verwitterung	74
3	Bodenarten und Bodenfruchtbarkeit	76
4	Bodenprofil und Bodentypen	80
4.1	Rendzina	81
4.2	Schwarzerde	82
4.3	Braunerde	83
4.4	Parabraunerde	83
4.5	Podsol	84
4.6	Gley	85
4.7	Latosol	86
4.8	Bodenregionen Mitteleuropas	87
5	Boden und Landwirtschaft	91
5.1	Bodenfauna	91
5.2	Verfügbarkeit von Nährstoffen	93
5.3	Überdüngung	94
6	Formen der Bodendegradation	96
6.1	Das Syndrom-Konzept	96
6.2	Bodendegradation in der Mittelmeerregion	97
6.3	Bodenversalzung	101
6.4	Bodenverdichtung	102
6.5	Bodenkontamination	103

Wirtschaftsstrukturen und -prozesse auf regionaler und globaler Ebene 107

1	Analyse von Räumen unterschiedlichen Entwicklungsstandes im Globalisierungsprozess	107
1.1	Räume unterschiedlichen Entwicklungsstandes	107
1.2	Indikatoren der Entwicklung	110
2	Ausgleichsorientierte Entwicklung und Strategien der Entwicklungszusammenarbeit	115
2.1	Strategien der Entwicklungszusammenarbeit	115
2.2	Projekte für eine ausgleichsorientierte Entwicklung	121

Globales Problemfeld Verstädterung ... 125

1	Ausmaß, Folgen und Ursachen der Verstädterung	125
1.1	Begriffsdefinitionen	125
1.2	Stadttypen	130
1.3	Verstädterung in Industrieländern	139
1.4	Verstädterung in Schwellen- und Entwicklungsländern	142
1.5	Auswirkungen der Verstädterung auf die Umwelt	146
2	Handlungsansätze für nachhaltige Entwicklungen	152
2.1	Das Prinzip der Nachhaltigkeit	152
2.2	Die drei Aspekte der Nachhaltigkeit	152
2.3	Nachhaltigkeit und Stadtentwicklung	153
3	Ursache-Wirkungszusammenhang am Beispiel Mumbai	158
3.1	Ausmaß der Verstädterung	158
3.2	Ursachen und Folgen der Verstädterung	160
4	Dongtan – zukunftsfähiges Konzept einer Ökostadt?	163
4.1	Lage und Konzept Dongtans	163
4.2	Bewertung des Projekts und Zukunftsaussichten	166

Aufgaben im Stil des Abiturs ... 167

Übungsaufgabe 1: Schweiz ... 167
Übungsaufgabe 2: Südamerika ... 176

Lösungen ... 183

Stichwortverzeichnis ... 211
Quellennachweis ... 213

Autoren

MICHAEL LAMBERTY
Reliefsphäre
Atmosphäre

MICHAEL LAMBERTY, SIMON LAMBERTY
Pedosphäre
Aufgaben im Stil des Abiturs – Übungsaufgabe 1: Schweiz

THOMAS KREMSLER
Wirtschaftsstrukturen und -prozesse auf regionaler und globaler Ebene
Aufgaben im Stil des Abiturs – Übungsaufgabe 2: Südamerika (Aufgabe 5)

KAY SICKINGER
Globales Problemfeld Verstädterung
Aufgaben im Stil des Abiturs – Übungsaufgabe 2: Südamerika (Aufgaben 1–4)

Vorwort

Liebe Schülerinnen und Schüler,

mit diesem Abitur-Training Geographie halten Sie eine klar strukturierte Zusammenfassung in den Händen, mit der Sie sich effektiv auf den Unterricht, auf Klausuren und besonders auf die schriftliche Abiturprüfung im Fach Geographie vorbereiten können. Dieses Buch umfasst den gesamten prüfungsrelevanten Unterrichtsstoff der **Schwerpunktthemen** für das **Abitur 2015** in Baden-Württemberg.

Anhand zahlreicher **Statistiken, Grafiken und Karten** wird das komplette prüfungsrelevante Wissen nachvollziehbar dargestellt und anschaulich erklärt. Abwechslungsreiche **Aufgaben** im Anschluss an die Teilkapitel ermöglichen es Ihnen, Ihr erworbenes Wissen sofort anzuwenden und zu überprüfen. Zum Trainieren des „Ernstfalls" stehen Ihnen zwei **abiturähnliche Übungsaufgaben für das geänderte Abiturformat ab 2015** zur Verfügung, die auch die geforderten fachspezifischen Methoden berücksichtigen. Vollständige **Lösungen** erlauben die sofortige Kontrolle Ihres Lernerfolgs.

Über den **Online**-Code sowie auf der **beiliegenden CD** erhalten Sie außerdem Zugang zu einer **digitalen, interaktiven Ausgabe** dieses Trainingsbuchs:

- Hier stehen Ihnen die Inhalte als **komfortabler e-Text** mit vielen Zusatzfunktionen (z. B. Navigation, Zoomfunktion etc.) zur Verfügung.

- Zu jedem Stoffgebiet des Trainingsbuchs finden Sie zahlreiche **Multiple-Choice-Aufgaben**. Diese zusätzlichen Übungsmöglichkeiten können direkt aus dem e-Text aufgerufen werden.

- Um zu überprüfen, ob Sie wichtige Fachbegriffe sicher beherrschen, nutzen Sie die **Flashcards**. Ein Mausklick genügt und Sie können Ihr Wissen schnell überprüfen bzw. Wissenslücken erkennen.

Dieser Trainingsband beschränkt sich auf die **im Abitur 2015** verbindlichen Schwerpunktthemen und bietet im Zusammenspiel mit den originalen Abituraufgaben der vergangenen Jahre (Stark Verlag, Best.-Nr. 85901) eine **optimale Vorbereitung** auf Klausuren und die Abiturprüfung.

Autoren und Verlag wünschen Ihnen viel Erfolg!

Reliefsphäre

1 Fluviatile Prozesse: Wirkung und Formenbildung

Ein Großteil der Erdoberfläche wird durch fließendes Wasser geformt (**fluviatile Formung**). Zur fluviatilen Formung zählt nicht nur die Arbeit von Flüssen und Bächen, auch der flächenhafte Abtrag (Denudation) ist für die Entwicklung der Oberflächenformen von hoher Bedeutung.

> **Erosion und Denudation**
>
> Bei den Abtragungsvorgängen unterscheidet man im deutschen Sprachgebrauch zwischen Erosion und Denudation.
>
> Als **Erosion** bezeichnet man die **linienhafte Abtragung,** v. a. die einschneidende Tätigkeit des fließenden Wassers (Fluvialerosion). Die Erosionskraft hängt dabei ab von der Wassermenge und der Fließgeschwindigkeit (damit vom Gefälle), von der Widerständigkeit des Untergrundes und von der Art und Menge der transportierten Sedimente.
>
> Unter **Denudation** versteht man dagegen die **flächenhafte Abtragung**.
> Unterschieden wird nach den wirkenden exogenen Kräften:
> - **Flächenspülung:** Lösung und Transport von Bodenbestandteilen v. a. nach Starkregen flächenhaft in Schichtfluten.
> - **Glaziale Abtragung:** durch bewegtes Eis (Gletscher oder Inlandeis).
> - **Abrasion:** abtragende Wirkung der Brandung an den Küsten von Meeren und großen Seen.
> - **Deflation:** Abtragung (Abblasung) des Untergrundes durch den Wind besonders in ariden Gebieten.

Flüsse erodieren Material, transportieren Sedimente und lagern diese wieder ab. Das Flusslängsprofil von der Quelle bis zur Mündung und die Talformen stehen in engem Zusammenhang zueinander (vgl. S. 5). Entlang des Flusslaufs prägen oftmals Terrassen (vgl. S. 8) die Landschaft.

1.1 Prozesse im Flussbett

Das durch Verwitterung, Erosion oder Denudation zur Verfügung gestellte Boden- bzw. Gesteinsmaterial wird durch Wasser transportiert. Die **Transportkraft** des Wassers hängt von der Wassermenge und der Fließgeschwindigkeit ab. Man unterscheidet allgemein zwischen **Geröll-, Schweb-, Lösungs-** und **Schwimmfracht**.

Schwimmfracht (z. B. Äste oder Baumstämme) an der Wasseroberfläche kann, wenn sie sich zwischen Steinen verkeilt, den Abfluss des Wassers bremsen und verlagern. Im Wasser gelöste Stoffe, z. B. Salze oder Kalk, werden als Lösungsfracht bezeichnet. Die Schwebfracht oder Suspensionsfracht, bestehend aus Tonteilchen (Schluff), wird bereits bei sehr geringer Fließgeschwindigkeit transportiert.

Bei ruhig fließendem Wasser spricht man von einem gleitenden (laminaren) Abfluss. Bei hohen Fließgeschwindigkeiten können Unebenheiten am Flussbett den gleitenden Abfluss stören und es kommt zu **Turbulenzen**. Diese führen zu einem hüpfenden Transport **(Saltation)** der Sand- und Kiesteilchen. Bereits bei einer Fließgeschwindigkeit ab 2 cm/s können Sande und ab 10 cm/s Kiese bewegt werden. Bei einer Fließgeschwindigkeit von 1,7 m/s können bis zu 1,5 kg schwere Steine rollend **(Geröll)** oder kriechend transportiert werden.

Die mitgeführten Gesteine werden beim Transport durch Stoßen und Reiben bearbeitet. Ihre **Zurundung** ist bei Kalken und Sandsteinen nach 1–5 km Transportweg, bei Quarzen und Granit nach 10–20 km so gut wie vollendet, nach 20–200 km hat sich die Größe der Gerölle halbiert. Gleichzeitig wirken die Gesteinsstücke tiefenerodierend: Sie reiben, schleifen, bohren

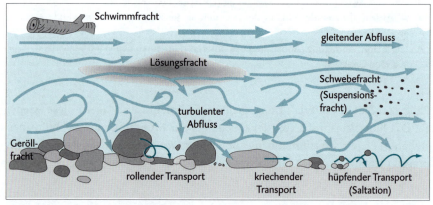

Materialtransport in fließenden Gewässern

und brechen Stücke aus dem Untergrund. Lässt die Transportkraft nach, erfolgt die **Akkumulation (Ablagerung/Sedimentation)** des transportierten Materials. Dabei werden die Sedimente nach Größe und Gewicht sortiert (vgl. folgende Grafik).

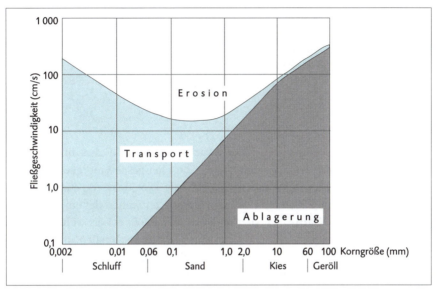

Hjulström-Diagramm

Die Wasserteilchen fließen in einem Fluss nicht gleichmäßig, sondern in Längswalzen spiralförmig flussabwärts. Dabei kommt es zu Wirbeln und Turbulenzen. Die Strömungsgeschwindigkeit eines Flusses wird nur durch die Reibung gebremst. Im Idealfall befindet sich der Wasserbereich mit der größten Fließgeschwindigkeit, der **Stromstrich**, in der Mitte des Flusses. In Kurven und Mäandern verlagert sich der Stromstrich infolge von Fliehkräften nach außen.

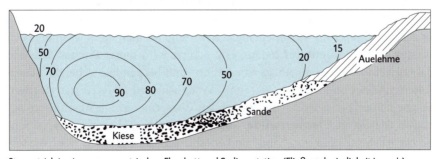

Stromstrich in einem asymmetrischen Flussbett und Sedimentation (Fließgeschwindigkeit in cm/s)

Die Erosion arbeitet in drei Richtungen, in die Tiefe **(Tiefenerosion)**, zu den Seiten **(Seitenerosion)** und rückwärts **(rückschreitende Erosion)**. Das Zusammenspiel dieser Komponenten führt unter anderem zu den verschiedenen **Talformen** (vgl. Grafik S. 5).

1.2 Talformen und Flusslängsprofil

Die ideale Gefällskurve eines Flusses in den mittleren Breiten lässt sich als Parabel beschreiben, die sich in Ober-, Mittel- und Unterlauf gliedern lässt (vgl. Grafik S. 5).

Oberlauf

Im Oberlauf haben Bäche und Flüsse zwar eine geringe Wasserführung, aber aufgrund des starken Gefälles eine sehr hohe Fließgeschwindigkeit. Deshalb sorgen die zahlreich mitgeführten Gesteine als Erosionswerkzeuge für eine starke Tiefenerosion. Bei widerständigem Gestein entstehen tief eingeschnittene, enge Täler. Die **Klamm** hat sich senkrecht eingetieft, bei der **Schlucht** sind die Wände nur wenig abgeschrägt. Die häufigen Stromschnellen und Wasserfälle beseitigt der Fluss allmählich durch rückschreitende Erosion.

Stehen Tiefenerosion und Hangabtragung annähernd im Gleichgewicht, bilden sich **Kerbtäler** mit V-förmigem Querschnitt. Beim Durchschneiden verschieden widerständiger Schichten entstehen, oft unterstützt durch geologische Hebungsphasen, **Canyons** mit gestuftem Hangprofil.

Mittellauf

Im Mittellauf wird bei geringerem Gefälle und größerer Wassermenge die Hangabtragung stärker als die Tiefenerosion. Der Fluss ist noch in der Lage, die Sedimente zu transportieren. Es entstehen **Muldentäler**.

Bei sehr geringem Gefälle oder in Zeiten geringerer Wasserführung kommt es zur Aufschotterung von ehemaligen Kerb- und Muldentälern, es bilden sich **Kasten-** oder **Sohlentäler** heraus. Unterstützt wird dieser Prozess dadurch, dass der Fluss auf seinen Ablagerungen hin- und herpendelt, dabei die Hänge unterschneidet und das Tal verbreitert. Wird sehr viel Material transportiert, neigt ein Fluss mit periodisch wechselnden Wassermengen in Abschnitten geringen Gefälles zu **Flussverwilderungen**. Bei geringer Wassermenge kommt es zur Akkumulation von Sand- und Kiesbänken, die während Hochwasserphasen wieder verlagert werden.

Reliefsphäre | 5

① **Trogtal**
Glazial überprägte Kerbtäler, durch starke Tiefen- und Seitenerosion des Gletschers ausgeräumt, U-Profil mit muldenförmigem Talboden und steilen Trogwänden, oft übertieft, Vorkommen im Bereich ehemaliger Talgletscher

② **Klamm, Schlucht**
Extreme Tiefenerosion in hartem Gestein, sehr steile Hänge, turbulenter Fluss auf ganzer Sohlenbreite; häufig in ehem. vergletschertem Gebirge, wenn Haupttal tiefer ausgeschürft als Nebental

③ **Kerbtal**
Starke Tiefenerosion, ausgeprägte Denudation der Hänge, V-Profil, Fluss meist über ganze Breite der Talsohle; häufig in Gebirgen mit kräftigen Niederschlägen und steilem Gefälle

④ **Sohlental, Kerbsohlental**
Keine Tiefenerosion, Fluss pendelt auf seinen Aufschotterungen, Talverbreiterungen durch Seitenerosion, bei geringem Gefälle Flussverwilderungen, Nebenflüsse bilden Schwemmkegel aus

⑤ **Asymmetrisches Tal**
Mäanderbildung, Verlagerung des Stromstrichs nach außen, dort Bildung eines steilen Prallhangs durch Seitenerosion, innen flacher Gleithang mit Sedimentation, Bildung von Umlaufbergen

⑥ **Muldental**
Keine Tiefenerosion, kaum Seitenerosion, Akkumulation von Sand und Ton, flache Form typisch für den Unterlauf

⑦ **Dammuferfluss**
Vegetation am Ufer bremst Fließgeschwindigkeit, Sinkstoffe setzen sich an den Rändern ab, weitere Sedimentation bei Hochwasser, Bildung von Uferwällen

⑧ **Deltamündung**

⑨ **Wasserfall**

Talformen im Längsprofil eines Flusses (idealtypische Darstellung)

6 Reliefsphäre

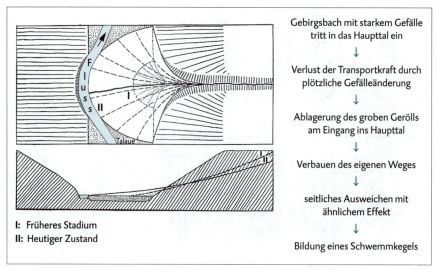

Bildung eines Schwemmkegels

Schwemmkegel (vgl. obige Grafik) von Seitenbächen können den Hauptfluss zum Ausbiegen zwingen, er bildet dann verstärkt Schlingen aus.

Das seitliche Auspendeln des Stromstrichs (vgl. Grafik S. 3) führt zur Schlingen- und **Mäanderbildung**. Der Fluss erodiert am Außenbogen und formt dort einen steilen **Prallhang**. Am Innenbogen akkumuliert er wegen der geringen Fließgeschwindigkeit und bildet einen flachen **Gleithang** aus.

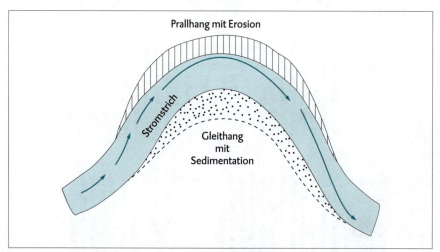

Prall- und Gleithang in der Aufsicht

Die asymmetrische Seitenerosion verschmälert die Hälse der von Mäandern umflossenen **Sporne**, bis die Hälse schließlich durchbrochen werden. Aus dem Sporn bildet sich ein **Umlaufberg**. Aufgrund der Verkürzung der Laufstrecke erhöht sich an der Durchbruchstelle die Fließgeschwindigkeit und der Fluss tieft sich ein. Der ehemalige Mäanderbogen bleibt als **Altwasser** zurück und verlandet schließlich.

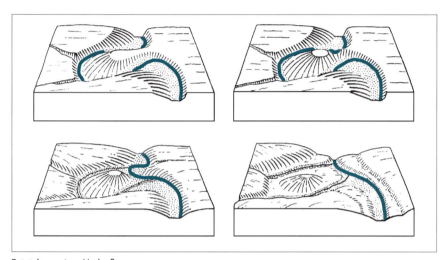

Entstehung eines Umlaufberges

Unterlauf

Im Unterlauf eines Flusses herrscht aufgrund des sehr geringen Gefälles Ablagerung von Sand und Ton vor. Der Fluss füllt sein Bett langsam auf. Bei Hochwasser lagert sich die mitgeführte Sedimentfracht bevorzugt in Ufernähe ab, sodass natürliche **Uferdämme** entstehen, die den Fluss eindeichen. Allmählich erhebt er sich über seine Umgebung und wird zum **Dammuferfluss** (vgl. Grafik S. 5). Nebenflüsse können diese Dämme oft nicht durchbrechen, sodass es zur **Mündungsverschleppung** kommt. So fließt die Maas eine weite Strecke parallel zum Rhein, bis sie endlich Gelegenheit zur Einmündung findet.

Beim Einmünden eines Flusses in einen See oder ins Meer erreicht der Fluss seine **Erosionsbasis**. Seine Fließgeschwindigkeit wird abrupt abgebremst, er verliert plötzlich seine Transportkraft und bildet zunächst einen Schwemmkegel. Auf diesem verästelt er sich, findet neue Ablagerungsstellen und baut so langsam ein **Delta** auf, wenn die Ablagerungen nicht durch starke Gezeiten oder küstenparallele Meeresströmungen verfrachtet werden.

Reliefsphäre

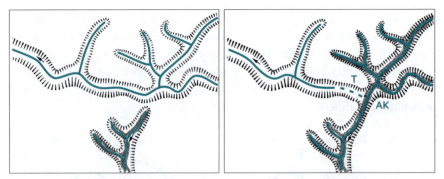

Flussanzapfung durch rückschreitende Erosion (AK = Anzapfungsknie, T = trockengefallenes Talstück)

Der Einzugsbereich eines Flusssystems wird durch **Wasserscheiden** begrenzt, z. B. bildet der Schwarzwald die Wasserscheide zwischen Rhein und Donau. Erosionsstarke Flüsse vergrößern ihr Einzugsgebiet auf Kosten erosionsschwacher Flüsse durch **rückschreitende Erosion**. Dabei kann ein Gewässer eines anderen Flusssystems angezapft und ins eigene Flusssystem umgeleitet werden **(Flussanzapfung)**. So hat der Rheinzufluss Wutach die Donau, deren ursprünglicher Hauptquellfluss vom Feldberg kam, in ihrem Oberlauf geköpft und diesen zum Hochrhein umgeleitet.

Terrassen

Oft begleiten **Terrassen** an den Hängen einen Flusslauf. Es handelt sich dabei um Reste alter Talböden, die eine sehr unterschiedliche Genese haben können. Besonders ausgeprägt sind die **Tal-** oder **Felsterrassen** in einem **antezedenten Durchbruchstal**, wie etwa dem Mittelrheintal zwischen Bingen und Bonn. Dort hat sich am Ende des Tertiärs das alte Gebirge langsam gehoben. Die Tiefenerosion des Rheins konnte mit der tektonischen Hebung mithalten. Während längerer tektonischer Ruhephasen zwischen den Hebungsphasen hat die Seitenerosion des Flusses die Talböden verbreitert und in das anstehende Gestein geschnitten. Diese ehemaligen Talböden begleiten heute den Rhein als Terrassen in unterschiedlicher Höhe.

Beim **epigenetischen Durchbruchstal** gerät dagegen ein sich eintiefender Fluss auf einem Teil seiner Laufstrecke in den Bereich widerständigen Gesteins. Dieser bildet dann bei weiterer Tiefenerosion die Durchbruchsstrecke. Sowohl der Donaudurchbruch bei Beuron im Naturpark Obere Donau als auch der Donaudurchbruch bei Weltenburg (Bayern) sind auf diese Weise entstanden.

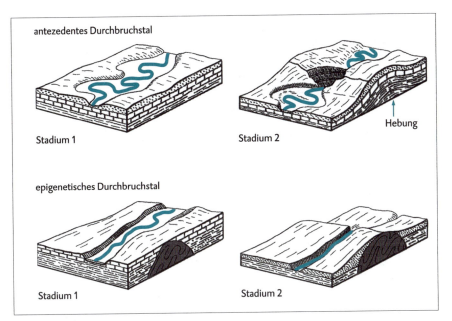

Durchbruchstäler

Schotterterrassen finden sich z. B. in Schmelzwassertälern im nördlichen Alpenvorland. Ihre Genese korrespondiert eng mit den verschiedenen Eiszeiten. Idealtypisch müssten in der ältesten **Kaltzeit (Günz)** die obersten Schotter (vgl. Buchstabe A in Grafik S. 10) abgelagert worden sein. Während der folgenden **Warmzeit** (Interglazial) schmolzen die Gletscher ab, die verstärkte Wasserführung mit hoher Erosionskraft führte zur Tiefenerosion und zum Einschneiden der Bäche in ihre eigenen Schotterablagerungen. In der nächsten Kaltzeit, dem **Mindel**-Glazial, war viel Wasser als Eis gebunden; die Schmelzwasserbäche hatten insgesamt eine geringere, jahreszeitlich stark schwankende Wasserführung bei einem hohen Anteil von fluvioglazialer Fracht. Es kam zur Aufschotterung des eingeschnittenen Tales (B). Dieses wurde im folgenden Interglazial durch die verstärkte Erosionskraft der Schmelzwasserbäche teilweise wieder ausgeräumt. Diese Prozesse wiederholten sich auch in den letzten beiden Eiszeiten, **Riß** (C) und **Würm** (D), sodass man heute im Idealfall ein Flusstal vorfindet, in dem die vier Schotterterrassen mit den vier Glazialen korrespondieren, wobei die Hochterrasse zur Riß- und die Niederterrasse zur Würmeiszeit gehört. Der heutige Fluss fließt in einer postglazialen Talaue.

10 Reliefsphäre

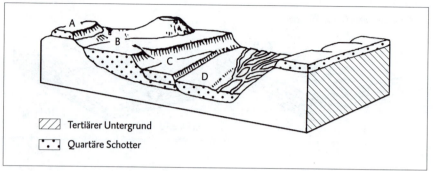

Schotterterrassen

Aufgabe 1 In Nordperu hat der Rio Santa bei seinem 370 km langen Lauf unterschiedliche Talformen ausgebildet (vgl. folgende Abb.).
Bestimmen Sie die Talformen bei km 170, km 210 und km 310 und erklären Sie deren Genese.

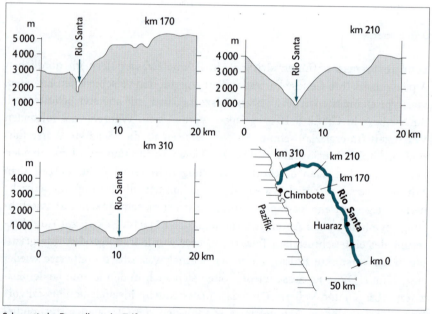

Schematische Darstellung der Talformen am Rio Santa in Nordperu

Aufgabe 2 Die Mosel hat im dargestellten Flussabschnitt mehrfach ihren Lauf geändert (vgl. folgende Abb.).
a Charakterisieren Sie die Entwicklung des Flussverlaufes.
b Erklären Sie die Entwicklung des Flusslaufes II und die dabei entstandenen typischen geomorphologischen Formen.

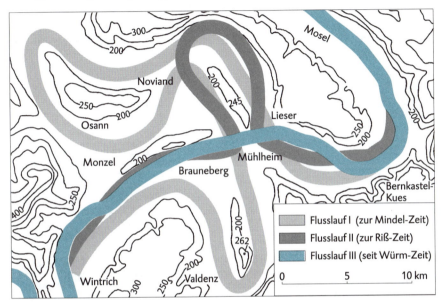

Flussläufe der Mosel bei Mühlheim

Aufgabe 3 Charakteristisch für den Schweizer Faltenjura sind seine Quertäler.
a Erklären Sie das Gewässernetz.
b Erläutern Sie die Genese der Quertäler.

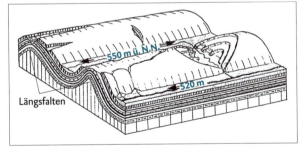

Längs- und Quertäler im Faltenjura

2 Glazialmorphologie

Vor etwa 2,5 Mio. Jahren begann das Erdzeitalter **Quartär**. Das Klima kühlte sich im Vergleich zum **Tertiär** deutlich ab.

In den letzten 1,5 Mio. Jahren gab es mindestens vier **Glaziale** (Kalt-/Eiszeiten), in denen die Jahresmitteltemperaturen in den gemäßigten Breiten der Nordhalbkugel etwa 6–15 °C unter den heutigen Werten lagen. In den dazwischenliegenden **Interglazialen** (Warmzeiten) war die Temperatur zum Teil höher als heute.

Zeit (1 000 Jahre v./n. Chr.)	Erdgeschichtliche Gliederung			Durchschnittstemperatur (°C)	Kultur und Mensch
2 – 1 – 0 – 1 – 2 – 3 –	Holozän	Subatlantikum		0 bis +10	Historische Zeit Römerzeit Eisenzeit Bronzezeit
2 – 3 –		Subboreal			
4 – 5 – 6 – 7 –		Atlantikum		+12 bis +13	Jungsteinzeit
8 –		Boreal			Mittelsteinzeit
9 – 11,5 –		Präboreal		+3 bis +2	
	Quartär / Pleistozän	Alpen und Alpenvorland:	Norddeutschland:		
115 –		Würm-Kaltzeit	Weichsel-Kaltzeit	–2 bis –6	
130 –		Riß-Würm-Interglazial	Eem-Warmzeit	+4 bis +11	Altsteinzeit
350 –		Riß-Kaltzeit	Saale-Kaltzeit	–1 bis –6	Neandertaler
		Mindel-Riß-Interglazial	Holstein-Warmzeit	+6 bis +13	Steinheimer
585 –		Mindel-Kaltzeit	Elster-Kaltzeit	–3 bis –6	
760 –		Günz-Mindel-Interglazial	Cromer-Warmzeit	+3 bis +13	Heidelberger
1 000 –		Günz-Kaltzeit	Menap-Kaltzeit	–2 bis +2	
1 170 – 2 500 –		ältere Kalt- und Warmzeiten			

Pleistozän und Holozän: Klima, Vegetation, Kulturstufen

2.1 Ursachen der Eiszeiten

Die **Klimaschwankungen** und der Wechsel von Kalt- und Warmzeiten hatten mehrere zusammenwirkende **Ursachen**: Die Form der Erdumlaufbahn um die Sonne **(Exzentrizität)** verändert sich im Rhythmus von 92 000–100 000 Jahren von einem Kreis zu einer Ellipse (vgl. folgende Abb., Nr. 1). Nun wird nach dem zweiten Kepler'schen Gesetz bei einer Umlaufbahn die gleiche Fläche in gleicher Zeit umlaufen. Das bedeutet, die Erde bewegt sich auf einer Ellipsenbahn mit unterschiedlichen Geschwindigkeiten, der Weg durch die Sonnenferne wird deutlich langsamer zurückgelegt, mit negativen Auswirkungen auf die Intensität der Energieeinstrahlung.

Der Neigungswinkel der Rotationsachse der Erde **(Schiefe der Ekliptik)** schwankt mit einer Periode von 41 000 Jahren (vgl. folgende Abb., Nr. 2). Zudem führt die Rotationsachse eine Kreiselbewegung **(Präzession)** durch, wobei ein Umlauf 22 000 Jahre dauert (Nr. 3). Diese astronomischen Faktoren führen im Zusammenspiel zu veränderten Strahlungsbedingungen und zu einem reduzierten Energiehaushalt der Erde. Anhand von Bohrkernen vom Grund des antarktischen Ross-Meeres, die Ablagerungen der letzten 400 000 Jahre dokumentieren, konnten die zyklischen Schwankungen der Erdbahnparameter nachgewiesen werden.

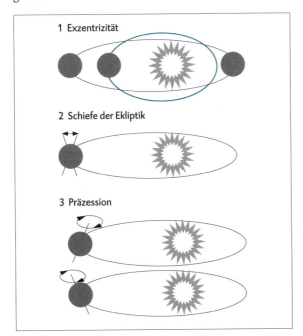

Erdbahnparameter

Auch die Abnahme des CO_2-Gehalts in der Atmosphäre kann durch eine Herabsetzung des natürlichen Treibhauseffektes zu einer Klimaverschlechterung beitragen. Sind dann große Flächen schneebedeckt, steigt die **Albedo** (vgl. S. 29) und die Atmosphäre kühlt weiter ab. Meeresströmungen reagieren empfindlich auf Klimaveränderungen, z. B. würde das Ausbleiben des Golfstroms zu einer drastischen Abkühlung Nordeuropas führen.

Neuste Solarforschungen belegen, dass auch Veränderungen der Sonnenaktivität eine wichtige Rolle beim globalen Klimawandel spielen.

2.2 Gletscher

Voraussetzung für die Bildung von Gletschern sind Temperaturen, die so niedrig sind, dass der gefallene Schnee im Laufe eines Jahres nicht vollständig schmilzt und die Schneemassen über Jahrhunderte anwachsen. Der Druck des jährlich hinzukommenden lockeren **Neuschnees** sowie das wiederholte sommerliche Antauen und Wiedergefrieren führen zur Bildung von grobkörnigem **Altschnee**, dem sogenannten **Firn**. Eine weitere Erhöhung des Auflagedrucks presst den Firn zu **Firneis** zusammen, das sich nach Jahren in kompaktes **Gletschereis** verwandelt.

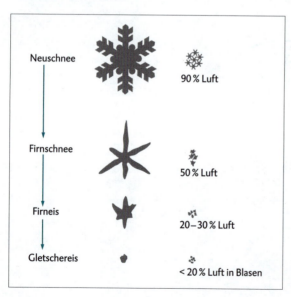

Vom Schnee zum Gletschereis

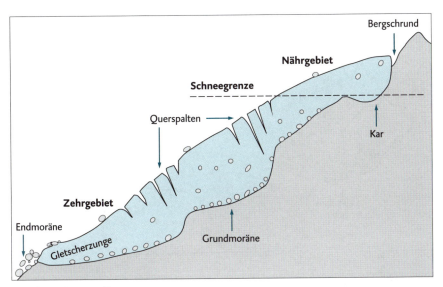

Gletscher im Längsprofil

Oberhalb der **Schneegrenze** ist der Schneefall größer als die **Ablation** (Abschmelzen und Verdunsten), hier befindet sich das **Nährgebiet** eines Gletschers. Im tiefer gelegenen **Zehrgebiet** überwiegt die Ablation.

Das Wachstum eines Gletschers beginnt mit der Ansammlung von Firn in einer flachen Mulde **(Firnmulde)**, die nach und nach durch Erosion vergrößert und zu einem steilwandigen **Kar** umgebildet wird. Das Gewicht des ständigen Nachschubs an Schnee und Eis schiebt den Gletscher aus dem Kar; das Eis beginnt zähplastisch zu fließen. Das Eigengewicht des Gletschers und das natürliche Gefälle sind der erste „Antriebsmotor" des Gletschers. Je steiler das Gefälle und je schwerer das Eigengewicht, desto schneller fließt das Eis.

Der zweite „Motor" ist die Schubkraft des kontinuierlichen Eisnachschubs aus den höheren Gebirgsregionen. Hinzu kommt der Gleitfaktor Wärme: Durch den Auflastdruck und die Reibungswärme des sich bewegenden Gletschers schmilzt das Eis am Grund, besonders dann, wenn sich der Druck an Geländeerhebungen konzentriert. Das **Schmelzwasser** bildet einen Gleitfilm, auf dem der Gletscher leicht rutschen kann.

Fließt der Gletscher über größere Gefällsstufen, bricht das zähplastische Eis und es bilden sich tiefe **Querspalten**. Ausgedehnte, stark zerklüftete Spaltenfelder nennt man Seracs. **Längsspalten** entstehen, wenn sich der Gletscherquerschnitt beim Auseinanderfließen des Gletschers vergrößert. **Radialspalten** bilden sich im Randbereich durch erhöhten Reibungswiderstand des anstehenden Felsens.

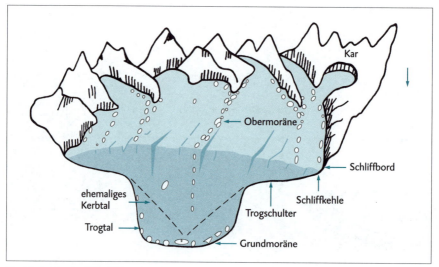

Glaziale Formen im Nährgebiet

Während der Eiszeiten führte die globale Abkühlung zu einer deutlichen Absenkung der klimatischen Schneegrenze. Als Konsequenz wuchsen die skandinavischen Gebirgsgletscher zu einem zusammenhängenden Eiskomplex, der weite Teile Skandinaviens bedeckte. Langjährige starke Schneefälle ließen das **Nordeuropäische Inlandeis** im Nährgebiet auf 3 000 m Mächtigkeit anwachsen. Diese ungeheure Eislast im Zentrum des Inlandeises drückte die Eismassen radial auseinander. Zu Zeiten seiner größten Ausdehnung reichte das Inlandeis bis zur Nordgrenze der deutschen Mittelgebirge.

Während die Mittelgebirge nur kleine Eiskappen trugen, waren die Alpen im Süden stark vergletschert. Die **Talgletscher** vereinigten sich zu einem **Eisstromnetz**, aus dem nur die höchsten Gipfel als **Nunatakker** (Singular: Nunatak) herausragten. Am Rande der Alpen stießen die Gletscherzungen der Talgletscher weit ins Vorland vor. Das Land zwischen den Eismassen, der **periglaziale Bereich**, war von einer Tundra-Vegetation bedeckt. Da durch die Eismassen weltweit große Mengen des globalen Wassers gebunden waren, lag der Meeresspiegel mehr als 100 m tiefer als heute, d. h. weite Teile der Nordsee waren Festland.

Die Gletscher der Eiszeiten haben die Landschaften maßgeblich gestaltet und Erosions- und Akkumulationsformen zurückgelassen.

2.3 Glaziale Abtragung und Akkumulation: Prozesse und Formen

Die Talgletscher benutzen ehemalige Flusstäler (Kerbtäler) als Leitlinien. Mithilfe des mitgeführten Gesteinsmaterials, teils aus dem Untergrund mitgerissen, teils als Verwitterungsschutt auf den Gletscher gefallen, verbreitert und übertieft das Eis diese Täler und glättet die Talflanken, sodass U-förmige **Trogtäler** entstehen. Der ehemalige Höchststand des Gletschers ist am **Schliffbord** mit **Schliffkehle** zu erkennen. Unterhalb schufen die Gletscher Verebnungen, die **Trogschultern** (vgl. Grafik S. 16).

Glaziale Erosion

Das von großen Gesteinstrümmern **(Geschiebe)** und feinkörnigem Material durchsetzte Gletschereis hobelt vorspringende Felsen am Untergrund ab und glättet die Gletschersohle sowie die Wände des Trogtals. **Gletscherschrammen** überziehen den Fels in Fließrichtung des Eises. Besonders deutlich wird die Erosion an den **Rundhöckern**, walrückenartigen Felshügeln. Ihre sanft ansteigende, glatt geschliffene Luv-Seite ist ein Ergebnis der **Detersion** (Abschleifen) wegen der Druckzunahme an Eis stauenden Hindernissen. Die dem Eisstrom abgewandte Lee-Seite ist steiler und rauer, weil hier unter nachlassendem Druck des Gletschers Wasser zwischen Eis und Untergrund gefrieren konnte. Beim Vorrücken des Eises wurden Gesteinsstücke herausgerissen **(Detraktion)**. Die Asymmetrie der Rundhöcker zeigt sich besonders deutlich an den Schären der schwedischen Ålandinseln, einer vom Meer überfluteten Rundhöckerlandschaft.

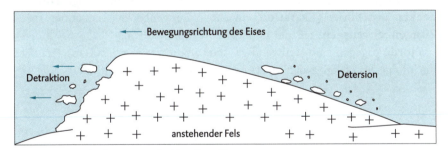

Rundhöcker, glaziale Abtragung an der Gletschersohle

Talformen

Häufig münden kleinere Seitengletscher in einen Hauptgletscher. Nach dem Abschmelzen des Eises liegen die Talsohlen aufgrund der unterschiedlichen Schürfleistung auf verschiedenen Niveaus: Die Seitentäler wurden zu **Hänge-**

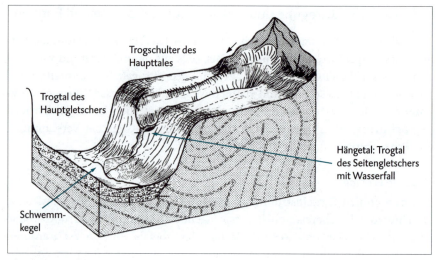

Glaziales Hängetal

tälern, deren Oberfläche hoch über der des Haupttals ausstreicht. Die in ihnen fließenden Bäche stürzen als Wasserfall ins Haupttal oder haben inzwischen durch rückschreitende Erosion tief eingeschnittene, steilwandige Täler gebildet.

In den Kaltzeiten schoben sich die Talgletscher aus den Gebirgstälern ins Vorland. Dort bildeten sie breite **Gletscherzungen** aus; man spricht von einer **Vorlandvergletscherung**. Dort, wo die herabströmenden Gletscherzungen auf ein geringeres Gefälle trafen, stauten sie sich und konnten aufgrund des starken Drucks infolge der nachströmenden Eismassen tiefe, wannenartige **Zungenbecken** ausschürfen **(Exaration)**. In diesen Zungenbecken entstanden später **Zungenbeckenseen**, z. B. der Bodensee im Alpenvorland.

Fjorde dagegen sind steilwandige, stark übertiefte (bis 1 200 m) Trogtäler, die infolge des postglazialen Meeresspiegelanstiegs „ertrunken" sind.

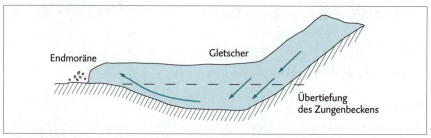

Entstehung übertiefter Zungenbecken

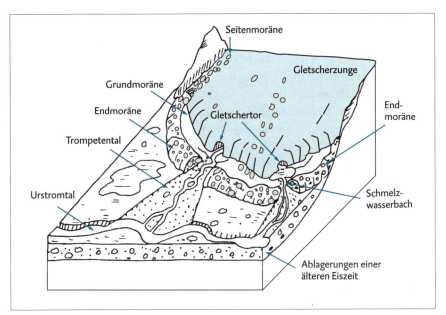

Glaziale Formen im Zehrgebiet

Moränen

Die Schutt-Akkumulationen aus kantigem, wenig beanspruchtem Material am Rande der Gletscher nennt man **Seitenmoränen**. Fließen zwei Gletscher zusammen, bilden die zusammentreffenden Seitenmoränen eine **Mittelmoräne**. Oft sind die Gletscher so stark mit Gesteinsmaterial durchsetzt, dass sie eine dunkle Farbe haben. Dieses Geschiebe bildet mit dem Lockermaterial an der Gletschersohle nach dem Abschmelzen die **Grundmoräne**. An der Gletscherstirn wird die **Endmoräne** abgelagert. Durch mehrfaches Abschmelzen und Vorrücken der Gletscherzunge **(Oszillieren)** können die Endmoränen gestaucht und zu girlandenartigen Endmoränenketten aufgeschoben werden. Grund- und Endmoränen bestehen aus unsortiertem Geschiebe, aus Lehm und kantengerundeten Steinen unterschiedlicher Größe. In den Moränenlandschaften der nordischen Vereisung finden sich häufig große, glatt geschliffene Felsbrocken, sogenannte **Findlinge**, die das Eis aus Skandinavien herantransportiert hat.

Bedeutung des Schmelzwassers

Schmelzwasser fließt durch die zahlreichen Gletscherspalten und vereint sich subglazial zu Schmelzwasserströmen. Durch **Gletschertore** fließt es aus dem

Gletscher heraus und führt Sedimente (Kies und Sand) mit sich. Fein zerriebenes Gesteinsmaterial trübt das Schmelzwasser, man spricht von **Gletschermilch**.

In den vom Eis geprägten Landschaften finden sich zahlreiche Formen, die subglazial, meist im Zusammenhang mit Schmelzwasser, entstanden sind.

Typisch sind **Drumlins**, die oft scharenweise in der Nähe der Endmoränenwälle vorkommen. Es handelt sich um lang gestreckte Aufschüttungs-Vollformen mit steiler Luv- und flachgezogener Leeseite (umgekehrt wie bei Rundhöckern). Sie bestehen sowohl aus geschichteten Sanden und Schottern als auch aus Grundmoränenmaterial. Ihre Genese ist umstritten. Nach einer Theorie des kanadischen Geowissenschaftlers J. SHAW wurden sie subglazial vom Schmelzwasser, das durch Spalten in das übertiefte Zungenbecken floss, vor Eispfeilern abgelagert, was ihre besondere Form und ihren Aufbau erklärt.

Rinnenseen sind lange, schmale, bajonettartig versetzte Seen im Aufschüttungsgebiet des Inlandeises. Es handelt sich um subglaziale Erosionstäler, die den Spalten des Inlandeises folgten und sich nach dem Abschmelzen des Eises mit Wasser füllten. **Oser** (Singular: das Os) sind kilometerlange, wallartige Schmelzwasserablagerungen aus geschichteten Schottern oder Sanden, die in Eisrichtung dem Verlauf der großen Spalten entsprechen. Oft wechseln sie mit Rinnenseen ab. **Kames** aus geschichteten Sedimenten haben sich zwischen größeren Toteisblöcken oder am Eisrand zwischen dem Eiskörper und dem anstehenden Gestein gebildet. Sie haben in der Regel eine ebene Oberfläche und steile Hänge. Beim Eisrückzug sind die Gletscherzungen oft in einzelne Stücke zerfallen. Diese blieben als **Toteis** zurück und waren oft von Moränenmaterial bedeckt, sodass sie nur langsam abschmolzen. Sie haben kleine,

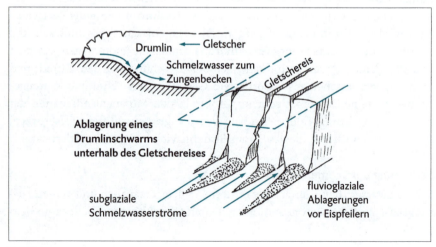

Drumlin

rundliche Hohlformen in der Grundmoränenlandschaft zurückgelassen, sogenannte **Sölle**, die heute meist mit Wasser oder Mooren gefüllt sind.

Das Schmelzwasser kann sich zwischen den Gletschern und der Endmoräne stauen und einen flachen **Moränenstausee** bilden, bevor es sich einen Weg durch die Endmoränenketten sucht. Dabei bildet sich oft eine charakteristische trichterförmige Talform aus, das **Trompetental**. Die Schmelzwasserbäche sedimentierten jenseits der Endmoränen im **periglazialen Bereich**, bildeten **Schotterflächen** im Alpenvorland und **Sander** in Norddeutschland, weil dort die Geschiebe über größere Distanzen zu kleineren Korngrößen aufbereitet werden konnten. Die Schmelzwasserbäche der Alpen sammelten sich in Vorflutern, z. B. der Donau; die Schmelzwassersammler der nordischen Inlandvereisung suchten ihren Abfluss parallel zu den Endmoränenketten in Ost-West-Richtung und bildeten breite **Urstromtäler**.

Äolische Prozesse

Während der Eiszeiten erstreckten sich im Vorfeld der Gletscher ausgedehnte vegetationslose Schotter- oder Sanderflächen, bestehend aus fluvioglazialen Ablagerungen unterschiedlicher Korngrößen.

Zwischen den Gletschern und dem periglazialen Vorfeld entwickelte sich ein regionales Windsystem. Über den Eismassen absinkende Luft bildete ein Hoch und strömte als starker, kalt-trockener Wind von den vereisten Gebieten zu den vorgelagerten Bereichen niedrigen Drucks (Aufsteigen erwärmter Luft). Diese Winde führten zur Ausblasung von staubfeinem Material (Gesteinsmehl), das die Schmelzwasserbäche auf den Schotterflächen oder Sandern abgelagert hatten. Bei Abnahme der Windgeschwindigkeit und nachlassender Transportkraft wurde dieser Staub als **Löss** vor und an den Hängen der Mittelgebirge abgelagert. Begünstigend wirkte eine Kräuter-Gras-Vegetation, die wie ein Kamm den Staub aus der Luft filterte. In den Mittelgebirgsbuchten **(Börden)**, in denen besonders mächtige Lössschichten ablagerten, bildeten sich später die überaus fruchtbaren Schwarzerden. Im Bereich der großen Flüsse konnte es auch zu flächenhaften Ablagerungen von **Schwemmlöss** kommen.

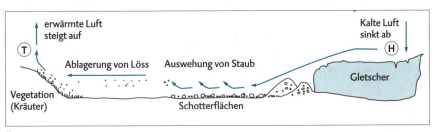

Äolische Ablagerungen im Vorfeld der Gletscher

Glaziale Serie

Als **glaziale Serie** bezeichnet man die typische Abfolge von Grundmoränenlandschaft (mit den Elementen Drumlins, Kames, Oser, Toteislöchern, Zungenbecken), Endmoränenwällen, trichterförmigen Trompetentälern, Sandern (Norddeutschland) oder Schotterflächen (Süddeutschland) und dem Urstromtal.

① die geschlossene Eisdecke und ihr Vorland
② der Zerfall der Eisdecke in der Abschmelzphase
③ die gegenwärtige Landschaft

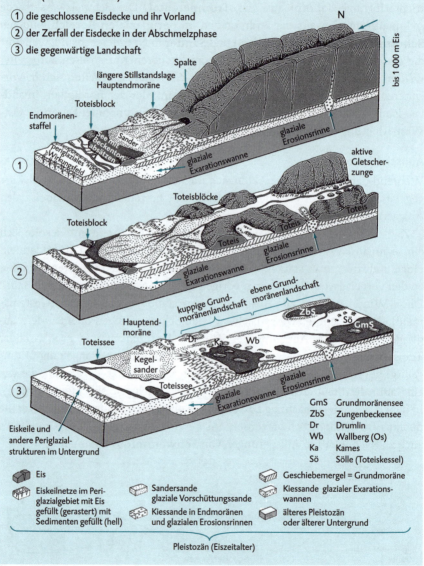

Entstehung der Eiszeitlandschaft beim Abschmelzen des nordischen Inlandeises

Aufgabe 4 a Beschreiben Sie die Abfolge der in folgender Grafik dargestellten glazialen Formen und erklären Sie jeweils ihre Genese.
b Nennen Sie Formen der nordischen Vereisung, die sich kaum oder gar nicht im Alpenvorland finden lassen. Erklären Sie Entstehung und Vorhandensein dieser Formen.

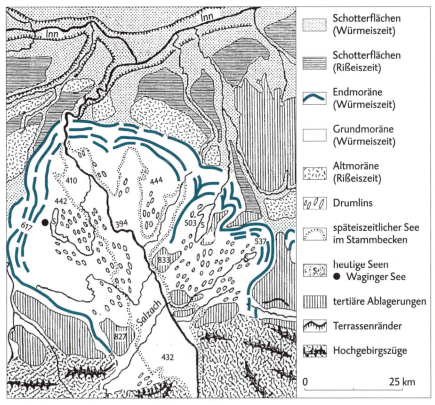

Glazialformen im Alpenvorland

24 / Reliefsphäre

Aufgabe 5   Erläutern Sie die Entstehung der glazialen Landschaft bei Güstrow/Mecklenburg-Vorpommern. Gehen Sie dabei auch auf den Wandel der Abflussverhältnisse ein.

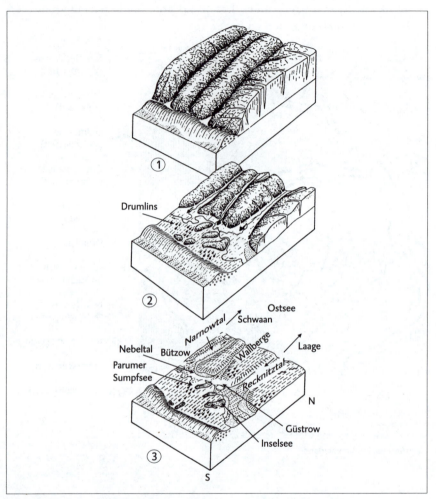

Die Eiszerfallslandschaft von Güstrow

Atmosphäre

1 Grundlagen

Die in der **Atmosphäre** ablaufenden Prozesse Klima und Wetter werden beeinflusst von **Klimafaktoren** (das Klima beeinflussende geographische Eigenschaften: Lage im Gradnetz, Höhenlage, Hangneigung, Exposition, Bodenbedeckung, Land-Meer-Verteilung und Meeresströmungen) und **Klimaelementen** (messbare Einzelerscheinungen in der Atmosphäre, die in ihrem Zusammenwirken das Klima eines Ortes ausmachen: Strahlung, Luftdruck, Luftfeuchtigkeit, Temperatur, Wind, Verdunstung, Niederschlag und Bewölkung). Unter **Wetter** versteht man schließlich das Zusammenwirken der verschiedenen atmosphärischen Elemente an einem bestimmten Ort zu einer bestimmten Zeit.

Das Wetter ist in ständiger Veränderung. Wetterlagen, die typisch für eine Region sind und länger anhalten, nennt man **Witterung**. Im Gegensatz zum Wetter beschreibt der Begriff **Klima** die Gesamtheit der für einen Raum typischen Wetterabläufe, die über einen längeren Zeitraum (mehrere Jahrzehnte) konstant bleiben.

Die Messwerte (Klimadaten) der einzelnen Klimaelemente werden in Monatstabellen gesammelt und für längere Zeiträume nach Mittelwerten (Temperatur) oder Gesamtsummen (Niederschläge) ausgewertet. Aus einer Klimatabelle (vgl. folgende Tabelle) lässt sich auch ablesen, welche Monate arid und welche humid sind: Ist der Zahlenwert für den Niederschlag eines Monats größer als der doppelte Zahlenwert für die Temperatur, ist der Monat humid. Die Klimadaten können in einem Klimadiagramm (vgl. Grafik S. 26) grafisch dargestellt werden.

	J	F	M	A	M	J	J	A	S	O	N	D	Jahr
°C	24,9	27,8	30,5	31,8	31,2	28,7	26,4	25,6	26,3	27,5	26,6	24,6	27,6
mm	0	0	3	30	49	192	233	276	194	61	4	1	1 043

Bamako/Mali, 331 m, 12° 40′ N, 8° 0′ W

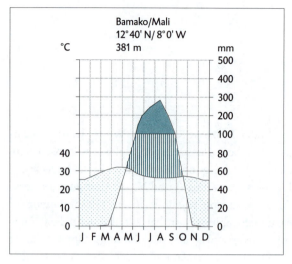

Klimadiagramm
Bamako/Mali

1.1 Aufbau der Atmosphäre

Die **Atmosphäre** ist die Gashülle, die die Erde umgibt, von der Schwerkraft festgehalten wird und mit der Erde rotiert. Sie reicht bis zu einer Höhe von ca. 1 000 km.

Die Erdatmosphäre besteht bis zu einer Höhe von ca. 20 km aus einem Gemisch unterschiedlicher Gase, deren Zusammensetzung zeitlich und räumlich variieren kann. In ihr sind auch Wasserdampf und Aerosolpartikel enthalten.

Gas	Volumen-%
Stickstoff (N_2)	78,08
Sauerstoff (O_2)	20,95
Argon (Ar)	0,93
Kohlendioxid (CO_2)	0,04
Spurengase wie Methan (CH_4), Distickoxid (N_2O), FCKW, Kohlenmonoxid (CO), Ozon (O_3), Krypton	0,03

Zusammensetzung der Atmosphäre

In den verschiedenen Schichten der Atmosphäre verändern sich Druck und Temperatur, wie in der Grafik auf S. 27 dargestellt: Die unterste Schicht der Atmosphäre, die **Troposphäre**, reicht an den Polen bis etwa 9 km, am Äquator etwa 18 km hoch. Innerhalb der Troposphäre nimmt die Temperatur im Durchschnitt um ca. 0,65 °C/100 m ab und erreicht an der Tropopause, der

Grenzschicht zur Stratosphäre, Werte unter −60 °C. In der Stratosphäre steigt dann die Temperatur wieder. Diese Temperaturumkehr **(Inversion)** blockt alle Konvektionsvorgänge ab. Auch der Wasserdampf der Troposphäre kann diese Sperrschicht nicht überwinden. In der darüberliegenden Stratosphäre gibt es deshalb weder Luftfeuchtigkeit noch Windgeschehen – ein idealer Raum für Flugbewegungen über den Wolken. In der Troposphäre dagegen spielen sich im Wesentlichen alle Konvektions- und Advektionsvorgänge sowie Wolkenbildung (Kondensation) mit Niederschlägen, also das Wetter- und Klimageschehen ab. Hier verbleibt auch der Hauptanteil der anthropogenen Emissionen.

In der **Stratosphäre** zwischen 15 und 50 km Höhe befindet sich die Ozonschicht aus großen Mengen von dreiatomigem Sauerstoff, der auf natürliche Weise durch die solare Bestrahlung von Sauerstoff entsteht. Die Ozonschicht ist für das Leben auf der Erde von existenzieller Bedeutung, da sie die gefährliche UV-B/UV-C Strahlung absorbiert. Diese schützende, lebenserhaltende Schicht nimmt in ihrer Konzentration ab, sodass ein sogenanntes Ozonloch entsteht,

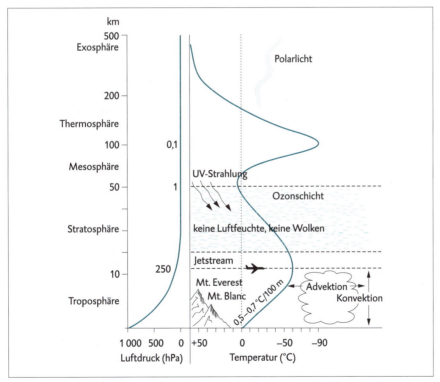

Stockwerkbau der Atmosphäre

weil anthropogene Fluorchlor-Kohlenwasserstoffe (FCKW) den natürlichen Ozonabbau dramatisch verstärken.

Die Ozonzersetzung geschieht verstärkt während der Winterhalbjahre über den Polen, besonders über der Antarktis, da die FCKW während der Wintermonate nur wenig abgebaut werden und sich ansammeln. Bei steigenden Temperaturen im Frühjahr werden sie rasch freigesetzt und zerstören große Mengen von Ozon. So kommt es vor allem im September und Oktober über der Südhalbkugel zu einem ausgeprägten Ozonloch. Dann gelangt die UV-Strahlung ungehindert auf die Erde. Sie zerstört bei den Pflanzen Zellen und beeinträchtigt die Photosynthese. Besonders betroffen ist das Phytoplankton (Photosynthese betreibende ein- und mehrzellige pflanzliche Kleinstlebewesen) in den Weltmeeren. So wird einerseits die Nahrungskette geschädigt und andererseits die Funktion der Weltmeere als CO_2-Senken gemindert. Dadurch steigert sich der **natürliche Treibhauseffekt**. Beim Menschen führt erhöhte UV-Strahlung zu einer Zunahme von Augenerkrankungen und Hautkrebs sowie zur Störung des Immunsystems. Nur wenige Länder (z. B. Deutschland) haben bisher auf diese Klimagefährdung mit einem Verbot von FCKW reagiert.

Die Konzentration von CO_2 und verschiedenen Spurengasen hat sich seit Beginn der Industrialisierung (CO_2-Ausstoß bei der Verbrennung fossiler Brennstoffe) und der Intensivierung der Landwirtschaft (Freisetzung von Methan aus Reisfeldern und infolge der Massentierhaltung) deutlich verstärkt. Zusammen mit künstlichen Stoffen wie FCKW wird so der **anthropogene Treibhauseffekt** verursacht.

Die sich über der Stratosphäre anschließenden höheren Schichten der Atmosphäre spielen für das Klima auf der Erde keine unmittelbare Rolle. Aus diesem Grund wird auf sie hier nicht eingegangen.

1.2 Strahlungs- und Wärmehaushalt

Die Sonne ist die wichtigste Energiequelle für das Leben auf der Erde und das Wettergeschehen in der Atmosphäre, obwohl nur ca. 2 Milliardstel der Sonnenenergie die Erde erreichen. Aufgrund der hohen Oberflächentemperatur der Sonne (~ 5 700 °C) liegt die maximale Intensität ihrer Ausstrahlung im kurzwelligen Bereich. Die Strahlung fällt, bedingt durch die große Entfernung zur Erde, annähernd parallel ein. An der Oberfläche der Atmosphäre beträgt die Energiemenge der Einstrahlung 1 376 W/m². Dieser Wert wird als **Solarkonstante** bezeichnet.

Die Solarenergie setzt sich zusammen aus:
- Röntgenstrahlen,
- Licht
  - UV-Licht (9 %),
  - sichtbares Licht (45 %),
  - Infrarotlicht (46 %),
- elektromagnetischen Wellen.

Von der ankommenden **kurzwelligen Strahlung** werden 36 % direkt wieder reflektiert. Das Verhältnis von reflektierter zu einfallender Strahlung wird als **Albedo** bezeichnet. Die Albedo hängt ab von der Farbe der jeweiligen Oberfläche (je heller die Fläche, desto größer in der Regel die Albedo; vgl. Tabelle S. 30) und über Wasser vom Einfallswinkel.

Insgesamt kann Wasser viel Energie absorbieren und über längere Zeit speichern, da die Sonnenstrahlen tief eindringen und ein großes Volumen erwärmen können und weil eventuelle Konvektionsvorgänge die Wärme in tiefere Wasserschichten transportieren. Landoberflächen werden meist rasch und stark, aber nur oberflächlich erwärmt, deshalb kühlen sie auch schnell wieder ab.

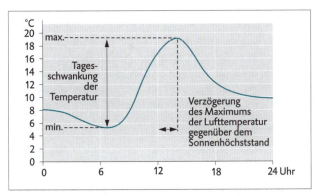

Tagesgang der Lufttemperatur an einem wolkenlosen Tag im April

An der Erdoberfläche werden 47 % der eintreffenden Energie in **langwellige Wärmestrahlung** umgewandelt. Diese Wärmestrahlung wird an die Atmosphäre abgegeben und erwärmt die Luft (Absorption durch H_2O und CO_2). Ein Teil der langwelligen Wärmeenergie verlässt die Atmosphäre als Ausstrahlung in den Weltraum. Ein anderer Teil wird von den Wolken als Gegenstrahlung zur Erdoberfläche zurückgeworfen, steht als Energie für Verdunstung und Wärmetransport zur Verfügung und bildet den natürlichen Treibhauseffekt der Erde.

Wasser	
Sonne nah am Horizont	50–80 %
Sonne nahe Zenit	3–5 %
Wüste	25–30 %
Steppe	20–25 %
unbedeckter, trockener Boden	15–25 %
unbedeckter, feuchter Boden	10 %
Wald	5–10 %
frischer Schnee	80–85 %
dünne Wolke (z. B. Cirrus)	25–50 %
dicke Wolke (z. B. Cumulus)	70–80 %

Albedowerte

Der natürliche Treibhauseffekt

Der **natürliche Treibhauseffekt** der Atmosphäre sorgt für eine Durchschnittstemperatur von +14 °C auf der Erde und dafür, dass flüssiges Wasser die Lebensprozesse ermöglicht. Ohne ihn wären es –18 °C und ein Leben auf der Erde wäre nicht möglich.

Durch die Kugelgestalt der Erde, die Neigung der Erdachse um 23,5° und die Rotation ist die **Strahlungsbilanz** auf der Erde unterschiedlich. Die Pole erhalten im jeweiligen Sommer mehr Energie als im Winter und der äquatoriale Bereich ganzjährig mehr Energie als die höheren Breiten. Das führt zu einem Wärmetransport aus den Energieüberschussgebieten zu den Defizitgebieten und setzt wesentliche klimatische Prozesse in Gang.

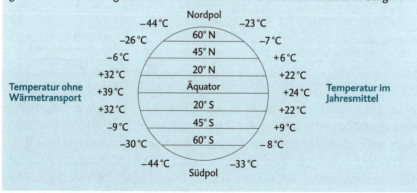

Strahlungstemperatur und tatsächliche Temperatur

1.3 Wasser in der Atmosphäre

Lediglich 0,001 % der globalen Wassermenge (das entspricht ungefähr der 300-fachen Wassermenge des Bodensees) befinden sich in der Atmosphäre. In nur 10–12 Tagen wird diese Wassermenge durch den **Wasserkreislauf** ausgetauscht.

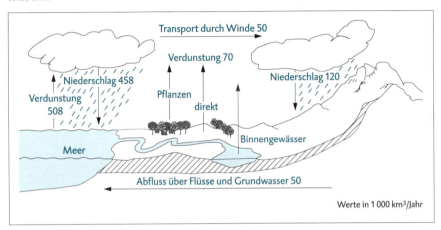

Schema des Wasserkreislaufs der Erde

Wasser kommt in der Atmosphäre in drei **Aggregatzuständen** vor: als unsichtbarer Wasserdampf (Luftfeuchte), als flüssiges Wasser (Wolken- und Regentropfen) und als Eis (Eiswolken, Schnee, Hagel). Beim Übergang vom einen zum anderen Aggregatzustand werden große Energiemengen umgesetzt.

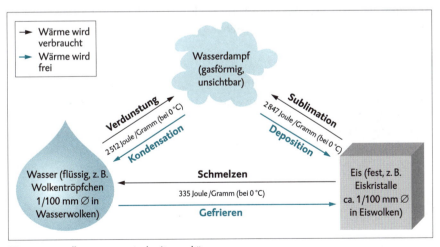

Wasserumwandlungsprozesse in der Atmosphäre

Die Wasseraufnahme-Kapazität hängt von der Temperatur der Luft ab: Je wärmer sie ist, desto mehr Wasserdampf kann sie aufnehmen, bis sie gesättigt ist.

Die **absolute Luftfeuchte** gibt den tatsächlich in der Luft enthaltenen Wasserdampf in Gramm Wasser pro m³ Luft an. Die **relative Luftfeuchte** gibt dagegen das Verhältnis der in der Luft vorhandenen Wassermenge zu der bei der gerade herrschenden Temperatur möglichen Wassermenge in Prozent an.

Bei 100 % relativer Feuchte hat die Luft die maximal mögliche Menge an Wasserdampf aufgenommen: Sie ist gesättigt, der **Taupunkt** ist erreicht.

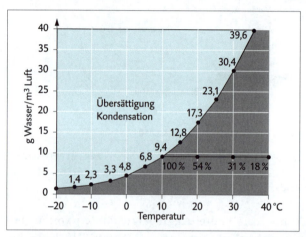

Taupunktkurve

Wenn sich warme, ungesättigte Luft abkühlt, steigt die relative Feuchte bis zum Taupunkt. Bei weiterer Abkühlung kondensiert der überschüssige Wasserdampf zu Tröpfchen, die sich an Aerosole als Kondensationskerne anlagern und Wolken bilden. Am Boden entsteht so Nebel bzw. Tau oder Reif an Gräsern und Blättern.

Temperaturabnahme mit der Höhe
Solange sie nicht gesättigt ist, kühlt sich warme Luft beim Aufsteigen **trockenadiabatisch** um ca. 1 K/100 m Höhe ab.
Bei gesättigter Luft beträgt die **feuchtadiabatische** Temperaturabnahme nur rund 0,6 K/100 m, denn bei der Kondensation von Wasserdampf zu Wasser wird Wärme freigesetzt (vgl. obige Grafik).

1.4 Steigungsregen und Föhn

Die wetterwirksamen Auswirkungen von Kondensations- und Verdunstungsvorgängen lassen sich am Beispiel des Föhns gut verfolgen. Voraussetzungen für den **Föhn** sind Luftmassen, die aufgrund der Luftdruckverhältnisse ein Gebirge überqueren müssen. Im Luv des Gebirges erfolgt zunächst eine trockenadiabatische Abkühlung, bis das **Kondensationsniveau** (abhängig von der absoluten Feuchte und der Temperatur) erreicht ist. Unter Kondensationsniveau versteht man die Höhenlage, an der der Taupunkt erreicht wird. Beim weiteren Aufsteigen kühlt sich die Luft nun feuchtadiabatisch nur noch um 0,6 K/100 m ab. Es kommt zur Kondensation und zum **Steigungsregen** (orographischer Niederschlag). Nach dem Überqueren des Gebirgskamms sinken die Luftmassen auf der Leeseite ab und erwärmen sich trockenadiabatisch um 1 K/100 m, weil die relative Feuchtigkeit durch die Erwärmung sinkt. Wolken lösen sich auf. Die absinkende erwärmte und trockene Luftmasse (Fallwind) wird Föhn genannt. Bei Föhnlagen kommt es zur Verdunstung, da die wärmere, trockenere Luft wieder vermehrt Feuchtigkeit aufnehmen kann.

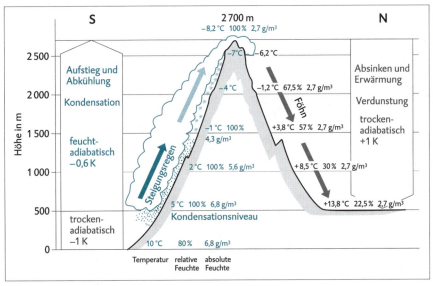

Steigungsregen und Föhn

1.5 Wolken

Wolken sind das sichtbare Kondensationsprodukt des unsichtbaren Wasserdampfs. Sie bestehen aus Eiskristallen oder feinsten Wassertröpfchen.

Zwar können alle Wolkenformen nahezu überall auf der Erde vorkommen, jedoch sind bestimmte Wolkenarten typische Kennzeichen bestimmter Wetterlagen und künftiger Wetterentwicklung (vgl. folgende Tabelle).

Amerikanische Forscher erklären die Entstehung von Regentropfen durch **Nukleation:** Ausgelöst durch Turbulenzen in der Luft bilden sich im Wechsel von Kondensation und Verdampfen Wassertröpfchen unterschiedlicher Größe. Bei der homogenen Nukleation geschieht das ohne Kondensationskerne, bei der heterogenen Nukleation an diesen. Die Wassertröpfchen fallen erst dann als Niederschlag zur Erde, wenn ihr Gewicht größer ist als der Auftrieb durch aufsteigende Luft. Das erklärt, warum nicht aus jeder dunklen Wolke Regen fällt.

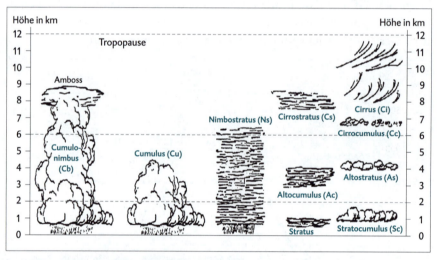

Die Wolkengattungen in ihren Stockwerken

Name/Abkürzung	deutsche Bezeichnung	Bedeutung
Cumulonimbus (Cb)	Gewitterwolken	hohe Instabilität der gesamten Troposphäre; Hitzegewitter; besonders beim Durchgang von Kaltfronten
Cumulus (Cu)	Haufenwolken	Schönwetterwolke an Küsten und über Bergen; Hinweis auf Instabilität
Nimbostratus (Ns)	Regenschichtwolken	Dauerregen (vor Warmfront)
Cirrostratus (Cs)	hohe Schleierwolken	Vorläufer einer Warmfront

Atmosphäre 35

Name/Abkürzung	deutsche Bezeichnung	Bedeutung
Altostratus (As)	mittelhohe Schichtwolken	beim Warmfrontaufzug dem Cirrostratus folgend
Stratus (St)	niedrige Schichtwolken	Hinweis auf ruhige Wetterlage; Winterwolke im Hoch; manchmal im Warmluftsektor eines Tiefs
Cirrus (Ci)	Federwolken	Vorläufer von Cirrostratus an Aufgleitfronten vor einem Tief
Cirrocumulus (Cc)	hohe Schäfchenwolken mit welligem Muster	bilden sich, wenn Cirruswolken von unten langsam erwärmt werden
Altocumulus (Ac)	grobe Schäfchenwolken	in ruhigen Schichten ohne besondere Bedeutung; Hinweis auf Instabilität der höheren Luftschichten; Föhn; Gewitterneigung
Stratocumulus (Sc)	Haufenschichtwolken	Schönwetterwolke über See im Sommer, über Land im Winter; Wolkenform nach Kaltfrontdurchzug

Was sagen die Wolken über das Wetter?

Aufgabe 6 In Luvlage eines Gebirges befindet sich in 200 m Höhe eine 20 °C warme Luftmasse mit einer absoluten Feuchte von 12,8 g/m³, was einer relativen Feuchte von 70 % entspricht. Diese Luftmasse wird aufgrund der Luftdruckverhältnisse zum Überqueren des Gebirges (3 400 m) gezwungen, in Leelage sinkt die Luft dann auf 800 m ab. Berechnen Sie:
a Temperatur und Höhenlage des Kondensationsniveaus,
b Temperatur am Gebirgsfuß in Leelage.

Aufgabe 7 Erläutern Sie mithilfe der folgenden Grafik das Wettergeschehen dieses Februartags.

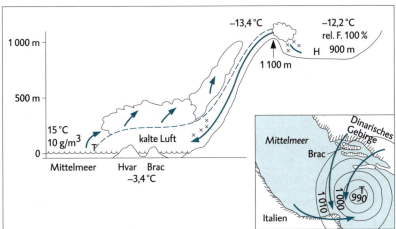

Wettergeschehen an einem Februartag

2 Thermisch bedingte Zirkulation

2.1 Luftdruck und Wind

Den Druck, mit dem die Luftschicht auf der Erdoberfläche lastet, nennt man **Luftdruck**. In den mittleren Breiten beträgt der durchschnittliche Luftdruck in Meereshöhe 1 013 hPa. Infolge der abnehmenden Luftdichte verringert sich auch der Luftdruck mit der Höhe (nur noch 50 % in 5 000 m). Deshalb kann das Luftdruckmessgerät, das Barometer, auch als Höhenmesser eingesetzt werden.

Auf Wetterkarten stellt man den Luftdruck mit **Isobaren** (Linien gleichen Luftdrucks) dar. So lassen sich Gebiete abbilden, die einen höheren oder niedrigeren Druck aufweisen als benachbarte Regionen. **Hoch** und **Tief** sind relative Bezeichnungen für den Luftdruck in einem Gebiet.

Zwischen benachbarten Gebieten unterschiedlichen Luftdrucks kommt es zum Druckausgleich, indem Luftteilchen vom Hoch zum Tief strömen (vgl. folgende Grafik links). Diese Luftbewegung nennt man **Wind**. Seine Stärke hängt vom Gefälle der Luftdruckunterschiede ab **(Gradientkraft)**. Die Windgeschwindigkeiten werden mit der aus der Schifffahrt stammenden Beaufortskala angegeben (vgl. folgende Tabelle).

Beim Sturm „Kyrill", der am 18./19. Januar 2007 über Europa hinwegfegte, wurden in Deutschland z. T. Windgeschwindigkeiten von über 200 km/h gemessen.

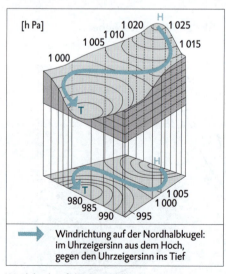

Wind durch Luftdruckunterschiede

1	Leiser Zug	1–5 km/h
2	Leichte Brise	6–12 km/h
3	Schwache Brise	13–19 km/h
4	Mäßige Brise	20–29 km/h
5	Frische Brise	30–39 km/h
6	Starker Wind	40–50 km/h
7	Steifer Wind	51–61 km/h
8	Stürmischer Wind	62–74 km/h
9	Sturm	75–87 km/h
10	Schwerer Sturm	88–102 km/h
11	Orkanartiger Sturm	103–120 km/h
12	Orkan	>120 km/h

Windstärken (Beaufortskala)

2.2 Land-See-Windsystem

Das Land-See-Windsystem hat thermische Ursachen. Es tritt bei ruhigen Großwetterlagen an großen Seen und an den Küsten als lokales Windsystem auf.

In der Ausgangssituation ist der Luftdruck über Wasser und Land gleich und nimmt in der Höhe ab. Durch die Sonneneinstrahlung wandelt sich die Situation: Die Landoberfläche erwärmt sich schneller und stärker als das Wasser und gibt diese Wärme an die Luft ab, die sich dadurch stärker ausdehnt und aufsteigt. Beim Aufsteigen kühlt die Luft ab. In der Höhe bildet sich über dem Land ein Hoch, in Bodennähe ein Tief. Über dem kühleren Wasser sinkt die Luft ab, es bilden sich ein Höhentief und ein Bodenhoch.

Nun strömt die Luft vom Höhenhoch über dem Land zum Höhentief über dem Wasser. Entsprechend dem Druckausgleich in der Höhe weht am Boden ein Wind vom Wasser zum Land, der **Seewind**.

Ist die Luft über dem Land und dem Wasser gleich warm, ruht das System. In der Nacht kehrt sich die Fließrichtung der Luft um, da Wasser nicht so schnell abkühlt wie Land. So entsteht der nächtliche **Landwind**.

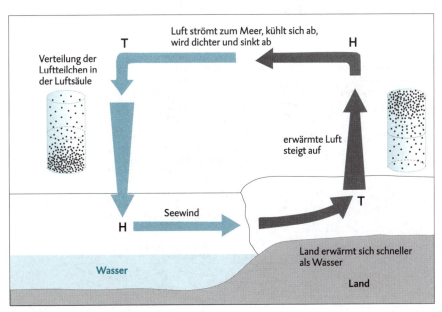

Land-See-Windsystem (Tagsituation)

2.3 Planetarische Zirkulation

Aufgrund der Kugelgestalt der Erde, der Neigung der Erdachse und der Bahn der Erde um die Sonne ist die **Insolation** nicht gleichmäßig verteilt. Daraus ergibt sich die globale Verteilung bodennaher Druckgebilde und Windgürtel (vgl. folgende Grafik).

Am Äquator liegen die thermischen Tiefdruckzellen der **Innertropischen Konvergenzzone (ITC)**. Die mit der ITC verbundenen subtropischen Hochdruckgürtel (z. B. Azorenhoch) schließen sich bei etwa 30–35° nördlicher und südlicher Breite an.

Polwärts folgt jeweils eine Übergangszone zwischen tropischer Warmluft und polarer Kaltluft, die sogenannte **planetarische Frontalzone**. Diese wird geprägt vom **Jetstream** und seinen dynamischen Tiefdruckgebieten, den Zyklonen. An den Polen liegen **Kältehochs**.

Zwischen den Luftdruckgebieten gibt es auf jeder Erdhalbkugel drei unterschiedliche **Windsysteme:** die an den Polen vorherrschenden Ostwinde, die durch den Jetstream bedingte Westwinddrift und die zur innertropischen Zirkulation gehörenden Passate.

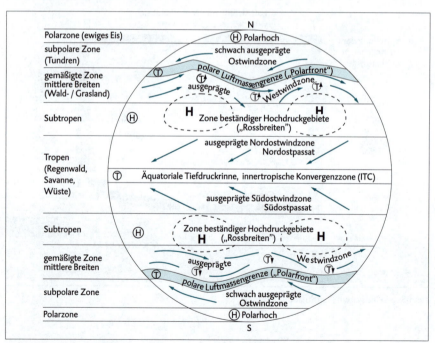

Luftdruckgebiete und Windgürtel

Mit der jahreszeitlichen Veränderung des Sonnenstandes verlagern sich die Druckgebiete mit den zwischen ihnen wehenden Winden um jeweils 5–8 Breitengrade nach Norden bzw. Süden. Somit werden bestimmte Breitenzonen wie z. B. der Mittelmeerraum je nach Jahreszeit von unterschiedlichen Luftdruck- und Windverhältnissen geprägt.

Die innertropische Passatzirkulation

Die thermisch bedingte Passatzirkulation zwischen Äquator und den Subtropen ist Teil der planetarischen Zirkulation.

Sie verschiebt sich mit dem **Zenitalstand** der Sonne. Senkrecht („im Zenit") steht die Sonne am 21. 03. und 23. 09. über dem Äquator, am 21. 12. über dem südlichen und am 21. 06. über dem nördlichen Wendekreis.

Im Bereich des jeweiligen Zenitalstandes wird die Erdoberfläche besonders intensiv bestrahlt. Das führt zu einer starken Erwärmung der unteren Luftschichten. Diese steigen bis zu 18 km Höhe auf, am Boden bilden sich die thermischen Tiefs der äquatorialen Tiefdruckrinne. Die warme, feuchte Luft kondensiert beim Aufsteigen, was zu ergiebigen Regenfällen führt.

In der Höhe bildet sich ein Hoch, von dem aus die nachströmende abgekühlte und abgeregnete Luft polwärts weht. Dabei wird sie von der **Corioliskraft** nach Osten abgelenkt. Diese Luftströmung in der Höhe wird auch **Antipassat** genannt. Dabei sinkt stets etwas Luft ab und fließt wieder äquatorwärts. Da diesen Winden die Bodenreibung fehlt, werden sie von der Corioliskraft stark zu Ostwinden abgelenkt. Diese Winde bezeichnet man als **Urpassate**.

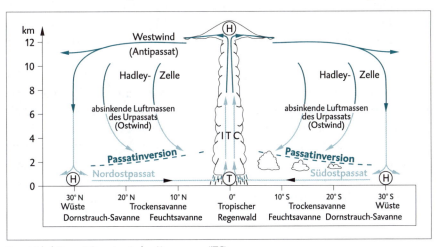

Passatzirkulation mit Innertropischer Konvergenz (ITC)

Ein Großteil der kalten und trockenen Luftmassen der Antipassate sinkt im Bereich des 20.–30. Breitenkreises ab. Dabei erwärmt sich diese Luft trockenadiabatisch und bildet am Boden die randtropischen Hochdruckzellen aus. Von hier aus strömt die nun sehr trockene Luft, die jetzt viel Feuchtigkeit aufnehmen kann, als ständig wehender bodennaher Wind, als **Nordostpassat** bzw. **Südostpassat**, zur Tiefdruckrinne. Dort treffen die beiden Passate aufeinander. Diese Zone wird als **Innertropische Konvergenz (ITC)** bezeichnet. Als Folge dieser Strömungskonvergenz weicht die Luft nach oben hin aus.

Beide Passatkreisläufe bilden jeweils eine sogenannte **Hadley-Zelle**. In einer Hadley-Zelle sind also drei Windschichten vorhanden: In der Höhe der polwärts gerichtete Antipassat, am Boden der zur ITC wehende Passat und der darübergelagerte Urpassat. Da aus dieser Passat-Oberschicht, dem Urpassat, ständig Luftmassen absinken und sich dabei erwärmen, bildet sich in etwa 2 000 m Höhe eine Inversionsschicht (Passatinversion). Dadurch wird das Aufsteigen größerer Luftmassen aus dem NO- bzw. SO-Passat und deren Kondensation verhindert, sodass es zwischen den Hochdruckzellen und der ITC keine ergiebigen Niederschläge gibt.

Der innertropische Passatkreislauf verlagert sich mit dem Zenitstand der Sonne, im Sommer bewegt sich die ITC auf der Nordhalbkugel, dann gibt es hier eine **Regenzeit**. Entsprechend verschieben sich die randtropischen Hochdruckzellen auf der Südhalbkugel äquatorwärts, es herrscht **Trockenzeit** im Südwinter.

Im Winter bringt die südwärts wandernde ITC eine Regenzeit auf der Südhalbkugel (Südsommer). Zeitgleich verschieben sich auf der Nordhalbkugel die randtropischen Hochdruckzellen mit ihrer absinkenden trockenen Luft Richtung Äquator, was eine Trockenzeit zur Folge hat. So erklären sich die **wechselfeuchten Tropen**.

Da sich die Wolkenmassen der ITC wie eine träge Masse verhalten, „hinken" sie stets dem Zenitstand der Sonne hinterher und erreichen mit ihren Regenfällen nie die Wendekreise. Das erklärt die **Wendekreiswüsten**, die sich ganzjährig im Einfluss der absinkenden Luftmassen befinden.

Liegt die Zone des Zenitstandes nicht über dem Äquator, bildet sich im Bereich des Äquators eine zweite ITC aus, denn der Passat wird beim Überschreiten des Äquators durch die Corioliskraft zu einer Richtungsänderung gezwungen, dabei abgebremst und steigt auf (vgl. folgende Grafik).

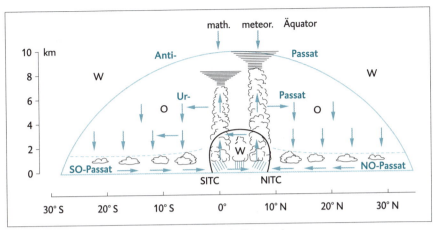

Passatkreislauf, Schema mit doppelter ITC und äquatorialer Westwindzone

Monsun

Beim Monsun als Sonderfall der Passatzirkulation handelt es sich um ein beständig wehendes Windsystem mit halbjährlichem Richtungswechsel, das durch ein hohes Druckgefälle ausgelöst wird.

Monsune bilden sich dort, wo große Landmassen am Rande weiter Wasserflächen im Zentrum der Tropen liegen (z. B. Guineaküste/Afrika, Indien): Die Landmassen werden im Sommer stark aufgeheizt. Infolgedessen verlagert sich die ITC nicht parallel zu den Breitenkreisen, sondern über den Kontinenten weiter nach Norden bzw. Süden.

Im Bereich des indischen Subkontinents zeigt sich die **Monsunzirkulation** besonders ausgeprägt: Über Pakistan bildet sich im Sommer ein starkes Hitzetief, das durch die großen Heizflächen im Hinterland weiter verstärkt wird. Der Luftdruck sinkt hier deutlich tiefer ab als sonst in der äquatorialen Tiefdruckrinne üblich. Aufgrund des hohen Druckgefälles wird der Südostpassat über den Äquator hinweg in dieses Tief „eingesaugt".

Da der in Äquatornähe liegende Tiefdruckgürtel weiterhin besteht, kommt es zur Aufspaltung der ITC in einen nördlichen (NITC) und einen südlichen Ast (SITC).

Überschreitet der Südostpassat den Äquator, wird er von der **Corioliskraft**, die auf der Nordhalbkugel nach rechts gerichtet ist, zum **Südwestmonsun** abgelenkt. Über den warmen Meeren der Tropen kann der Südwestmonsun durch Verdunstung große Wassermengen aufnehmen. Als feuchtheiße Luftmasse trifft der Monsun auf den indischen Subkontinent, wo er noch einmal aufgeheizt wird. Das führt zur Konvektion und Kondensation sowie zu heftigen

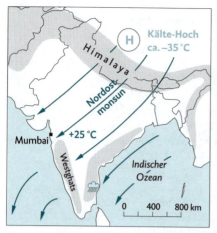 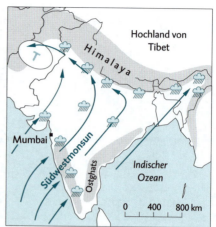

Monsun in Indien

und ergiebigen Niederschlägen. An den Westghats und dem Himalaya werden diese Niederschläge durch Steigungsregen extrem verstärkt, da sich in Luvlage die Luftmassen stauen. Im Khasigebirge (Himalaya) kommt es zu den mit ca. 11 000 mm/Jahr weltweit höchsten Niederschlägen. Durch die Mauer des Himalaya werden die gestauten Luftmassen nach Westen hin zum Tief gelenkt.

Da nach der monatelangen Dürre die Böden ausgetrocknet sind, können die Wassermassen zunächst kaum versickern. Sie fließen oberflächlich ab, es kommt zu starken Hochwassern und Überschwemmungen.

Im Winter wird das Klima Indiens vom Nordostmonsun bestimmt, der dem Nordostpassat entspricht. Über dem Hochland von Tibet hat sich infolge der starken Abkühlung des eurasischen Kontinents ein umfangreiches Kältehoch mit sehr niedrigen Temperaturen gebildet. Die kalte trockene Festlandsluft erwärmt sich beim Absinken in die Gangesebene trockenadiabatisch, dabei sinkt ihre relative Feuchte drastisch. Auf ihrem Weg zur ITC, die sich südlich des Äquators befindet, vermischt sich diese „Föhnluft" mit den absinkenden trockenen Luftmassen des Randtropenhochs. Während des Nordostmonsuns herrschen extreme Trockenheit und hohe Temperaturen.

Überquert der Nordostmonsun jedoch den Golf von Bengalen, kann er dort reichlich Wasserdampf aufnehmen, den er an den Ostghats in Indien und an der Nordostküste von Sri Lanka als Stau- und Steigungsniederschlag abregnet.

Atmosphäre 43

Aufgabe 8 Beschreiben Sie das Klima von Mumbai (auch: Bombay), und erklären Sie es mithilfe der planetarischen Zirkulation.

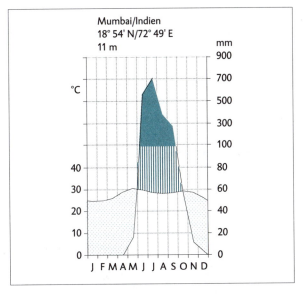

Klimadiagramm Mumbai/Indien

Monat	Temperatur (°C)	Niederschlag (mm)
Januar	24,4	1
Februar	24,9	1
März	26,9	1
April	28,6	2
Mai	30,1	11
Juni	29,1	579
Juli	27,7	703
August	27,3	443
September	27,7	269
Oktober	28,7	56
November	28,1	17
Dezember	26,2	7
Jahresmittel	27,5	2 090

Klimatabelle Mumbai/Indien

3 Dynamisch bedingte Zirkulation

3.1 Westwinde der gemäßigten Breiten

Die **Westwinddrift** ist ein Teil der planetarischen Zirkulation. Deshalb ist es sinnvoll, bei ihrer Erklärung mit ihrem Ausgangspunkt, der tropischen Passatzirkulation, zu beginnen.

Die aufsteigenden Luftmassen der ITC bilden ein Höhenhoch und strömen als Luftdruckausgleichsströmung polwärts **(Gradientwinde)**. Der Großteil dieser Luft sinkt am Rande der Hadley-Zellen über den Wendekreisen bodenwärts und bildet den rand- oder subtropischen Hochdruckgürtel. Der andere Teil weht als **Höhenausgleichsströmung** zu den polaren Höhentiefs.

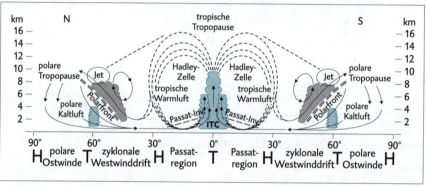

Schematische Darstellung der planetarischen Zirkulation

Die Rotationsgeschwindigkeit der Erde (in 24 Stunden um die eigene Achse) ist am Äquator größer als in höheren Breiten (vgl. folgende Grafik). Da die Luft als träge Masse ihre Rotationsgeschwindigkeit beibehält, eilt sie, wenn sie in höhere Breiten mit einer geringeren Rotationsgeschwindigkeit der Erde kommt, der Erde voraus.

Weil die polgerichteten Höhenwinde durch die Corioliskraft auf der Nordhalbkugel nach rechts abgelenkt werden, werden sie zu Westwinden. So entsteht ein Sturmband, der **Jetstream**, auch **Polarfrontjet** genannt. Er umkreist die Erde mit Geschwindigkeiten von bis über 500 km/h, da er nicht von der Bodenreibung abgebremst wird.

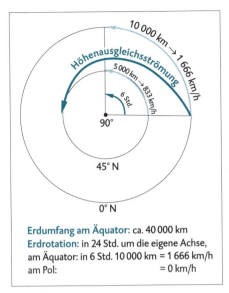

Erdumfang am Äquator: ca. 40 000 km
Erdrotation: in 24 Std. um die eigene Achse,
am Äquator: in 6 Std. 10 000 km = 1 666 km/h
am Pol: = 0 km/h

Jetstream

Dieser Höhenwind prägt sich in abgeschwächter Form bis nahe der Erdoberfläche durch und reißt bodennahe Luftschichten als **Westwinddrift** mit. Dadurch ist zunächst ein Luftmassen- und Wärmeaustausch zwischen den Tropen und Polarregionen blockiert. In der Folge steigen der Temperaturgegensatz und somit auch der Druckgradient zwischen Pol und Äquator so lange an, bis ein kritischer Wert überschritten ist. Dann geraten die Jetstreams quasi ins „Schlingern". Starke Reliefunterschiede zwischen Gebirgen und Meeren verstärken dieses Mäandrieren.

Die Mäanderbögen sind prinzipiell ortsfest, schwingen aber jahreszeitlich gemäß der sich verschiebenden Passatzirkulation unterschiedlich weit aus. Beim Mäandrieren stoßen auf der Nordhalbkugel polare Luftmassen nach Süden vor (Kaltlufttröge) und tropische Warmluft schiebt sich nach Norden (Warmluftrücken). Es kommt jedoch zunächst noch nicht zu einem Energie-/Wärmeaustausch. Dieser tritt erst ein, wenn sich die Luftmassen verwirbeln.

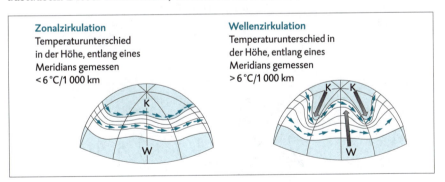

Mäandrieren des Polarfrontjets

3.2 Zyklone und Antizyklone

Winde bestehen nicht nur aus parallelen Strömungsbahnen, sondern es kommt innerhalb der Strömungen zu Verengungen **(Konvergenzen)** und Erweiterungen **(Divergenzen)**. Auslöser für diese Konvergenzen und Divergenzen ist das Mäandrieren des Jetstreams. Weht der Jetstream in Richtung Äquator, kommt es, bedingt durch die unterschiedliche Erdrotation, zu einer Verringerung der Windgeschwindigkeit. Die Luftströmung wird gestaucht, zusammengedrückt, schraubt sich korkenzieherartig im Uhrzeigersinn nach unten und bildet ein dynamisches Hoch, eine **Antizyklone**.

Bewegt sich der Jetstream Richtung Pol, kann er beschleunigen. Dabei strömt der Wind auseinander und das Sturmband dehnt sich aus. Luft wird von unten angesaugt und schraubt sich gegen den Uhrzeigersinn hoch. Es entsteht ein dynamisches Tiefdruckgebiet, eine **Zyklone**. In diese strömt bodennahe Luft nach. Auf der Südhalbkugel ist die Bewegungsrichtung der dynamischen Druckgebilde genau umgekehrt.

Diese Zyklonen und Antizyklonen werden vom Polarfrontjet mitgezogen und wandern von West nach Ost. Aufgrund ihrer Wirbelbewegung und der Corioliskraft scheren die Zyklonen nach Norden polwärts aus und bilden den **subpolaren Tiefdruckgürtel**. Zu diesem gehören das Islandtief und das Aleutentief.

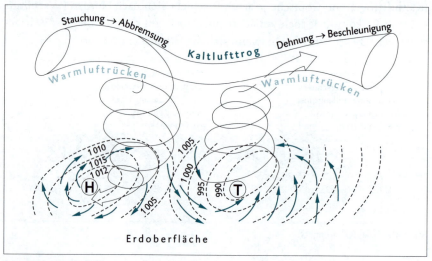

Dynamische Druckgebilde

Die Antizyklonen scheren an der Südseite des Jetstreams aus und verstärken die thermisch bedingten Hochdruckgebiete des **subtropisch-randtropischen Hochdruckgürtels** mit Azoren- oder Hawaii-Hoch.

Dynamische Luftdruckgebilde unterscheiden sich von thermischen vor allem dadurch, dass sie sowohl am Boden als auch in der Höhe den gleichen Luftdruck aufweisen.

3.3 Zyklonales Wettergeschehen

An der **planetarischen Frontalzone** schaufeln Zyklonen polare Kaltluft nach Süden und subtropische Warmluft nach Norden und sorgen durch Verwirbelung von Luftmassen für den horizontalen Wärmeausgleich. Durch den vertikalen Luftmassenaustausch wird ebenfalls Wärme freigesetzt oder aufgenommen.

An der Vorderseite einer Zyklone schiebt sich die vordringende leichtere Warmluft schräg auf die vorhandene schwerere Kaltluft auf. Dabei eilt die Warmluft in der Höhe derjenigen am Boden meist 100–250 km voraus. Es gibt also keine einheitliche **Warmfront**, sondern eher eine Warmfrontzone. Beim Aufgleiten der warmen Luft auf die vorhandene Kaltluft wird die Warmluft an der Aufgleitfläche und mit der Höhe abgekühlt; es kommt zur Kondensation und Wolkenbildung. Erkennbar ist das Herannahen einer Warmfrontzone an hellen Federwolken aus Eiskristallen (Cirren) 7–13 km hoch am blauen Himmel. Den Cirren folgen durchscheinende Schleierwolken (Cirrostratus),

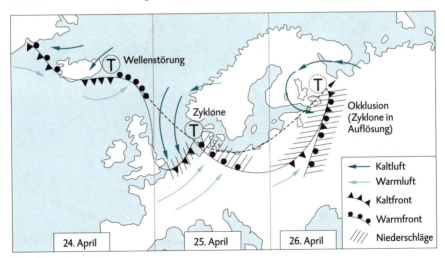

Entwicklung einer Zyklone

die sich zu hohen Schichtwolken (Altostratus) in 2–7 km Höhe verdichten. Mächtige tiefe Nimbostratuswolken folgen, aus denen lang anhaltender gleichmäßiger Regen (Niesel- bis Landregen) fällt.

Die Warmluft verdrängt langsam die Kaltluft (erkennbar an den steigenden Temperaturen, dem fallenden Luftdruck und der von Süd nach Südwest drehenden Windrichtung). Mit dem Durchzug der Bodenwarmfront hört der Regen auf.

Im **Warmluftsektor** scheint die Sonne, die Temperatur steigt, es ist wolkenfrei. Allenfalls führt lokale Konvektion zur Bildung von Cumuluswolken, aus denen es vereinzelt regnen kann. Der Wind kommt zunehmend aus West.

Das Herannahen von polarer Kaltluft, der **Kaltfront**, beendet die Schönwetterphase. Da die Kaltluft schwerer und schneller als die Warmluft ist, engt sie den Warmluftsektor ein, indem sie sich wie eine Planierraupe am Boden voranschiebt und die Warmluft zum raschen Aufstieg zwingt. Es bilden sich hoch auftürmende „blumenkohlartige" Cumulonimbuswolken mit Ambossbildung, aus denen heftige Schauer fallen. Oft kommt es zu Gewittern auch mit Hagel. Die Temperatur sinkt rasch ab, der Luftdruck steigt, der Wind dreht sich von West auf nordwestliche Richtungen. Nach dem Durchzug der Kaltfront klart es sich meist rasch auf, die Temperaturen bleiben kühler.

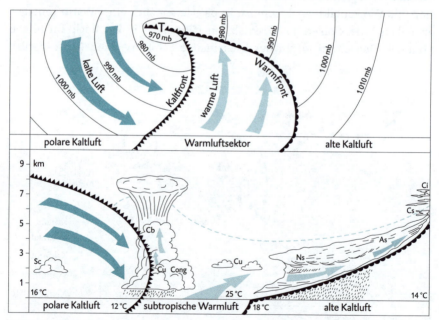

Wetterablauf beim Durchzug einer Zyklone

Im sogenannten **Reifestadium** holt die Kaltfront die Warmfront ein. Kalte Luft hat sich unter die Warmluft des Warmluftsektors geschoben und diese hochgehoben. Dies nennt man **Okklusion**. Die Warmluft in der Höhe kühlt ab, die gespeicherte Luftfeuchtigkeit kondensiert und regnet ab. Mit der Okklusion ist das Tief aufgefüllt und die Zyklone „gestorben".

Oft bilden sich über dem Atlantik Frontensysteme mit mehreren Tiefdruckzentren aus, die von der Westwinddrift herangetragen werden und über Europa hinwegziehen. Die Zyklonen sorgen nicht nur für einen Temperaturaustausch (Wärmetransport in höhere Breiten), sondern transportieren auch Wasserdampf vom Meer aufs Festland, wo er als Niederschlag abregnet. Zyklonen sind also auch wichtiger Teil des globalen Wasserkreislaufs.

In den Antizyklonen, die durch den Polarfrontjet entstehen, sinkt die Luft ab und wird dabei trockenadiabatisch erwärmt. Sie kann vermehrt Wasserdampf aufnehmen, es kommt zur Wolkenauflösung und infolgedessen zu trockenem, wolkenlosem Wetter mit starker Insolation bei Tag und starker Ausstrahlung bei Nacht.

Der über Europa pendelnde Polarfrontjet sorgt dafür, dass das Wettergeschehen je nach Lage der Druckgebilde von sehr unterschiedlichen Luftmassen geprägt wird. In Mitteleuropa können je nach Jahreszeit tropische, polare, ozeanische oder kontinentale Luftmassen das Wettergeschehen beeinflussen. Dabei bilden sich immer wieder typische **Großwetterlagen** heraus, die zu charakteristischen Wetterabläufen führen (vgl. folgende Grafik).

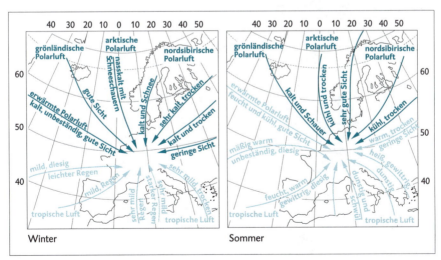

Luftströmungen bringen typisches Wetter

Die Großwetterlagen lassen sich leicht entschlüsseln, wenn man grundlegende Eigenschaften der Luftdruckzellen beachtet: Auf der Nordhalbkugel dreht sich ein Hoch im Uhrzeigersinn, der Luftüberschuss fließt also auch im Uhrzeigersinn aus dem Hoch zum Tief. Luft strömt gegen den Uhrzeigersinn ins Zentrum des Tiefs. Wichtig ist nun zu beachten, in welcher Position die Druckgebilde zueinander liegen, dies bedingt dann das Wetter mit der vorherrschenden Windrichtung.

Bei der **Westlage** ziehen zwischen dem Azorenhoch und dem zentralen Islandtief Zyklonen vom Atlantik nach Osten. Es herrscht wechselhaftes, feuchtes und kühles Wetter an 26 % der Tage eines Jahres, im Winter an 40 %.

Bei einer **Ostlage** (18 %) liegt ein Hoch über Skandinavien und ein Tief über dem Mittelmeer. Es herrscht Ostwind vor, der im Winter trockene, sehr kalte Luft aus dem Osten oder Nordosten heranführt, lang anhaltende Frostperioden sind die Folge. Diese Großwetterlage führt im Sommer zu trockenem, sonnigem Wetter, eventuell zu Dürreperioden.

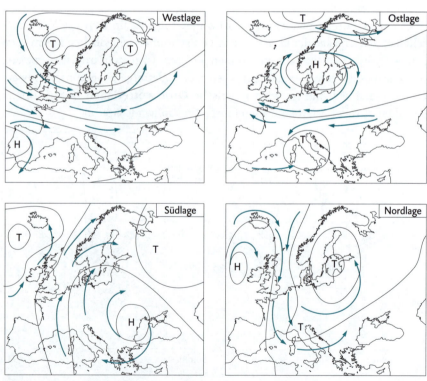

Großwetterlagen in Europa

Die **Südlage** entwickelt sich überwiegend im Frühjahr und im Herbst. Dann liegt ein kräftiges Hoch über der Ukraine bzw. über Südrussland und ein Tief über den Britischen Inseln. Dadurch wird subtropische warme Luft aus der Mittelmeerregion nach Mitteleuropa herangeführt, am Nordrand der Alpen herrscht Föhn. Vom Atlantik herannahende Zyklone werden nördlich um Mitteleuropa herumgeleitet. Im Winter kann es zu „warmen Weihnachten" wie 1983 und 2012 kommen, im Sommer ist mit sonnigem und heißem Wetter zu rechnen.

Bei einer **Nordlage** blockiert das Hoch westlich von Großbritannien die Zufuhr von milder Atlantikluft. Das Tief über der Ostseeregion zieht feuchtkalte Polarluft aus der Nordatlantikregion heran. Diese Wetterlage kommt an 25 % aller Tage von April bis Juni vor und sorgt für Kälteeinbrüche: für die Eisheiligen um den 12. Mai und die Schafskälte um den 10. Juni.

Eine Besonderheit ist die **Vb-Wetterlage**, die Ursache für verheerende Hochwasser im Vorfeld der Alpenregion und in Ostdeutschland.

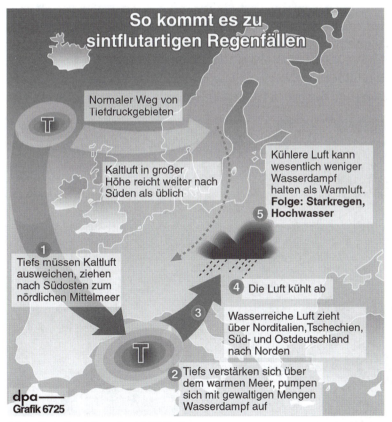

Schematische Darstellung einer Vb-Wetterlage

Eine **Hochdruckwetterlage** über Mitteleuropa (an 17 % der Tage) führt zu stabilen Schönwetterlagen, weil sich die herabsinkende Luft erwärmt und zu einer Wolkenauflösung führt (z. B. Altweibersommer im Herbst). Im Winter kommt es zu längeren Trockenperioden und infolge der fehlenden Wolkendecke zu frostigen Nächten. Zudem kann es infolge von Inversionslagen in Senken und Tälern zu Nebel kommen.

3.4 Wetterkarten

Wetterkarten stellen die Wettervorgänge in der unteren Troposphäre dar. Entscheidend für eine Wetterprognose ist die Bodenwetterkarte, in die die Messwerte der einzelnen Wetterstationen für Luftdruck, Windrichtung und Windstärke, Bewölkung, Niederschlag und Temperatur mit Symbolen eingetragen werden. Alle drei Stunden werden die Werte aktualisiert und von den Meteorologen analysiert und interpretiert. Sie zeichnen die Isobaren und den Verlauf der Fronten ein. Stationsmeldungen in Wetterkarten sind einheitlich aufgebaut (vgl. Grafik S. 55). Bodenwetterkarten werden stark vereinfacht mit selbsterklärenden Symbolen täglich in den Medien veröffentlicht.

Satellitenbilder von Wettersatelliten wie METEOSAT oder NOOA zeigen die Verteilung und Beschaffenheit der Wolkendecke.

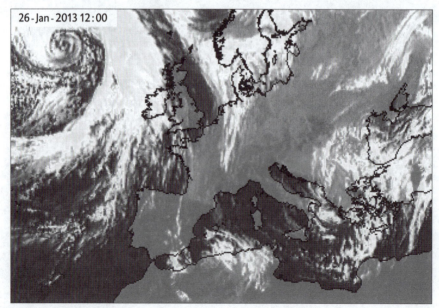

Satellitenbild vom 26. 01. 2013

Somit lassen sich Zyklone in ihrer Ausdehnung mit ihren typischen Wolkenerscheinungen erkennen. Thermalbilder erlauben zudem Aussagen über Temperaturen, Wolkentypen, Verbreitung und Höhe der Wolken. Satellitenbilder ergänzen somit die Wetterkarten hervorragend. Mithilfe von aus einzelnen Aufnahmen zusammengesetzten Satellitenfilmen können die Wolkenbewegungen in Richtung und Geschwindigkeit analysiert werden. Wetterdienste im Internet bieten diesen Service an. Eine Wetterprognose basiert auf Bodenwetterkarten, ergänzt durch zusätzliche Informationen aus Höhenwetterkarten, Satellitenbildern und Radarbildern, physikalischen Berechnungen und auf der Erfahrung der Meteorologen. Trotzdem ist eine genaue Wettervorhersage oft nicht möglich.

Will man eine Bodenwetterkarte lesen und die Wettervorgänge für eine grobe Prognose verstehen, sollte man nach einem festen Schema vorgehen:

Analyse von Wetterlagen und Erstellung von Wetterprognosen

1. Wetterkarte bestimmen
Beispiel: Es handelt sich bei der Wetterkarte auf S. 54 um eine vereinfachte Bodenwetterkarte von Europa am 26. 01. 2013, 12:00 Uhr. Sie wurde herausgegeben vom Wetterdienst MeteoSchweiz.

2. Wetterkarte beschreiben
Machen Sie sich mit der Wetterkarte und der zugehörigen Legende vertraut und verschaffen Sie sich einen Überblick. Dann beschreiben Sie die Lage der Hoch- und Tiefdruckgebiete und den Verlauf der Fronten. Der durchschnittliche Luftdruck liegt bei 1 013 hPa. Von diesem Wert ausgehend lassen sich Tief- und Hochdruckgebiete leicht erkennen.

3. Wetterkarte analysieren
Legen Sie eine Folie auf die Wetterkarte und zeichnen Sie die Hauptwindrichtungen ein, die sich aus der großräumigen Luftdruckverteilung ergeben. Wählen Sie blau für kalte Luftströmungen und rot für warme Winde, das erleichtert den Überblick.
Wählen Sie charakteristische Wetterstationen aus und identifizieren Sie diese mit dem Atlas. Ermitteln Sie deren Wettersituation, indem Sie die jeweiligen Temperaturen, die Bewölkung, die Niederschläge, Windgeschwindigkeit und -richtung und die Luftdruckverhältnisse ermitteln. Beschreiben Sie die Wetterlage an diesem Ort.
Beispiel: Porto/Portugal: Lufttemperatur 15 °C, Taupunkt 11 °C, 2/4 bedeckt, Nebel, windstill, Luftdruck 1 025,3 hPa, leicht steigend.
Beschreiben Sie die Wetterlage für eine Region, z. B. für Deutschland.

4. Wetterprognose erstellen
Überlegen Sie für eine ausgewählte Wetterstation oder eine Region, wie sich die Fronten und die Druckverhältnisse verändern und welche Wetterveränderungen dadurch eintreten könnten.
Formulieren Sie eine Wettervorhersage.

54 | Atmosphäre

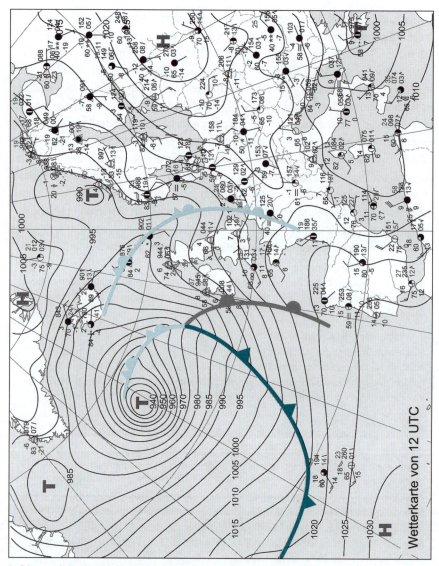

Bodenwetterkarte vom 26.01.2013, 12:00 Uhr

Atmosphäre / 55

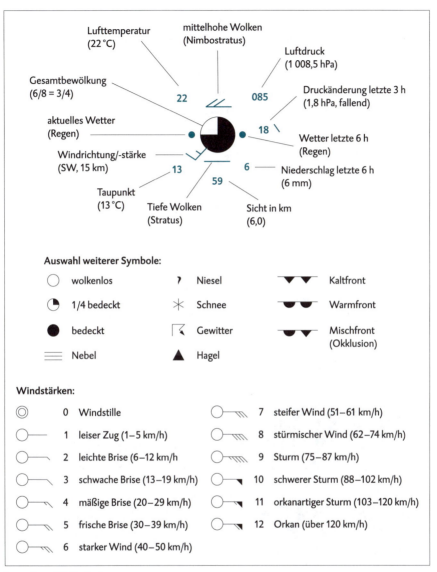

Legende zur Wetterkarte

56 / Atmosphäre

Aufgabe 9
a Bestimmen Sie die vorliegende Wetterkarte.
b Beschreiben Sie die für Europa wetterbestimmenden Luftdruckgebilde.
c Erläutern Sie die Windverhältnisse im „Golfe du Lion" vor der Rhônemündung. Beziehen Sie auch die topographische Situation mit ein.
d Analysieren Sie die Wettersituation von Messina/Sizilien und erstellen Sie eine begründete Prognose für den nächsten Tag.

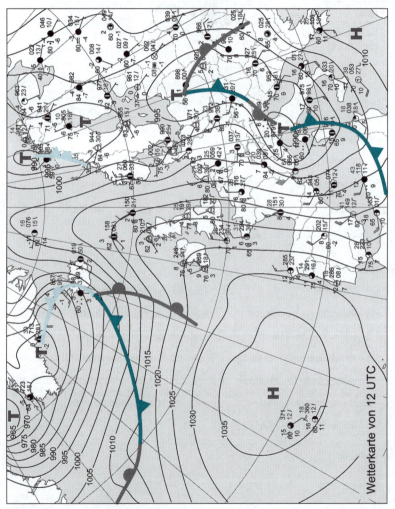

Wetterkarte vom 02. 02. 2013 von 12:00 Uhr

4 Räumliche Differenzierung des Klimas

4.1 Klimaklassifikationen

Klimaklassifikationen ordnen die Merkmale des Klimas, d. h. die langfristig typischen Wetterabläufe eines Jahres, systematisch nach bestimmten Gesichtspunkten. Man unterscheidet:

Genetische Klimaklassifikation

Genetische Klimaklassifikationen werden aus dem dynamischen Geschehen in der Atmosphäre abgeleitet. Die Genese des Klimas, d. h. dessen Entstehung, steht im Mittelpunkt.

WOLFGANG WEISCHET unterscheidet aufgrund der solaren Einstrahlung vier Klimazonen. Zur genaueren Differenzierung werden die jeweils vorherrschenden Druck- und Windsysteme in diesen Zonen herangezogen. Auf diesem System beruht auch die einfache Klimakarte von ERNST NEEF:

Tropen	Immerfeuchte Tropen	Mittelbreiten	Zyklonale Westwindklimate
	Sommerfeuchte Tropen		Kontinentalklimate
	Subtropisch-randtropische Trockengebiete		Außertropisches Ostseitenklima
Subtropen	Winterregen-Subtropen	Polarregionen	Polare Klimate
	Sommerregen-Subtropen		
	Kontinentale Subtropen		

Klimazonen

Effektive Klimaklassifikation

Die effektiven Klimaklassifikationen orientieren sich an den Wirkungen des Klimas auf der Erdoberfläche, nicht an dessen Entstehung. Diese Methode ermittelt die Klimazonen auf der Basis zweckmäßiger Grenzwerte von Temperatur und Niederschlag. Die Dichte und die räumliche Verteilung der Messstationen sind dabei entscheidend für die Aussagekraft und die Genauigkeit einer effektiven Klimakarte.

KÖPPEN und GEIGER (1928) unterteilen nach dem Temperaturwert vier große Zonen A, C, D, E sowie die Zone B, die sich von den anderen vier Zonen durch Trockenheit unterscheidet (z. B. A = Tropen, kältester Monat > 18 °C). Diese Großklimate werden durch hygrische (erster Kleinbuchstabe) und weitere thermische Kriterien (zweiter Kleinbuchstabe) differenziert. Stuttgart hat nach dieser Klassifikation ein Cfb-Klima:

C = warmgemäßigtes Klima mit kältestem Monat 18 °C bis −3 °C
f = alle Monate ausreichend Niederschlag
b = wärmster Monat unter 22 °C, mindestens vier Monate über 10 °C

Nach Troll und Paffen (1963) wird die Erde in fünf thermische Klimazonen eingeteilt. Die weitere Differenzierung in Geozonen erfolgt nach hygrischen und thermalen Grenzwerten, wobei man sich an der vorherrschenden natürlichen Vegetation orientiert.

Lauer und Frankenberg (1987) gehen von vier Klimazonen (nach Sonneneinstrahlung) aus, wobei die mittleren Breiten in warm- und kühlgemäßigt unterschieden werden. Sie unterteilen diese in Klimaregionen nach ihrem Wärmehaushalt (hochkontinental, kontinental, maritim). Die Binnendifferenzierung erfolgt gemäß dem Wasserhaushalt (Zahl der humiden Monate; Niederschlag ≥ Verdunstung durch die reale Landschaft). So wird eine recht genaue Binnendifferenzierung erreicht.

4.2 Räumliche Differenzierung des Klimas nach Troll/Paffen

Eine **Landschaft** ist ein örtlich begrenzter Teil der Erdoberfläche, der durch Oberflächengestalt, Klima, Wasser, Boden und Vegetation geprägt wird. Ist die Landschaft vom wirtschaftenden Menschen, insbesondere von dessen wirtschaftlicher und siedlungsmäßiger Nutzung, deutlich beeinflusst, spricht man von **Kulturlandschaft**; ist sie weitgehend unberührt, wird sie als **Naturlandschaft** bezeichnet.

Die regionalen Landschaften sind Teil der **Landschaftszonen** oder **Geozonen**. Die Einteilung der Erde in ein Ordnungsraster von Geozonen dient der schnellen Orientierung bezüglich naturräumlicher Zusammenhänge. Die im Folgenden verwendete **Klassifikation von Troll/Paffen** ist besonders übersichtlich. Zudem spielt das Klima, an dem sich die Einteilung von Troll/Paffen schwerpunktmäßig orientiert, die entscheidende Rolle bei der Gestaltung einer Landschaft: Relief, Boden, Vegetation und Wasserhaushalt sind allesamt vom Klima abhängig.

Kalte Klimate

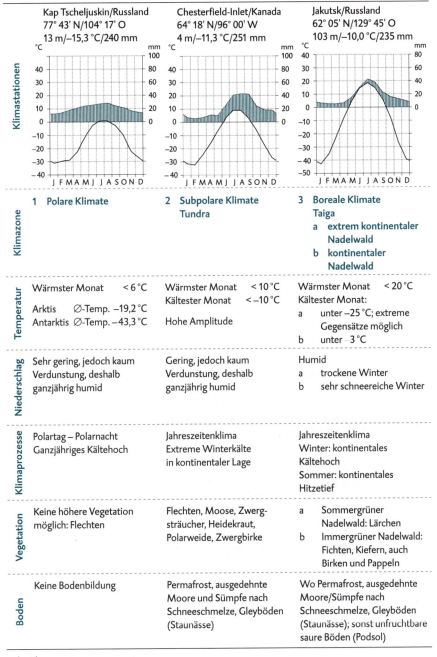

	Kap Tscheljuskin/Russland 77° 43' N/104° 17' O 13 m/−15,3 °C/240 mm	Chesterfield-Inlet/Kanada 64° 18' N/96° 00' W 4 m/−11,3 °C/251 mm	Jakutsk/Russland 62° 05' N/129° 45' O 103 m/−10,0 °C/235 mm
Klimastationen			
Klimazone	1 Polare Klimate	2 Subpolare Klimate Tundra	3 Boreale Klimate Taiga a extrem kontinentaler Nadelwald b kontinentaler Nadelwald
Temperatur	Wärmster Monat < 6 °C Arktis ∅-Temp. −19,2 °C Antarktis ∅-Temp. −43,3 °C	Wärmster Monat < 10 °C Kältester Monat < −10 °C Hohe Amplitude	Wärmster Monat < 20 °C Kältester Monat: a unter −25 °C; extreme Gegensätze möglich b unter −3 °C
Niederschlag	Sehr gering, jedoch kaum Verdunstung, deshalb ganzjährig humid	Gering, jedoch kaum Verdunstung, deshalb ganzjährig humid	Humid a trockene Winter b sehr schneereiche Winter
Klimaprozesse	Polartag – Polarnacht Ganzjähriges Kältehoch	Jahreszeitenklima Extreme Winterkälte in kontinentaler Lage	Jahreszeitenklima Winter: kontinentales Kältehoch Sommer: kontinentales Hitzetief
Vegetation	Keine höhere Vegetation möglich: Flechten	Flechten, Moose, Zwergsträucher, Heidekraut, Polarweide, Zwergbirke	a Sommergrüner Nadelwald: Lärchen b Immergrüner Nadelwald: Fichten, Kiefern, auch Birken und Pappeln
Boden	Keine Bodenbildung	Permafrost, ausgedehnte Moore und Sümpfe nach Schneeschmelze, Gleyböden (Staunässe)	Wo Permafrost, ausgedehnte Moore/Sümpfe nach Schneeschmelze, Gleyböden (Staunässe); sonst unfruchtbare saure Böden (Podsol)

Kalte Klimate

Gemäßigte Klimate

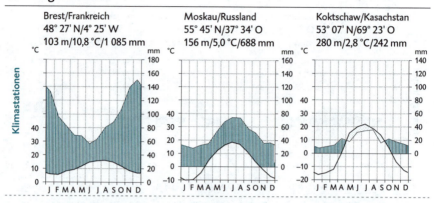

	Brest/Frankreich 48° 27' N/4° 25' W 103 m/10,8 °C/1 085 mm	Moskau/Russland 55° 45' N/37° 34' O 156 m/5,0 °C/688 mm	Koktschaw/Kasachstan 53° 07' N/69° 23' O 280 m/2,8 °C/242 mm
Klimazone	4 Klimate der sommergrünen Laub- und Mischwälder: a ozeanische Klimate b kühlgemäßigte Übergangsklimate c kontinentale Klimate d sommerwarme Klimate der Ostseiten		5 Winterkalte Trockenklimate a Steppen b Halbwüsten und Wüsten
Temperatur	a Wärmster Monat < 15 °C Kältester Monat 2–10 °C	c Wärmster Monat bis 15 °C Kältester Monat bis –20 °C	Wärmster Monat bis 25 °C Kältester Monat bis –20 °C
Niederschlag	> 1 000 mm an Küsten und Westseiten von Gebirgen, nach Osten hin abnehmend, Max. im Herbst/Winter	Meist 500–600 mm, ganzjährig humid, Max. im Sommer	Unter 500 mm, Konvektionsniederschläge und Gewitter im Sommer, hohe Variabilität; über fünf Monate arid
Klimaprozesse	Einfluss des Golfstroms, Feuchtigkeit/Wärme durch zyklonale Westwinde bis weit in den Kontinent transportiert, im Sommer Einfluss des randtropischen Azorenhochs	Abnehmender bis geringer Einfluss der Westwinddrift, zunehmend kontinentales Klima	Winter: kontinentales Kältehoch Sommer: kontinentales Hitzetief Dürreperioden möglich
Vegetation	Im Westen immergrüne Laubgehölze, artenreiche Laub- und Laubmischwälder (drei ausgeprägte Stockwerke: Kraut-, Strauch-, Baumschicht), in Höhenlagen der Mittelgebirge und im Osten zunehmende Dominanz von Nadelbäumen: Tannen, Fichten, Kiefern; Vegetationsperiode bis 10 Monate		Meist baumlose Graslandschaft, Vegetationsperiode nur 4–5 Monate Sehr labiles Ökosystem: Bodenerosion (Dustbowl/USA)
Boden	Große regionale Vielfalt, fruchtbare Braunerden und Parabraunerden dominieren		Sehr fruchtbare Schwarzerden und graubraune Steppenböden, auch Wüstenböden

Gemäßigte Klimate

Subtropen

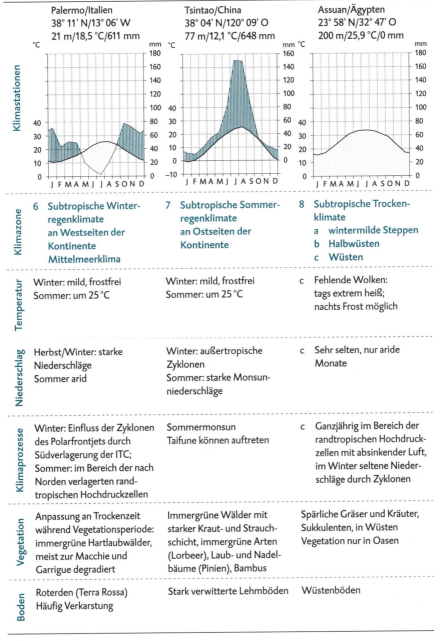

	Palermo/Italien 38° 11' N/13° 06' W 21 m/18,5 °C/611 mm	Tsintao/China 38° 04' N/120° 09' O 77 m/12,1 °C/648 mm	Assuan/Ägypten 23° 58' N/32° 47' O 200 m/25,9 °C/0 mm
Klimastationen			
Klimazone	6 Subtropische Winter- regenklimate an Westseiten der Kontinente Mittelmeerklima	7 Subtropische Sommer- regenklimate an Ostseiten der Kontinente	8 Subtropische Trocken- klimate a wintermilde Steppen b Halbwüsten c Wüsten
Temperatur	Winter: mild, frostfrei Sommer: um 25 °C	Winter: mild, frostfrei Sommer: um 25 °C	c Fehlende Wolken: tags extrem heiß; nachts Frost möglich
Niederschlag	Herbst/Winter: starke Niederschläge Sommer arid	Winter: außertropische Zyklonen Sommer: starke Monsun- niederschläge	c Sehr selten, nur aride Monate
Klimaprozesse	Winter: Einfluss der Zyklonen des Polarfrontjets durch Südverlagerung der ITC; Sommer: im Bereich der nach Norden verlagerten rand- tropischen Hochdruckzellen	Sommermonsun Taifune können auftreten	c Ganzjährig im Bereich der randtropischen Hochdruck- zellen mit absinkender Luft, im Winter seltene Nieder- schläge durch Zyklonen
Vegetation	Anpassung an Trockenzeit während Vegetationsperiode: immergrüne Hartlaubwälder, meist zur Macchie und Garrigue degradiert	Immergrüne Wälder mit starker Kraut- und Strauch- schicht, immergrüne Arten (Lorbeer), Laub- und Nadel- bäume (Pinien), Bambus	Spärliche Gräser und Kräuter, Sukkulenten, in Wüsten Vegetation nur in Oasen
Boden	Roterden (Terra Rossa) Häufig Verkarstung	Stark verwitterte Lehmböden	Wüstenböden

Subtropen

Wechselfeuchte Tropen

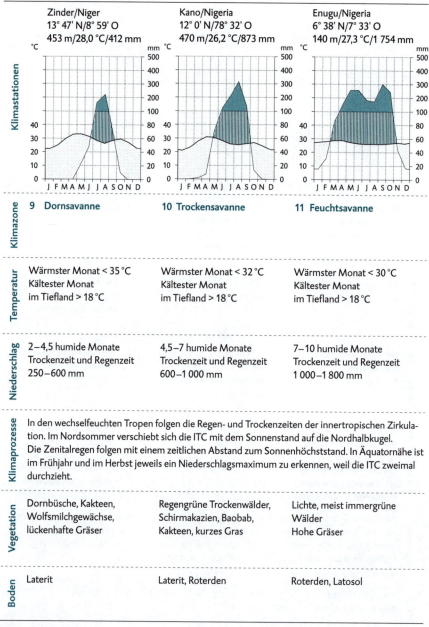

	Zinder/Niger 13° 47' N/8° 59' O 453 m/28,0 °C/412 mm	Kano/Nigeria 12° 0' N/78° 32' O 470 m/26,2 °C/873 mm	Enugu/Nigeria 6° 38' N/7° 33' O 140 m/27,3 °C/1 754 mm
Klimazone	9 Dornsavanne	10 Trockensavanne	11 Feuchtsavanne
Temperatur	Wärmster Monat < 35 °C Kältester Monat im Tiefland > 18 °C	Wärmster Monat < 32 °C Kältester Monat im Tiefland > 18 °C	Wärmster Monat < 30 °C Kältester Monat im Tiefland > 18 °C
Niederschlag	2–4,5 humide Monate Trockenzeit und Regenzeit 250–600 mm	4,5–7 humide Monate Trockenzeit und Regenzeit 600–1 000 mm	7–10 humide Monate Trockenzeit und Regenzeit 1 000–1 800 mm
Klimaprozesse	In den wechselfeuchten Tropen folgen die Regen- und Trockenzeiten der innertropischen Zirkulation. Im Nordsommer verschiebt sich die ITC mit dem Sonnenstand auf die Nordhalbkugel. Die Zenitalregen folgen mit einem zeitlichen Abstand zum Sonnenhöchststand. In Äquatornähe ist im Frühjahr und im Herbst jeweils ein Niederschlagsmaximum zu erkennen, weil die ITC zweimal durchzieht.		
Vegetation	Dornbüsche, Kakteen, Wolfsmilchgewächse, lückenhafte Gräser	Regengrüne Trockenwälder, Schirmakazien, Baobab, Kakteen, kurzes Gras	Lichte, meist immergrüne Wälder Hohe Gräser
Boden	Laterit	Laterit, Roterden	Roterden, Latosol

Wechselfeuchte Tropen

Immerfeuchte Tropen

Kisangani/Rep. Kongo
0° 31' N/25° 12' O
460 m/25,4 °C/1 804 mm

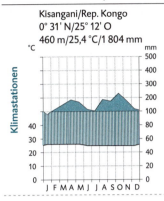

Klimastationen

Klimazone
12 Tropischer Regenwald

Temperatur
Minimale monatliche Schwankungen um 25 °C
Tageszeitenklima

Niederschlag
10–12 humide Monate
1 800–10 000 mm

Klimaprozesse
Meist täglich gleicher Wetterablauf mit Mittagsregen
Klima ganzjährig von der ITC bestimmt

Vegetation
Üppige Vegetation,
Stockwerkbau
Artenreichtum, jedoch Individuenarmut,
kurzgeschlossener Nährstoffkreislauf

Boden
Meist tiefgründig verwitterte, ausgelaugte Böden ohne Nährstoffspeicherfähigkeit
Latosole

Immerfeuchte Tropen

Höhenstufen tropischer Gebirge

Eldoret/Kenia
0° 31' N/35° 16' O
2 092 m/16,9 °C/1 027 mm

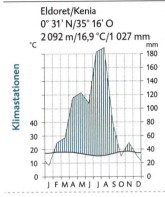

Klimastationen

Klimazone
13 Tropische Gebirge

Temperatur
Tageszeitenklima mit teils extremer Temperaturamplitude

Niederschlag
7–12 humide Monate
Große Unterschiede je nach Exposition der Station

Höhenstufen
Heiße Zone (tierra caliente)
Gemäßigte Zone (tierra templada)
Kalte Zone (tierra fria)
Frostzone (tierra helada)
Nivale Zone (tierra nevada)

Vegetation
Heiße Zone: trop. immergrüner Tiefland-Regenwald, halbimmergrüner Übergangswald bzw. trop. Feucht-savannengürtel
Gemäßigte Zone: trop. Bergwald bzw. trop. Berg-Feuchtsavannen
Kalte Zone: trop. Höhen- und Nebelwald bzw. Sierra-Höhenbusch
Frostzone: Paramó bzw. Puna
Nivale Zone: ohne Vegetation, Schnee und Eis

Höhenstufen tropischer Gebirge

Aufgabe 10 Untersuchen Sie die folgenden Klimadiagramme A und B.
  a Überprüfen Sie, auf welcher Erdhalbkugel die Stationen liegen, und begründen Sie Ihre Zuordnung.
  b Ordnen Sie die Stationen einer Klimazone zu, und begründen Sie Ihre Entscheidung.
  c Erläutern Sie die jeweilige Niederschlagsverteilung.

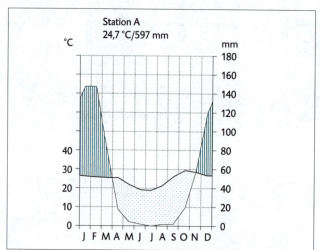

Klimadiagramm Station A

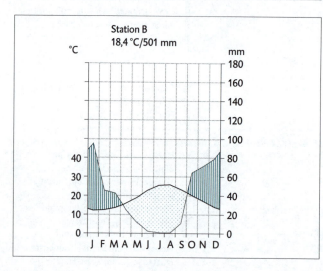

Klimadiagramm Station B

Atmosphäre 65

5 Stadtklima

In Stadtlandschaften bildet sich ein **Stadtklima** aus, das sich deutlich vom Klima des Umlandes unterscheidet. Im unbebauten Umland sorgt die Vegetation mit ihrer Verdunstung für Abkühlung und die Winde ermöglichen einen regelmäßigen Luftmassenaustausch. In den Städten dagegen behindert die hohe und dichte Bebauung die Frischluftzufuhr und den Austausch von Luftmassen. Die kühlende Verdunstung ist über versiegelten Flächen stark herabgesetzt. Messungen und Thermalscanneraufnahmen belegen, dass Städte im Vergleich zu ihrem Umland eine deutliche Überwärmung von bis zu 10 K zeigen, sie sind also **Wärmeinseln**.

Das Sonnenlicht wird an den Hauswänden mehrfach reflektiert. Dabei wird jeweils ein Teil der Strahlungsenergie absorbiert. In der Summe ergibt sich ein höherer Energieeintrag als über unbebautem Land. Außerdem wird der Energieeintrag durch die stadttypischen Baumaterialien (Asphalt und Beton) und deren unterschiedliche Albedo erhöht. Die gespeicherte Wärme wird abgestrahlt, besonders nachts. Hinzu kommen Prozess- und Abwärme aus Haushalten, Industriebetrieben und vom Verkehr, sogenannte Wärmeemissionen, die in der Stadt entstehen und ebenfalls zur Erwärmung des Stadtklimas beitragen.

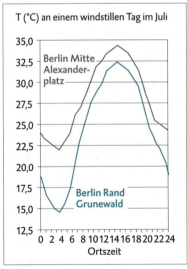

Temperaturunterschiede Umland – Stadtmitte

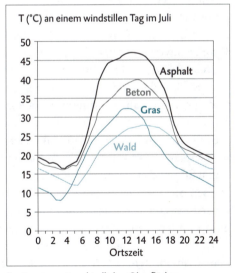

Erwärmung unterschiedlicher Oberflächen

Einher mit der Temperaturerhöhung gehen Emissionen, die die Luft mit Spurengasen, Kohlenmonoxid, Kohlendioxid, Wasserdampf, Rußteilchen und Feinstäuben anreichern und zur Bildung einer **Dunstglocke** führen. Die von der Stadtoberfläche abgestrahlte langwellige Wärmestrahlung kann die Dunstglocke über der Stadt nicht durchdringen und wird zurückgehalten. Ein **städtischer Treibhauseffekt** entsteht.

Nicht unerwähnt bleiben darf, dass aufgrund der Versiegelung die Vegetationsdichte sehr gering und somit der Energieverbrauch durch die Evapotranspiration der Pflanzen sehr niedrig ist. Weil die Verdunstung von Wasser Wärme benötigt, kühlt sich die Umgebung ab. Dieser Energieverbrauch bewirkt beispielsweise, dass innerstädtische Parkanlagen eine niedrigere Temperatur haben als angrenzende Siedlungsflächen.

Die Überwärmung führt zur Ausbildung eines Tiefdruckgebietes über der Stadt, die aufsteigende Luft kondensiert, zumal Staub- und Rußteilchen als Kondensationskerne fungieren. Erhöhte Niederschläge, Gewitter- und Nebelhäufigkeit besonders im Winter sind die Folgen. Die Wärmeinsel Stadt beeinflusst auch die Niederschläge in ihrem Umfeld. Bei Großstädten wurde ein bemerkenswerter Luv-Lee-Effekt festgestellt. Im Lee-Umland sind die Niederschläge bis zu einem Drittel höher als auf der windzugewandten Seite.

Die **Luftverschmutzung** entsteht vorwiegend durch Abgase aus der Verfeuerung fossiler Energieträger, z. B. in Kraftfahrzeugen, sowie durch den Feinstaub z. B. infolge von Reifen- und Bremsabrieb. Kohlendioxid, Kohlenmonoxid, Ozon, Schwefeldioxid, Kohlenwasserstoffe, durch den Gebrauch von Lösungsmitteln, Farben und Reinigungsmitteln freigesetzt, und Stickoxide belasten die Luft. Stickoxide bilden Salpetersäure, die mit dem Regen ausgewaschen wird und nicht nur zur Versauerung der Böden und des gesamten Ökosystems führt, sondern auch zur verstärkten chemischen Verwitterung an Gebäuden, z. B. Kirchen und anderen Baudenkmälern. Die Ausbreitung der Abgase erfolgt überwiegend vertikal. Dies kann zur Entstehung von **Wintersmogwetterlagen** führen. Bei diesen Wetterlagen liegen warme Luftmassen auf kalten Luftmassen auf und verhindern so den vertikalen Luftaustausch. Unterhalb der Inversionsschicht kommt es dann zu einer Anreicherung der Abgase. In Mitteleuropa treten diese Wetterlagen vorwiegend im Winter auf.

Die mit Emissionen angereicherte Luft kann verstärkt zu Gesundheitsschäden, insbesondere zu Atemwegserkrankungen führen. Als ein besonderes Problem erweisen sich die Feinstäube und die Dieselrußpartikel. Sie sind so fein, dass sie lange in der Luft schweben und sich weiträumig verteilen. Sie können tief in die Lunge gelangen und dort Krebs auslösen.

Faktoren	Veränderung gegenüber dem Umland	Ursachen
Strahlung		
Globalstrahlung auf horizontaler Oberfläche	−20 %	Dunstglocke, erhöhte Bewölkung (aufgrund des Aufsteigens der Luft)
Gegenstrahlung	+10 %	
Ultraviolett im Winter	−70 %	
Ultraviolett im Sommer	−10 % bis −30 %	
Sonnenscheindauer		
im Winter	−8 %	erhöhte Bewölkung (s. o.)
im Sommer	−10 %	
Lufttemperatur		
Jahresmittel	bis +3 K	Treibhauseffekt, Energieumsatz im Baukörper, anthropogene Wärmezufuhr (Prozesswärme, Verkehr)
Winterminima	bis +10 K	
Dauer der winterlichen Frostperiode	−30 %	
Windgeschwindigkeit		
Jahresmittel	−25 %	Baukörper
Windstille	+115 %	
relative Luftfeuchtigkeit		
Jahresmittel	−6 %	Oberflächenversiegelung, erhöhte Temperatur, weniger Vegetation
Sommermittel	−8 %	
Verdunstung	bis −60 %	
Niederschlag		
Regensumme	+10 %	erhöhte Bewölkung (s. o.)
Schneefall	−5 %	höhere Temperatur
Tauabsatz	−65 %	geringe rel. Luftfeuchtigkeit (s. o.)
Nebel im Sommer	+30 %	
Nebel im Winter	+100 %	
Luftverunreinigungen		
CO_2, NO_x	mehr	Emissionen, Immissionen
O_3	weniger	nächtliche Reduktion durch NO
Feinstäube	deutlich mehr	

Mittlere Veränderungen von Klimaparametern in Städten und ihre Ursachen

An sonnigen Tagen in der wärmeren Jahreszeit entsteht **Sommersmog**. Die Kohlenwasserstoffe und Stickoxide reagieren unter dem Einfluss von Sonnenlicht zu einem vorwiegend aus Ozon bestehenden Gasgemisch. Diese erhöhten bodennahen Ozonwerte sind gesundheitsgefährdend. Bei Überschreitung der Grenzwerte müssen sportliche Aktivitäten im Freien eingeschränkt werden.

68 | Atmosphäre

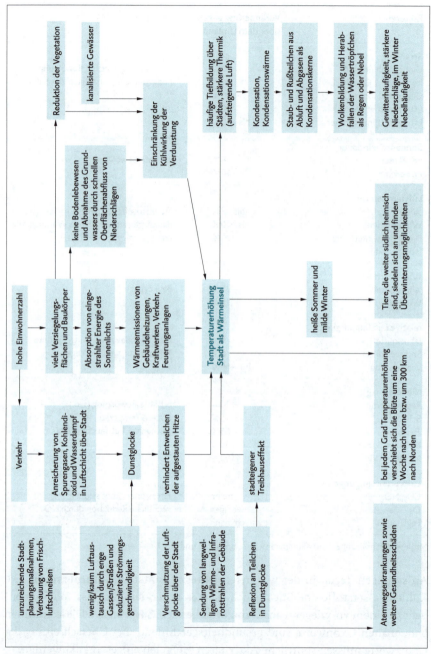

Die städtische Wärmeinsel in ihrem Wirkungszusammenhang

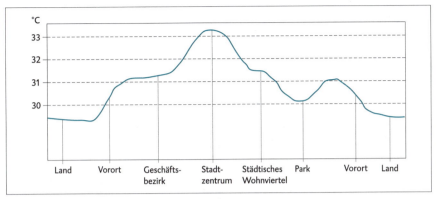

Temperaturprofil durch eine Stadt an einem Sommernachmittag

Die Ausprägung eines typischen Stadtklimas ist in erster Linie abhängig von der Stadtgröße, aber auch von der Geländeform, der Bebauungsstruktur und dem Freiflächenanteil. Einige Klimaelemente unterscheiden sich stadtteilbezogen nur wenig (z. B. Sonnenstrahlung, Niederschlag). Andere weisen, bedingt durch das Wärmespeichervermögen der Baustoffe, die Versiegelung des Bodens, den veränderten Wasserhaushalt sowie Abwärme, zum Teil recht große räumliche Unterschiede auf.

Mit fortschreitender Klimaerwärmung werden die Klimabelastungen in den Städten problematischer, was immer wieder zu Opfern unter der Bevölkerung führt. Deshalb müssen dringend Maßnahmen ergriffen werden, die die Temperaturen in den Städten herabsetzen und gleichzeitig die Luftqualität verbessern. So könnte durch eine geschickte Ausrichtung der Gebäude und Straßen sowie durch eine Reduktion der Bebauungshöhe Frischluft in Windschneisen direkt in die Innenstadt geleitet werden, wobei ein gewisser Düseneffekt genutzt werden könnte. Die Entsiegelung von Flächen und eine geringere Bebauungsdichte mit starker Durchgrünung der Siedlungsflächen würde die Temperatur effektiv dämpfen. Auch architektonische Maßnahmen wie konsequente Dach- und Fassadenbegrünungen wären hilfreich. Ferner könnten eine Reduzierung des Individualverkehrs bzw. die Einrichtung von Umweltzonen sowohl die Abwärme als auch die Emissionen verringern. Einen ähnlichen Effekt hätten umweltschonende Heiz- und Klimaanlagen sowie die Nutzung von Solarenergie und Wärmeaustauscher oder eine bessere Gebäudedämmung.

Aufgabe 11: Erklären Sie einem Mitschüler das Wirkungsgefüge zur städtischen Wärmeinsel (vgl. Schaubild S. 68), ausgehend von der Bevölkerungszahl. Beziehen Sie die Tabelle S. 67 mit ein.

Pedosphäre

Die **Pedosphäre** (griech. *pédo* = eben) ist die dünne Bodenschicht an der Oberfläche der kontinentalen Erdkruste. Sie ist nach oben begrenzt durch die Pflanzendecke sowie die Atmosphäre und nach unten durch das Gestein (Lithosphäre).

Boden ist Lebensgrundlage und z. T. Lebensraum für Menschen, Tiere und Pflanzen. Er besteht aus Mineralien unterschiedlicher Größe und Art sowie aus Humus, einem Umwandlungsprodukt organischer Substanzen.

Die Mächtigkeit der Bodenschicht schwankt zwischen wenigen Millimetern in subpolaren Zonen, rund einem Meter in den mittleren Breiten und acht bis zehn Metern in den Tropen.

Ein Boden ist ein dynamisches System, das sich stets weiterentwickelt; z. B. verändern sich Bodentemperatur und Bodenfeuchte oft zyklisch.

1 Bodenbildungsprozesse

Das folgende Schema der Bodenbildungsprozesse zeigt das Zusammenwirken verschiedener Geofaktoren. Ausgangsmaterial ist das anstehende Gestein mit seiner spezifischen Mineralienzusammensetzung. Durch die Sonneneinstrahlung und die Niederschläge werden verschiedene **Verwitterungsprozesse** in Gang gesetzt, die das Gestein zertrümmern, seine chemische Zusammensetzung verändern und es so in **Tonminerale** und **mineralische Nährsalze** zerlegen.

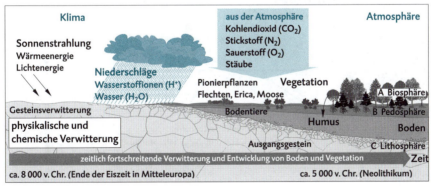

Schema für Bodenbildungsprozesse

Von großer Bedeutung ist das **Bodengefüge**. Lockere (z. B. sandige) Böden verfügen zwischen den Bodenpartikeln über zahlreiche Hohlräume **(Bodenporen)**. Diese Poren können **Bodenluft** – wichtig für die Atmung von Pflanzenwurzeln und Bodenlebewesen – oder **Bodenwasser** enthalten, das eine entscheidende Rolle für den Transport von gelösten Stoffen im Boden und für die Nährstoffaufnahme durch die Pflanzenwurzeln spielt.

Sind Böden ausreichend mit Feuchtigkeit und Wärme versorgt, kann sich auf ihnen Vegetation entwickeln. Regenwürmer und andere Bodenwühler durchmischen die organischen und mineralischen Bestandteile, was einen Gasaustausch zwischen Bodenluft und Atmosphäre fördert. Die abgestorbene organische Substanz wird durch größere Bodentiere an der Oberfläche zerkleinert und teilweise in den Boden eingearbeitet. Es bildet sich **Rohhumus (Mull)**, aus dem bei unvollständiger Zersetzung durch Mikroorganismen **Humus** entsteht. Ein vollständiger Abbau führt zur **Mineralisierung**, d. h. es werden mineralische Nährsalze **(Kationen)** gebildet und freigesetzt.

Das Substrat aus Mineralsubstanzen und Humus wird als **Boden** bezeichnet. Ein typischer Grünlandboden setzt sich z. B. zusammen aus 45 % Mineralsubstanz, 25 % Luft, 23 % Wasser und 7 % organischer Substanz.

Die Vegetationsdecke schützt den Boden vor Austrocknung und Erosion. Die Wurzeln tragen zur Lockerung des Ausgangsmaterials und des Bodengefüges bei.

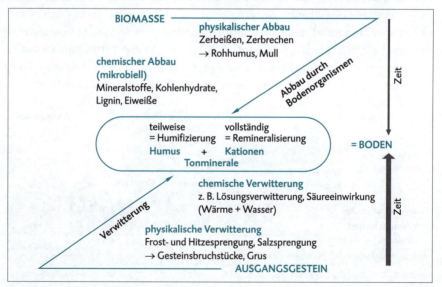

Verwitterungs- und Abbauprozesse im Boden

Aufgabe 12 Erklären Sie, inwiefern die Bodenbildung ein überaus komplizierter Prozess ist.

2 Verwitterung der Ausgangsgesteine: Mineralisierung

Da ein Boden zum größten Teil aus dem Verwitterungsprodukt seines Ausgangsgesteins besteht, ist dessen Mineralbestand entscheidend für die Bodenart, den Bodentyp und die Nährstoffversorgung im Boden.

Verwitterung umfasst die Prozesse, die zur Lockerung, Aufbereitung und Zerstörung des Mineralgefüges im Gestein führen. Dabei unterscheidet man die physikalische und die chemische Verwitterung. Bei der **physikalischen Verwitterung** wird das Ausgangsgestein durch mechanische Prozesse gelockert und zerkleinert, ohne dass sich die chemische Zusammensetzung ändert. Bei der **chemischen Verwitterung** dagegen kommt es zu Reaktionen der im Gestein vorhandenen Minerale mit der Luft bzw. dem Wasser. Die Minerale werden chemisch aufgelöst oder zu neuen Mineralen verändert.

In der Regel greifen chemische und physikalische Verwitterung ineinander. Grad und Art der Verwitterung sind abhängig von Gesteinsart und -gefüge, Temperatur und Feuchtigkeit, Bodenbedeckung, biologischer Aktivität und vom Faktor Zeit. Besonders intensiv ist die chemische Verwitterung z. B. in den immerfeuchten Tropen.

2.1 Physikalische Verwitterung

Die physikalische Verwitterung der Gesteine setzt mit der Druckentlastung infolge der Abtragung aufliegender Schichten ein. Durch die Druckentlastung reißen Klüfte und Spalten auf, in denen meist die weitere Verwitterung ansetzt.

Bei häufigem Frostwechsel und ausreichender Feuchtigkeit wirkt die **Frostsprengung:** Wasser, das in die Risse eingedrungen ist, dehnt sich beim Gefrieren zu Eis um ca. 10 % seines Volumens aus und sprengt das Gestein mit hohem Druck. Ähnlich wirkt in wechselfeuchten Gebieten die **Salzsprengung** (vgl. Grafik S. 74). Dabei kristallisieren durch die Abfolge von Verdunstung und Wiederbefeuchtung im Wasser gelöste Salze in den Spalten aus.

Rasche, starke und häufige Temperaturschwankungen sowie enorme Temperaturunterschiede zwischen Sonnen- und Schattenseite, wie sie in ariden Regionen vorkommen, sorgen in den Gesteinen für große Spannungen zwischen Oberfläche und Innerem. Das kann zum Zerspringen (Kernsprung) der Gesteine führen. Die **Temperaturverwitterung** kann aber auch unabhängig von angelegten Klüften erfolgen, indem sich besonders bei grobkörnigen Gesteinen wie Granit und Sandstein zwiebelschalenartig große Flächen ablösen

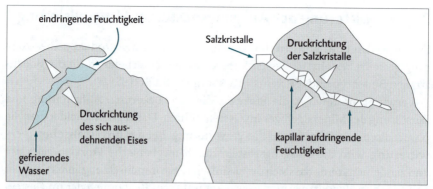

Frost- und Salzsprengung

(Schalenverwitterung). Bei einzelnen Blöcken kann diese Form der Verwitterung auch konzentrisch vonstattengehen, es kommt zum Abblättern und Abschuppen dünnerer Gesteinsplättchen. Da sich verschiedenartige Minerale bei Erwärmung des Gesteins unterschiedlich ausdehnen, führt das zu einer Zerrüttung des Mineralzusammenhangs; die Bruchstücke zerfallen zu grobem Sand. Diesen Vorgang nennt man **Vergrusung**, er ist typisch für Granit.

Bei der **biologisch-physikalischen Verwitterung** dringen Pflanzenwurzeln in Gesteinsspalten und Klüfte ein. Das Wachstum der Wurzeln (Wurzeldruck) kann zur Lockerung bzw. Sprengung des Gesteins führen.

2.2 Chemische Verwitterung

Je größer die Oberfläche des Gesteins ist, d. h. je stärker es bereits durch die physikalische Verwitterung zerkleinert worden ist, desto intensiver kann die chemische Verwitterung angreifen. Sie hängt von einer Reihe begünstigender Faktoren ab und kann sehr unterschiedlich verlaufen:

Leicht lösliche Gesteine wie Gips und Steinsalz können sogar von reinem Wasser gelöst werden. Aufgrund ihres Dipolcharakters lagern sich Wassermoleküle an die äußeren Ionen von Kristallen an, drängen sich auch zwischen diese und lockern so das Gefüge (vgl. Grafik S. 75). Wenn dann das Kristallgitter aufreißt, driften die freigesetzten Kationen in das umgebende Wasser ab. Man spricht von **Lösungsverwitterung** oder **Hydratation**. Eine chemische Reaktion im eigentlichen Sinne findet nicht statt. Die Hydratation herrscht in kühlhumiden Regionen vor.

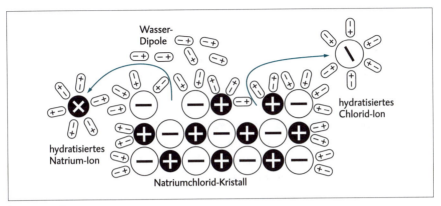
Lösungsverwitterung

Die Löslichkeit verschiedener Gesteine in Wasser variiert stark. Während Steinsalz und Gips, wie erwähnt, relativ leicht löslich sind, würde die Verwitterung von Kalkgesteinen (Carbonaten) in reinem Wasser viele Tausend Jahre dauern. Rasant beschleunigt wird sie, wenn Kohlendioxid hinzukommt und sich im Regenwasser Kohlensäure bildet. Auch Huminsäuren aus der Biomasse können wirksam werden. Durch die Säure kann der Kalkstein (Calciumcarbonat/Calcit) in leicht lösliches Calciumhydrogencarbonat umgewandelt werden.

> **Kalklösungsformel**
>
> $CaCO_3 + H_2CO_3 \leftrightarrow Ca_2(HCO_3)_2$

Diese **Kohlensäureverwitterung** (Teilreaktion der Hydrolyse) ist jedoch ein umkehrbarer (reversibler) Vorgang. Führen Temperaturanstieg oder Druckabfall zur Verringerung des CO_2-Gehaltes der Lösung, fällt der gelöste Kalk wieder aus. Es kommt zur Kalksinterbildung, d. h. zur Ausfällung eines porösen Kalksteins.

Nicht umkehrbar ist die für die Bodenbildung wichtige **Feldspatverwitterung**. Feldspat ist Hauptbestandteil zahlreicher magmatischer, metamorpher und sedimentärer Gesteine. Bei unverwittertem Granit oder Gneis ist das Gestein hart und fest. Der Mineralverband aus Feldspat-, Quarz- und Glimmerkristallen hält mit starken Kohäsionskräften fest zusammen. Kohlensäurehaltiges Wasser löst nun Kalium-Ionen und Kieselsäure aus dem Feldspat. Beides wird vom Wasser weggespült, an ihrer Stelle lagern sich Wasserstoffionen an. Dadurch zerfällt der harte Feldspat zu weichem Kaolinit, einem Tonmineral (vgl. S. 77). Der geschwächte Gesteinsverband zerbricht dann bei physikalischer Einwirkung.

Bei der **Oxidationsverwitterung** reagieren Gesteinsbestandteile mit Sauerstoff aus dem Wasser oder der Luft. Die Oxidation von zweiwertigem zu dreiwertigem Eisen hat eine deutliche Rotfärbung zur Folge, z. B. bei tropischen Verwitterungsböden.

Auch Tiere und Pflanzen setzen organische Säuren frei, wie die Huminsäure, die zur chemischen Veränderung der Gesteinsstrukturen führen.

Die physikalische und die chemische Verwitterung bewirken schließlich eine vollständige Auflösung der Ausgangsminerale in ihre Grundbausteine (Mineralisierung).

Aufgabe 13 Erklären Sie, weshalb die Verwitterung ein notwendiger Grundprozess der Bodenbildung ist.

3 Bodenarten und Bodenfruchtbarkeit

Bodenarten unterscheiden sich durch die Korngröße ihres Substrats und haben charakteristische Eigenschaften, die für die Bodenfruchtbarkeit wichtig sind.

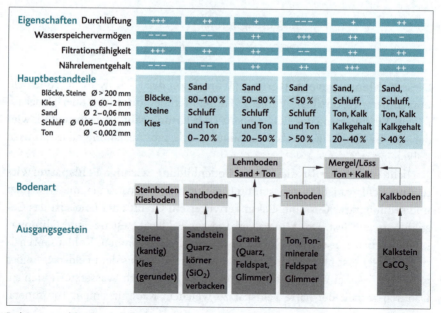

Bodenarten und ihre Eigenschaften

Entscheidend für die Bodenfruchtbarkeit ist die **Kationenaustauschkapazität.** Darunter versteht man die Fähigkeit eines Bodens, Nährstoffe in pflanzenverfügbarer Form zu speichern. Die Kationenaustauschkapazität wird in Milliäquivalent (mval) je 100 Gramm trockener Bodenmasse angegeben. Die Nährstoffspeicherfähigkeit eines Bodens ist abhängig vom Anteil an Tonmineralen. Diese entstehen bei der **Feldspatverwitterung** (vgl. S. 75).

CO_2 aus der Luft bildet mit Regenwasser Kohlensäure. Die Kohlensäure spaltet sich teilweise auf in Wasserstoffionen (H^+) und Hydrogencarbonat-Ionen (HCO_3^-) und sorgt für sauren Regen. Dieser saure Regen löst Kalium-Ionen (K^+) und Kieselsäure (SiO_2) aus dem Feldspat. Die freigesetzten Ionen sammeln sich im Bodenwasser und können sich teilweise wieder zu neuen Mineralien gruppieren. So werden als Rückstand der Verwitterung die **Tonminerale** neu gebildet. Diese bestehen je nach Art aus zwei oder drei Schichten Silikatketten und haben eine blätterteigähnliche Struktur. Da diese Silikatketten keine ausgeglichene elektrische Oberfläche besitzen, können sich an Stellen mit negativen oder positiven Ladungsüberschüssen Kationen bzw. Anionen aus der Bodenlösung anlagern.

Sinkt z. B. der K-Gehalt der Bodenlösung infolge der Aufnahme von K^+ über die Pflanzenwurzeln, dann werden K^+-Ionen aus dem Tonmineral abgegeben. Die frei gewordenen Lagerplätze im Tonmineral werden mit anderen Kationen aus der Bodenlösung belegt, vor allem mit H^+. Steigt der K-Gehalt durch Verwitterung oder Düngung, werden wieder K^+-Ionen in das Tonmineral eingetauscht. Sie verdrängen andere von den Lagerplätzen. Diesen Vorgang, der maßgeblich für die Bodenfruchtbarkeit ist, nennt man **Kationenaustausch.**

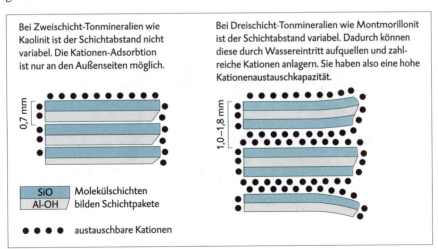

Tonminerale

Zweischichttonminerale wie Kaolinit haben eine geringe Austauschkapazität. Sie herrschen in den Böden der immerfeuchten Tropen vor und sind Ursache für deren geringe Fruchtbarkeit. Bei den Dreischichttonmineralen wie Montmorillonit ist die Kationenaustauschkapazität besonders groß. Sie kommen vor allem in den Böden der mittleren Breiten vor.

Auch durch die Zersetzung der Biomasse mithilfe des Bodenlebens entstehen nach und nach Minerale wie Ammoniak, Phosphat, Kalium u. a. Diese sammeln sich ebenfalls in der Bodenlösung an.

Aus den Kohlenstoffgerüsten der Zwischenprodukte des mikrobiellen Abbaus werden ständig neue Stoffe (Huminkolloide) zusammengebaut **(Humifizierung)**. Diese großen, kompliziert aufgebauten organischen Moleküle tragen zahlreiche Carboxy-, Hydroxy- und Aminogruppen. An diesen können ebenfalls Ionen aus der Bodenlösung adsorbiert werden. Ihre Austauschkapazität ist um das Zwei- bis Dreifache höher als die der Tonminerale.

Tonminerale und Humusstoffe koppeln sich mithilfe der zweiwertigen Ca^{2+}-Ionen zu großen **Ton-Humus-Komplexen** zusammen. Diese haben eine sehr hohe Fähigkeit, Wasser und Gase anzulagern.

Regenwürmer spielen bei der Entstehung der Ton-Humus-Komplexe eine wesentliche Rolle. In ihrem Darm vermischen sich organisches und anorganisches Material. Überschüssiger Kalk aus einer Kalkdrüse klebt die Komponenten des Verdauungsbreis zusammen. Böden mit einem hohen Anteil an Ton-Humus-Komplexen, z. B. die Schwarzerden, verfügen deshalb über eine besonders hohe Bodenfruchtbarkeit.

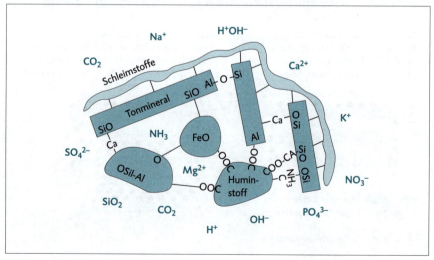

Ton-Humus-Komplex

Der **pH-Wert** gibt die Säurekonzentration im Boden an. Zum einen steuert er alle Bodenbildungsprozesse sowie die Verfügbarkeit und Speicherfähigkeit der Pflanzennährstoffe. Zum anderen begrenzt er den Bereich, in dem Pflanzen optimal gedeihen (vgl. Tabelle S. 80). Ein niedriger pH-Wert schädigt die Bodenlebewesen, denn z. B. Regenwürmer reagieren sehr empfindlich auf eine Bodenversauerung.

Starke Bodenversauerung führt zu einer Verringerung der Nährstoffspeicherkapazität und in der Folge zur Auswaschung der Pflanzennährstoffe sowie zur Freisetzung von Metallionen, die potenzielle Zellgifte sind.

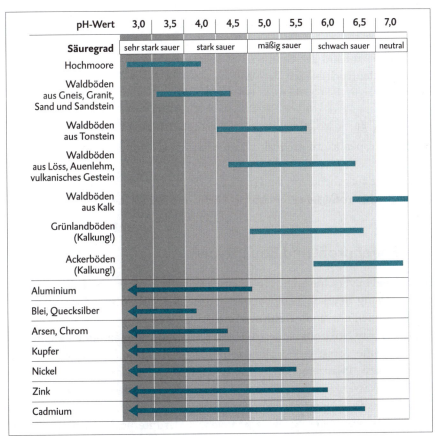

Typische pH-Werte in mitteleuropäischen Böden und Grenz-pH-Werte für die Freisetzung giftiger Aluminium- und Schwermetallionen

Pflanze	pH-Bereich	Pflanze	pH-Bereich
Birke	5,0–6,0	Wintergerste	6,0–7,5
Buche	6,0–8,0	Kartoffeln	5,0–6,5
Esche	6,0–7,5	Zuckerrüben	6,5–7,5
Kiefer	4,5–6,0	Futterrüben	5,5–7,0
Linde	6,0–8,0	Winterraps	6,5–7,5
Tanne	5,0–6,0	Erbsen	6,0–7,0
Winterweizen	6,0–7,5	Möhren	6,0–7,0

Bevorzugte pH-Bereiche im Boden für ausgewählte Pflanzen

Aufgabe 14 Erklären Sie anhand der Grafik S. 76, welche Bedeutung das Ausgangsgestein für die Bodenfruchtbarkeit hat. Welche wesentlichen Faktoren der Bodenbildung werden in der Grafik nicht berücksichtigt?

Aufgabe 15 Begründen Sie, weshalb das Nährstoffpotenzial von Böden in den immerfeuchten Tropen kaum nachhaltig verbessert werden kann.

Aufgabe 16 Erklären Sie ausgehend von der Grafik S. 79 und obiger Tabelle, inwiefern saurer Regen gleichermaßen ein Problem für Wälder und Landwirtschaft darstellt.

4 Bodenprofil und Bodentypen

Böden sind in verschiedene „Lagen" unterteilt, die oftmals schon allein anhand ihrer Färbung deutlich voneinander unterschieden werden können. Hierbei handelt es sich um die **Bodenhorizonte**.

Der oberste Horizont ist der **A-Horizont**. Er weist einen hohen Humusgehalt und eine damit einhergehende dunkle Färbung auf, weil er stark von Pflanzen bzw. Pflanzenwurzeln und Bodenlebewesen durchsetzt ist. Da über das Sickerwasser Huminstoffe und Minerale in tiefere Lagen gelangen, wird er auch als Auswaschungshorizont bezeichnet.

Die ausgewaschenen Stoffe lagern sich im darunterliegenden **B-Horizont** ab, der deshalb Anreicherungshorizont genannt wird. Diese Stoffe sorgen auch für seine meist bräunliche bis rostbraune Färbung. Der B-Horizont ist zudem deutlich fester als der A-Horizont, humusarm und kaum belebt.

Der **C-Horizont** besteht aus dem jeweiligen Ausgangsgestein der Bodenbildung und variiert entsprechend in seiner Dichte und Zusammensetzung.

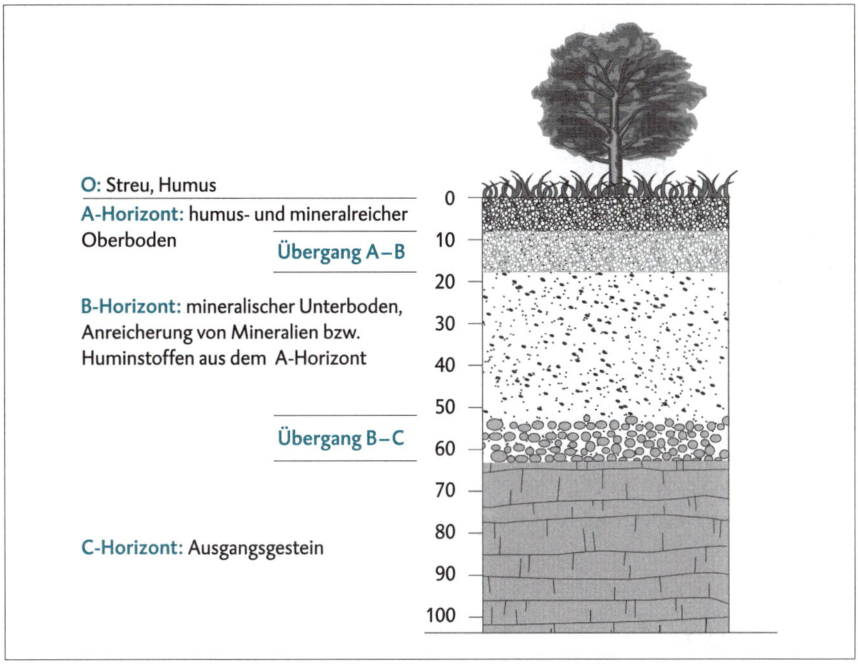

O: Streu, Humus
A-Horizont: humus- und mineralreicher Oberboden
Übergang A–B

B-Horizont: mineralischer Unterboden, Anreicherung von Mineralien bzw. Huminstoffen aus dem A-Horizont

Übergang B–C

C-Horizont: Ausgangsgestein

Bodenhorizonte

Im Zusammenspiel der jeweiligen Bodenbildungsfaktoren haben sich charakteristische **Bodentypen** herausgebildet. Im Folgenden werden die wichtigsten Bodentypen kurz vorgestellt.

4.1 Rendzina

Auf Kalkstein, Dolomit und Mergel, z. B. im Schwäbischen und Fränkischen Jura, kann sich die sogenannte Rendzina entwickeln. Durch Lösungsverwitterung wird der Kalk mit dem Sickerwasser weggeführt. Nur der Rückstand aus Ton und Quarzkörnern bleibt übrig für die Entwicklung mineralischer Bodensubstanz.

Ein sehr humusreicher A-Horizont liegt direkt auf unverwittertem Kalk. Ein B-Horizont entwickelt sich erst bei sehr alten Rendzinen, die dann in Kalkbraunlehm mit hoher Austauschkapazität im Unterboden übergehen. Im mediterranen Raum entwickelt sich aufgrund des trockenheißen Milieus aus der Rendzina eine mediterrane Roterde, **Terra rossa** genannt. Die Bildung wasserarmer Eisenoxide sorgt hier für die intensive rote Farbe des Unterbodens.

Die flachen Rendzinen dienen trotz günstiger chemischer und physikalischer Eigenschaften zumeist als Waldstandorte oder Weiden, da die steinige Bodenbeschaffenheit und die Neigung zur Erosion die landwirtschaftliche Bewirtschaftung erschweren.

Ranker haben ebenfalls nur ein A-C-Profil. Sie entwickeln sich im feucht-kühlen Klima der Mittelgebirge in Hanglagen auf saurem, kristallinem Ausgangsgestein wie Granit oder Gneis, wenn die Umwandlungsprodukte der chemischen Verwitterung fortgespült werden. Der A-Horizont ist nur gering ausgeprägt.

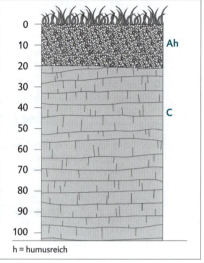

Rendzina

4.2 Schwarzerde

Schwarzerde (Tschernosem) ist typisch für die kontinentalen Steppengebiete Eurasiens und Nordamerikas, die geprägt sind durch sehr kalte Winter und warme Sommer. Im Frühjahr liefert die üppige Steppenvegetation sehr viel organisches Material für die Humusbildung, das aber aufgrund des ruhenden Bodenlebens während des warmen Sommers und des langen kalten Winters nur sehr langsam abgebaut wird. Infolge des ständigen Durchwühlens des Bodens durch verschiedene Steppentiere werden die Humusstoffe tief in den Boden eingearbeitet. Der mit Wühlgängen und Poren durchsetzte

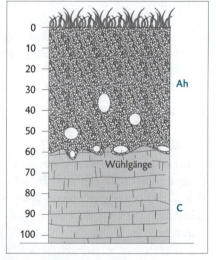

Schwarzerde

A-Horizont ist sehr gut durchlüftet und besitzt eine außergewöhnlich hohe Wasserspeicherkapazität. Seine extrem hohe Fruchtbarkeit beruht auf Ton-Humus-Komplexen mit hoher Austauschkapazität. Niederschlagsmangel verhindert Auswaschung und Versalzung. Bei landwirtschaftlicher Nutzung beschleunigt sich der mikrobielle Abbau, wodurch es zu einer langsamen Degradierung kommt. Dabei nimmt der Humusgehalt ab und es kommt durch Einschlämmung und Verdichtung zu einer Verschlechterung des Bodens.

4.3 Braunerde

Braunerden sind typische Böden des gemäßigt humiden Klimas (7 – 10 °C; 500 – 800 mm Niederschlag) der europäischen Mittelgebirge (Laubmischwälder) auf unterschiedlichen Ausgangsgesteinen. Sie sind eine Weiterentwicklung von Ranker oder Rendzina. Die typische Braunfärbung ihres B-Horizonts beruht auf der Eisenfreisetzung aus eisenhaltigen Mineralien, der Bildung von Eisenoxiden und -hydroxiden sowie der Neubildung von Tonmineralen. Diese Prozesse laufen zwar auch im A-Horizont ab, werden dort jedoch durch die dunkle Farbe des Humus verdeckt.

Durch den Prozess der Bodenversauerung entwickelt sich eine Braunerde zum Podsol, durch Tondurchschlämmung zur Parabraunerde.

Zwar kann die Bearbeitung durch einen hohen Steingehalt beeinträchtigt werden. Durch den guten Wasserhaushalt bei mittlerer Austauschkapazität sowie die gute Durchlüftung eignet sich Braunerde jedoch im Allgemeinen gut für den Ackerbau.

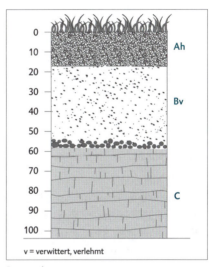

Braunerde

4.4 Parabraunerde

Die Parabraunerde ist in West- und Mitteleuropa großflächig verbreitet. Ihre Ausgangssubstrate sind zumeist Löss, Lehm und lehmige Sande; ihre typische natürliche Vegetation ist der Laubwald.

Parabraunerde ist eine Weiterentwicklung der Braunerde. Die Wurzeldurchdringung der Waldvegetation sorgt für gute Durchlüftung und Durchlässigkeit des Bodens. Aus dem abgestorbenen Laub bildet sich durch ein vielfältiges und aktives Bodenleben ein mächtiger Ah-Horizont.

Durch den abwärts gerichteten Bodenwasserstrom verlagern sich die Tonminerale aus dem Al-Horizont in den Unterboden und werden im Bt-Horizont angereichert (**Lessivierung**). Illit und andere Dreischichttonminerale sorgen für gute Austauschkapazität. Durch Mineralverwitterung ist der Bv-Horizont verbraunt.

Parabraunerden werden oft schon seit über 1 000 Jahren landwirtschaftlich bearbeitet. Sie sind im Allgemeinen ertragreiche und tiefgründige Ackerböden. Allerdings sind sie anfällig für Erosion und Verdichtung, vor allem dann, wenn sie bei feuchter Witterung mit schweren Maschinen befahren werden.

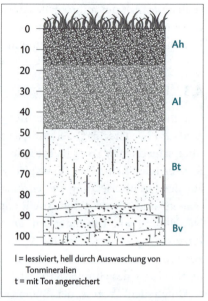

l = lessiviert, hell durch Auswaschung von Tonmineralien
t = mit Ton angereichert

Parabraunerde

4.5 Podsol

Podsol (Bleicherde) ist typisch für die kühlgemäßigte, humide Zone borealer Nadelwälder, kommt aber auch im warmgemäßigten Klima auf Sandstein und nährstoffarmen Sanden vor. Durch den Materialtransport bei der Bodenbildung kommt es zu einer klaren Horizontdifferenzierung und einer deutlichen Farbabstufung. Aufgrund reicher Niederschläge werden frei werdende Huminsäuren aus der Rohhumusdecke mit dem Sickerwasser in die Tiefe gespült. Dabei lösen sie die Eisen- und Manganhüllen mineralischer Bodenbestandteile. Der Auswaschungshorizont Ae ist deshalb aschgrau gefärbt, der Unterboden dagegen rot-

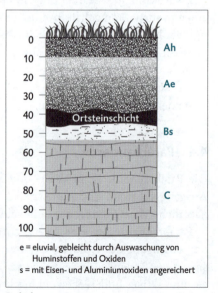

e = eluvial, gebleicht durch Auswaschung von Huminstoffen und Oxiden
s = mit Eisen- und Aluminiumoxiden angereichert

Podsol

braun bis schwarz, da sich dort die ausgewaschenen Verbindungen anreichern. Dieser Horizont wird auch **Orterde** genannt. Mit der Zeit verkitten die eingewaschenen Eisen-, Mangan- und Humusverbindungen hier sämtliche Bodenporen, sodass sich harter, fast wasserundurchlässiger **Ortstein** bilden kann.

Wegen seines geringen pH-Werts weist der nährstoffarme und grobporige Podsol nur wenig Bodenleben auf. Zudem wird das Wurzelwachstum durch die wasserstauende Ortsteinschicht behindert. Die Fruchtbarkeit des Podsol kann jedoch durch intensiven Humuseintrag und durch Kalkung deutlich verbessert werden.

4.6 Gley

Gley ist typisch für Gebiete mit hohem Grundwasserspiegel wie Talauen mit Sand- und Kiesablagerungen. Ähnliche Formen kommen aber auch auf Dauerfrostböden vor **(Tundrengley)** oder bei gestörtem Sickerwasserstrom als Folge z. B. einer Bodenverdichtung **(Pseudogley)**.

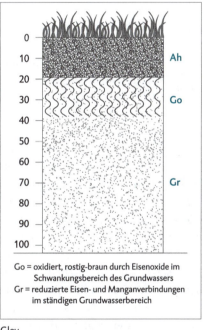

Gley

Der meist nur wenig mächtige humose A-Horizont wird nicht selten vom schwankenden Grundwasserspiegel erreicht. Die Folge der starken chemischen Verwitterung ist ein mächtiger, lehm- und tonreicher Unterboden.

Im Winter und Frühjahr sind Bodenleben und Stoffumsetzungen durch den hohen Wasserstand stark behindert. Im wassergesättigten Boden werden dreiwertige Eisenverbindungen in ihre zweiwertige Form reduziert, was zur charakteristischen grau-blauen Färbung führt. Im Sommer und Herbst gelangt wegen des niedrigeren Wasserspiegels Bodenluft an die zweiwertigen Eisenverbindungen. Durch deren Oxidierung erscheint der Go-Horizont rostbraun bzw. gelblich gefleckt. Da dieser Oxidierungsprozess im tieferen Unterboden durch das ganzjährig stehende Grundwasser ausbleibt, ist der Gr-Horizont graubleich gefärbt.

Zum einen neigt Gley zu Staunässe, zum anderen bilden sich bei längerer Trockenheit tiefe Risse. Er eignet sich zwar zur Grünlandwirtschaft, muss bei intensiver Nutzung jedoch regelmäßig gedüngt werden, da die hohe Mobilität der im Grundwasser gelösten Pflanzennährstoffe zu einer geringen Fruchtbarkeit führt.

4.7 Latosol

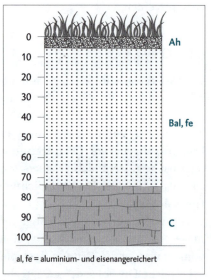

Latosole

Im tropischen Regenwald und in Teilen der Feuchtsavanne findet aufgrund hoher Bodentemperaturen und ständiger Bodenfeuchte intensivste Verwitterung statt. Die Böden sind aufgrund ihres sehr hohen Alters mehrere Meter mächtig. Ein stetiger Sickerwasserstrom führt zu einer nahezu vollständigen Auswaschung der gelösten Kieselsäure und der wenigen Nährstoffe. Die Kieselsäureauswaschung hat eine Aluminium- und Eisenoxidanreicherung im Oberboden zur Folge, was je nach Zusammensetzung eine Gelb- oder Rotfärbung bedingt. Zweischicht-Tonminerale wie Kaolinit verfügen nur über eine geringe Austauschkapazität und sind Grund für die Unfruchtbarkeit dieser Böden.

Die reichlich anfallende Biomasse wird sehr schnell zersetzt. Die dabei freigesetzten Pflanzennährstoffe werden im natürlichen System nahezu vollständig über Wurzelpilze (Mykorrhizen) an die Pflanzen weitergeleitet. Brandrodung setzt diese Nährstoffe frei, was für zwei bis drei Jahre eine ackerbauliche Nutzung ermöglicht, danach sind die Böden erschöpft.

Latosole sind sehr erosionsanfällig. Fehlt die Vegetationsbedeckung, kommt es zur Verkrustung der Aluminium- und Eisenoxide im Oberboden **(Lateritisierung)**. Es können sich Lateritkrusten bilden, die jegliches Pflanzenwachstum verhindern.

4.8 Bodenregionen Mitteleuropas

In Deutschland herrschen regional unterschiedliche Bodentypen vor. Besonders in der Mittelgebirgsregion haben sich auf den vielfältigen Ausgangsgesteinen unterschiedliche Böden entwickelt.

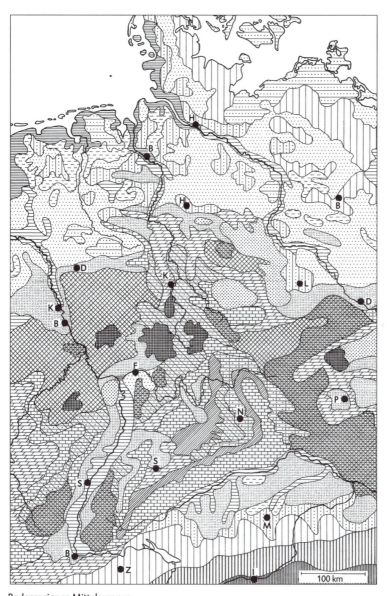

Bodenregionen Mitteleuropas

Böden der großen Täler und Küstengebiete

Bodengesellschaft		Leitböden	Ausgangsgestein
	Marschen-Gebiete	Seemarsch, Brackmarsch, Flussmarsch u. a.	mariner bis brackischer Schlick
	Auenboden-Gebiete	Auenböden, Gleye, Niedermoore, höhere Lagen z. B. mit Braunerde, Parabraunerde	tonige bis sandige Flusssedimente
	Moorboden-Gebiete	Hochmoor (bes. in Norddeutschland), Niedermoor	Torfe

Böden des Flachlands und der Lössgebiete

Bodengesellschaft		Leitböden	Ausgangsgestein
	Podsol-Gebiete	Podsol, Podsol-Braunerde, Rostbraunerde; Bänderparabraunerde; Gley-Podsol	Fluviatile, glazifluviatile, glazigene und äolische Sande
	Fahlerde-Gebiete	Fahlerde (= Boden mit sehr starker Lessivierung, oft stark versauert), Podsol-Fahlerde, Pseudogley-Fahlerde; Podsol-Parabraunerde, Pseudogley-Parabraunerde	Sand (z. T. Geschiebedecksand) über Geschiebelehm
	Parabraunerde-Gebiete	Parabraunerde, Pseudogley-Parabraunerde, Fahlerde, Pseudogley-Fahlerde	Kalkhaltige Moränenablagerungen, u. a. Geschiebemergel, z. T. mit Sanddecke
	Parabraunerde-Gebiete	Parabraunerde, Pseudogley-Parabraunerde, Fahlerde, Pseudogley-Fahlerde; z. T. Übergänge zur Schwarzerde	Löss, Sandlöss, Schwemmlöss, Hochflutlehm
	Schwarzerde-Gebiete	Schwarzerde, Pseudogley-Schwarzerde, Übergänge zu Parabraunerde („degradierte" Schwarzerde); Pararendzina, Brauner Steppenboden (Mainzer Becken)	Löss, Schwemmlöss
	Pseudogley-Gebiete	Pseudogley, Fahlerde-Pseudogley, Parabraunerde-Pseudogley, Podsol-Pseudogley	Geschiebemergel, z. T. Geschiebelehm, selten Löss
		In Tälern Auenböden, Gleye, z. T. Moore	

Böden der Bergländer und Mittelgebirge

Bodengesellschaft	Leitböden	Ausgangsgestein
Podsol-Gebiete	Podsol, Podsol-Braunerde	Sandstein
Braunerde-Gebiete	Braunerde, Podsol-Braunerde, Pseudogley-Braunerde; Pseudo-, Stangnogley, Ranker	Sandstein, Schluff-Sandstein
Braunerde-Gebiete	Braunerde, Podsol-Braunerde, Ranker	Schluff- und Tonschiefer
Braunerde-Gebiete	Braunerde, Podsol-Braunerde, Ranker	Saure Magmatite, z. T. Granit, Gneis, Trachyt
Braunerde-Gebiete	Braunerde und Parabraunerde; Pseudogley, Ranker, örtliche Latosol-Relikte (z. B. Vogelsberg)	Basische und intermediäre Magmatite, häufig Basalt, oft mit Lössdecke
Braunerde-Rendzina-Gebiete	Relativ engräumiger Wechsel von Braunerde-Rendzina, Ranker, Parabraunerde, Pseudogley	Sandstein, Schluff-, Tonstein, Kalk- und Mergelstein im Wechsel ohne und mit Deckschicht (z. T. Löss)
Rendzina-Gebiete	Rendzina, Rendzina-Braunerde, Parabraunerde, Pseudogley	Kalkstein, Mergelstein, Dolomit, oft mit Lehm- oder Lössdecke
Pseudogley-Pelosol-Gebiete	Pseudogley, Pelosol, Pseudogley-Braunerde; Pseudogley-Parabraunerde, Rendzina	Tonstein, Tonmergelstein, oft mit lehmiger Deckschicht (z. T. Löss)
	In Tälern Auenböden und Gleye, z. T. Moore	

Böden des Hochgebirges

Bodengesellschaft	Leitböden	Ausgangsgestein
Rendzina-Rohboden-Gebiete	Rendzina, Pararendzina, Rohböden; Braunerde, Pseudogley	Dolomitstein, Kalkstein, Mergelstein und deren Schutt
Ranker-Rohboden-Gebiete	Ranker, Rohböden; Braunerde, Pseudogley, Podsol	Silikatische Gesteine (oft Gneis, Granit) und deren Schutt
	In Tälern Auenböden und Gleye, z. T. Moore	

Mitteleuropa ist reich an verschiedenen Bodentypen, abhängig von den jeweiligen Bodenbildungsfaktoren.

Beschreiben und erklären Sie anhand der folgenden Grafiken die Verbreitung der Bodentypen in der Laub- und Mischwaldzone.

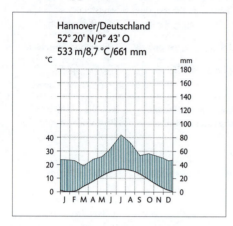

Klimadiagramm Hannover

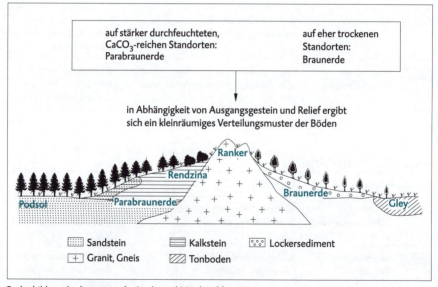

Bodenbildungsbedingungen der Laub- und Mischwaldzone

Aufgabe 18 Braunerde ist der am meisten verbreitete Boden in Deutschland. Er entsteht auf sehr unterschiedlichen Gesteinen und verfügt über eine gute Fruchtbarkeit. Stellen Sie dar, durch welche Bodenbildungsprozesse sich Braunerde zu anderen Bodentypen weiterentwickeln kann.

5 Boden und Landwirtschaft

Böden sind Komponenten natürlicher sowie von Menschen geprägter agrarischer **Ökosysteme**. Von ihrem Zustand und ihrer Nutzung hängt die Ernährungssicherung und somit die Existenz der Menschheit ab.

Entscheidend ist die **Bodenfruchtbarkeit**. Diese ist von verschiedenen Faktoren abhängig: Tonmineral- und Humusgehalt bestimmen Kationenaustauschkapazität, Menge und Verfügbarkeit der Nährsalze. Außerdem verhindern sie durch Bindung deren Auswaschung. Die Kationenaustauschkapazität von Huminstoffen ist z. B. doppelt so hoch wie die des Dreischicht-Tonminerals Montmorillonit und 25-mal so hoch wie die des Zweischicht-Tonminerals Kaolinit.

Von besonderer Bedeutung ist der Säuregrad (pH-Wert) eines Bodens (vgl. S. 79). In einem schwach sauren Bereich gibt es optimale Bedingungen sowohl für den Kationenaustausch als auch für das Bodenleben.

5.1 Bodenfauna

Ein lockeres Bodengefüge bietet ausreichend Porenräume. Das ermöglicht die Zirkulation und Speicherung des Bodenwassers sowie einen guten Luft- und Wärmehaushalt. Die Poren sind zudem Leitbahnen für Pflanzenwurzeln und Lebensraum für das **Bodenleben**.

Im Schnitt beträgt die Masse dieses Bodenlebens drei bis vier Tonnen pro Hektar. **Primärzersetzer** wie Ameisen, Milben, Springschwänze, Asseln, Insektenlarven und Schnecken ernähren sich direkt von der Pflanzenstreu. Sobald Niederschläge das tote Pflanzenmaterial etwas aufgeweicht haben, siedeln sich Bakterien an. Strahlenpilze zersetzen den Holzstoff Lignin, und Pilzgeflechte – ein Gramm fruchtbaren Bodens ist von insgesamt 100 m langen Pilzfäden durchzogen – reduzieren Kohlen- und Stickstoffverbindungen.

Regenwürmer sorgen durch ihre Grabtätigkeit für eine Durchmischung und Durchlüftung des Bodens. Ihr Kot mit noch unverdauten Pflanzenresten bildet ein Nährstoffreservoir, das durch **Sekundärzersetzer** verwertet und durch bakterielle Aufspaltung mineralisiert wird. Die Ton-Humus-Komplexe im Kot stabilisieren das Krümelgefüge des Bodens. In einem Hektar Ackerboden leben ca. eine Million Regenwürmer, die im Jahr 115 Tonnen Kot ausscheiden. Regenwurmkot enthält zehnmal so viele Nährstoffe wie Komposterde. Allein die wirtschaftliche Bedeutung einer gesunden Regenwurmpopulation ist gewaltig, wenn man bedenkt, dass eine Tonne Kunstdünger zwischen 300 und 400 € kostet.

Bodenfauna

Mikrofauna (0,002 – 0,2 mm): Umfasst zahlenmäßig die meisten Organismen. Hierzu gehören die Geißeltierchen (Flagellaten), die Wurzelfüßer (Rhizopoden) und Wimpertiere (Ciliaten). Sie ernähren sich von gelösten organischen Stoffen oder Bakterien.

Mesofauna (0,02 – 2,0 mm): Hierzu zählen Räder- (Rotatorien) und Bärtierchen (Tardigraden). Sie haben nur einen geringen Anteil an der Zersetzung organischer Substanz. In diese Gruppe gehören auch Fadenwürmer (Nematoden) – sie sind häufig Pflanzenparasiten – und einige Gliederfüßer (Arthropoden), z. B. Milben (Acarinen), Springschwänze (Collembolen), Borstenwürmer (Enchytraeiden) sowie Vertreter der Ringelwürmer (Anneliden).

Makrofauna (1 – 20 mm): Umfasst vor allem viele Vertreter der Gliederfüßer (Arthropoden) sowie Asseln (Isopoden) und Larven von Insekten (Käfer, Zweiflügler und Ameisen). Sie sind bedeutende Streuzersetzer.

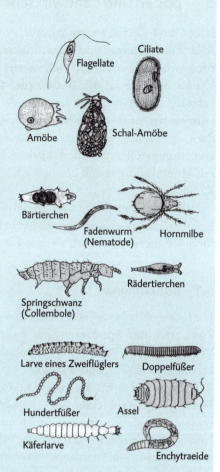

Megafauna (> 20 mm):

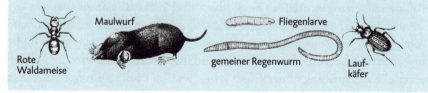

5.2 Verfügbarkeit von Nährstoffen

Die Landwirtschaft steht stets vor dem Problem, dass man einerseits einen maximalen Ertrag von der landwirtschaftlichen Nutzfläche erwirtschaften will; andererseits liegt das Interesse der Bauern darin, die Bodenfruchtbarkeit dauerhaft zu erhalten. Denn der **Pflanzenanbau** entzieht dem Boden je nach Pflanzenart unterschiedlich große Mengen von Nährstoffen: Hauptnährstoffe wie Stickstoff und Phosphor ebenso wie Spurennährstoffe wie Kupfer oder Zink. Werden diese nach der Ernte nicht wieder durch **Düngung** ergänzt, sinkt die Bodenfruchtbarkeit und die Anfälligkeit der Pflanzen für Krankheiten steigt. Bei diesem ganzen Prozess gilt das **Gesetz vom Minimum:** Ein Boden ist nur so fruchtbar, wie es der Nährstoff mit dem geringsten Anteil zulässt.

Das Gesetz vom Minimum (hier ist Schwefel im Minimum)

Am Beispiel des Hauptnährstoffs Stickstoff, einem wichtigen Baustein für die Eiweißbildung, lässt sich die empfindliche Balance zwischen notwendiger Düngung und Überdüngung zeigen.

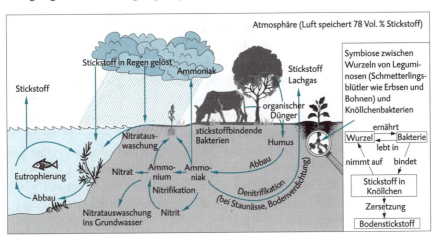

Stickstoffkreislauf

5.3 Überdüngung

Organische Stickstoffverbindungen werden von Pilzen und Bakterien abgebaut zu Ammoniak und Ammonium. Dieses wird von anderen Bakterien zu **Nitrat** oxidiert. Da Nitrat negativ geladen ist, kann es nicht an positive Überschussladungen der Tonminerale gebunden werden und bleibt im Bodenwasser. Dort ist es für die Pflanzenwurzeln verfügbar. Überschüssiges Nitrat gelangt jedoch durch Auswaschung ins Grundwasser und in Oberflächengewässer.

Durch behutsame Stickstoffdüngung, z. B. bei einem Fruchtwechsel mit Leguminosen, die dann als Gründüngung untergepflügt werden, oder durch gezielte, nach einer Bodenanalyse berechnete Stickstoffgaben, lässt sich der Stickstoffkreislauf im Gleichgewicht halten.

Grundsätzlich ist Stallmist ein guter, stickstoffreicher Dünger. Aber als Nebenprodukt der verbreiteten **Massentierhaltung** fallen große Mengen Fäkalien an, die in Form von unvergorenem aggressivem Flüssigmist **(Gülle)** als Dünger auf Wiesen und Felder ausgebracht werden. Die Gülle verschlämmt und verklebt die Bodenporen, folglich lassen Wasser- und Wärmespeicherfähigkeit nach.

Das Bodenleben verkraftet die Gülleduschen schlecht. Der hohe Ammoniakgehalt verätzt die Haut der Regenwürmer. Auf der Flucht kommen die Tiere an die Oberfläche und sterben, da die ultraviolette Strahlung ihren Blutfarbstoff zerstört. Auch **Medikamentenrückstände** wie Antibiotika sind in der Gülle enthalten und schädigen das empfindliche Bodenleben. So fehlen dem Boden bald wichtige Humusproduzenten. Damit verliert er die Fähigkeit, die in der Gülle enthaltenen Nährstoffe zu binden. Diese werden mit den Medikamentenrückständen ins Grundwasser ausgespült.

Die meisten Wildpflanzen überleben die Güllemengen ebenfalls nicht. Auch viele Kulturpflanzen erkranken an der **Überdüngung** mit Stickstoff. Lediglich der Mais zeigt sich als Gülleschlucker. Da Mais eine ertragreiche Futterpflanze ist, breiten sich in Massentierhaltungsgebieten Maismonokulturen aus. Ständige Monokulturen wiederum belasten den Nährstoffgehalt eines Bodens einseitig.

Bei einem Überangebot von Nitrat reichert sich dieses in den Pflanzen an. Dabei gehen Inhaltsstoffe wie Vitamin C zurück, die Haltbarkeit von Obst und Gemüse nimmt ab. Nitrat wird dann im menschlichen Darm von Bakterien in Nitrit umgewandelt, was bei Babys lebensbedrohliche Auswirkungen haben kann. Durch die Verbindung von Nitrit mit Aminen entstehen Nitrosamine, die Krebs auslösen können.

Pedosphäre | 95

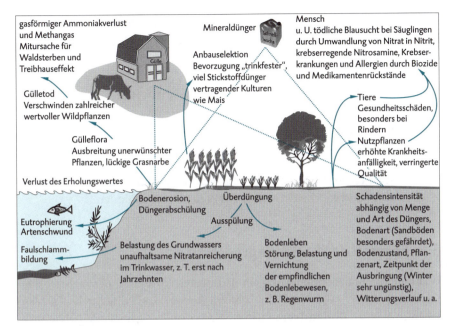

Schäden durch Überdüngung

Mit Pflanzenschutzmitteln (Insektiziden, Herbiziden und Fungiziden) werden Tiere, Pflanzen und Pilze bekämpft, die den Ertrag der Kulturpflanzen mindern. Insbesondere chlorierte Kohlenwasserstoffe wie DDT, Lindan, Ardrin oder Dieldrin haben eine schädlingsbekämpfende Wirkung. Einerseits werden mit dem Einsatz der **Pestizide** sichere und gute Ernten erzielt sowie Hungersnöte verhindert. Andererseits sind diese Produkte der Agrarchemie giftig, schädigen das Bodenleben, sammeln sich im Boden an und gelangen über die Pflanzen in den Nahrungsmittelkreislauf. Bei den Konsumenten reichern sie sich im Körper an. Da inzwischen verschiedene chlorierte Kohlenwasserstoffe als krebserregend erkannt wurden, hat man ihren Einsatz in den Industrieländern verboten. In zahlreichen Entwicklungsländern werden sie weiterhin eingesetzt und gelangen, wenn nicht ausreichend kontrolliert wird, über Obst, Gemüse und Futtermittel auch wieder in unsere Nahrungskette.

Die chemische Industrie hat inzwischen schonendere neue Wirkstoffe mit einer kürzeren Verweildauer und einer schnelleren Umsetzung (Metabolismus) in den Pflanzen entwickelt. Trotzdem ist vielerorts das Bodenleben stark zurückgegangen und zahlreiche Ackerwildkräuter sind vom Aussterben bedroht.

Schon an diesem Beispiel zeigt sich, dass sich die Phänomene der Überdüngung im „Fleisch-Gülle-Mais-Zyklus" und des Pestizideinsatzes nicht auf die Landwirtschaft in Deutschland begrenzen.

Aufgabe 19 Erklären Sie das „Gesetz vom Minimum" (vgl. Grafik S. 93).

Aufgabe 20 Stellen Sie in einem Wirkungsgefüge die wesentlichen Ursachen und Gefährdungen der Bodenfruchtbarkeit dar.

Aufgabe 21 Stellen Sie in einem Schaubild dar, von welchen Faktoren ein aktives Bodenleben abhängt und welche Umstände das Bodenleben gefährden.

6 Formen der Bodendegradation

Während die Bodenentwicklung ein natürlicher Prozess ist, der mehrere Tausend Jahre dauert (100–400 Jahre pro cm Boden), läuft die durch den Menschen ausgelöste **Bodendegradation** häufig deutlich schneller ab. Wie rücksichtslose Übernutzung und Falschnutzung in wenigen Jahren oder Jahrzehnten zu einer Bodenzerstörung führen, bei der die Schäden irreparabel sind, zeigen die Vernichtung des tropischen Regenwalds oder die Bodenzerstörung um den Aral-See. Der Boden gilt deshalb als nicht erneuerbare Ressource.

Das Ursache-Wirkungsgeflecht der **Bodendegradation** ist äußerst komplex. Oft überschneiden sich verschiedene Arten der Bodenschädigung. Formen der Bodendegradation treten in ähnlicher Weise an vielen Orten weltweit auf. Oft stehen sie in einem weltweiten Beziehungsgeflecht zwischen Industrie-, Schwellen- und Entwicklungsländern.

6.1 Das Syndrom-Konzept

Der Wissenschaftliche Beirat der Bundesregierung hat für die Erforschung globaler Umweltprobleme das sogenannte **Syndrom-Konzept** entwickelt. Der aus der Medizin stammende Begriff „Syndrom" zur Bezeichnung eines komplexen Krankheitsbildes wurde auf die Geographie übertragen. Das geographische Syndrom soll in seinen Ursachen mittels eines Wirkungsgeflechts aus natürlichen, wirtschaftlichen und gesellschaftlichen Faktoren beschrieben werden. Ziel ist es, aus dieser Diagnose eine „Therapie" zu entwickeln, die Fehlentwicklungen und Schäden reduziert, beseitigt und künftig vermeidet. Hinsichtlich der Gefährdung der Böden wurden zwölf Syndrome ermittelt:

Name des Syndroms	Vorherrschende Problematik
Saurer-Regen-Syndrom	Ferntransport von Schadstoffen, **Versauerung** von Böden und Gewässern
Dustbowl-Syndrom	**Bodenerosion** durch moderne Landwirtschaft
Sahel-Syndrom	**Desertifikation** infolge Übernutzung eines labilen Ökosystems (Savanne)
Aralsee-Syndrom	Desertifikation und **Versalzung** infolge Fehlplanung eines landwirtschaftlichen Großprojekts
Sarawak-Syndrom	**Konversion** und Übernutzung tropischer Wälder
Huang-He-Syndrom	**Bodenerosion** durch den Wandel von der traditionellen Nutzung zur modernen Landwirtschaft
Katanga-Syndrom	**Bodenzerstörung** durch Prospektion und Bergbau
Bitterfeld-Syndrom	Bodendegradation durch lokale **Kontaminierung**, Abfallakkumulation und Altlasten
Alpen-Syndrom	**Bodenverdichtung** und **Bodenerosion** infolge des Tourismus
Los-Angeles-Syndrom	**Flächenverlust** und **Versiegelung** durch Zersiedelung und Infrastruktur in einem Industriestaat
São-Paulo-Syndrom	**Flächenverlust** und **Versiegelung** durch ungeregelte Urbanisierung in einem Schwellenland
Verbrannte-Erde-Syndrom	**Bodendegradation** und **Kontamination** infolge militärischer Einwirkungen

6.2 Bodendegradation in der Mittelmeerregion

In der Mittelmeerregion, in der die Menschen seit über 2 500 Jahren Landwirtschaft betreiben, hat sich infolge von Fehlentwicklungen eine **schleichende Bodendegradation** entwickelt.

Die Mittelmeerregion war ursprünglich von dichten, immergrünen Hartlaubwäldern aus Stein- und Korkeichen, Ölbäumen, Kiefern, Zedern sowie Zypressen bedeckt und von einem dichten Gewässernetz durchzogen. Es dominierten Braunerden, auf Kalkgestein Rendzina und Terra Rossa, in den Flussauen Gley. Ein ausgeglicheneres Klima als heute und der Reichtum einer üppigen Natur ermöglichten die Entwicklung antiker Hochkulturen und ein Wachstum der Bevölkerung. Infolge des Bevölkerungsdrucks wurde verbreitet gerodet, um Flächen für die Landwirtschaft zu gewinnen. Zudem brauchte man verstärkt Bau- und Brennholz sowie Holzkohle zum Schmelzen von Metallen.

Im Mittelalter gingen riesige Waldflächen verloren. Byzanz, die italienischen Seerepubliken Genua und Venedig und später Spanien und Portugal hatten große Handels- und Kriegsflotten. Die Lagunenstadt Venedig wurde komplett auf Eichenstämmen erbaut. Allein für das Fundament der Kirche Santa Maria de la Salute wurde rund eine Million vier Meter lange Eichenstämme verbraucht.

Infolge der großflächigen Entwaldung war der Boden der Witterung direkt ausgesetzt. Im Herbst und Winter spülten heftige Platzregen den fruchtbaren Boden weg. Da die Wälder als Wasserspeicher fehlten, kam es zum Absinken des Grundwasserspiegels und zur Austrocknung der Landschaft. In den ariden Sommern hatte die Winderosion leichtes Spiel mit den ausgetrockneten Böden.

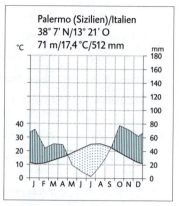

Klimadiagramm Palermo

Das erodierte Bodenmaterial verschlammte die Flusstäler, wurde ins Meer getragen und führte dort zur Verlandung flacher Meeresbuchten. An der Küste und entlang der Flüsse entstanden ausgedehnte Sümpfe, die Ursache für ein jahrhundertelang weitverbreitetes Malariaproblem. Nach der Trockenlegung großer Sumpfgebiete im frühen 20. Jahrhundert erwiesen sich die Schwemmlandböden jedoch als sehr fruchtbar.

Die starke Beweidung mit Schafen und Ziegen verhinderte an den Hängen eine natürliche Wiederbewaldung. Übrig blieb ein 2–3 m hoher Buschwald aus stacheligen Sträuchern, die **Macchie**. Auch heute noch werden große Macchieflächen durch Brände vernichtet. Oft werden die Feuer gezielt gelegt, um Weiden zu verbessern oder zu vergrößern, aber auch unvorsichtige Touristen verursachen Brände. Wird die Macchie durch Brände und Überweidung zerstört, schreitet die Bodenerosion fort. Auf dem ausgetrockneten Land kann nur noch eine lückenhafte, kniehohe Strauchheide existieren, die **Garrigue**. Die Entwicklung endet, wenn nur noch unfruchtbares Land, nackter Fels oder von tiefen Erosionsrinnen zerschnittenes Gelände (sogenanntes **Badland**) übrig bleiben. In Spanien sind bereits große Flächen von **Desertifikation** (Wüstenbildung) betroffen, in Griechenland ca. 10 % des Landes.

Auch der Ackerbau hat zur Degradierung der Böden beigetragen. Beim Trockenfeldbau auf größeren Flächen und in den Flussebenen wurde auf wechselnden Feldern Wintergetreide (Aussaat im Herbst, Ernte zu Beginn der Trockenzeit) angebaut. Die regelmäßige Trockenbrache war nötig, um einen Teil der Herbstniederschläge als Bodenfeuchte zu erhalten. Die Brachflächen begünstigten jedoch die Bodenerosion durch Wind. Um dem entgegenzuwirken, subventionierte die EU den Anbau von Sonnenblumen als Brachfrucht und die künstliche Bewässerung.

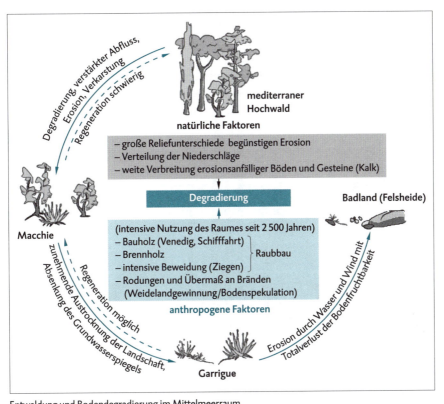

Entwaldung und Bodendegradierung im Mittelmeerraum

Bei einer Kombination von Trockenfeldbau und Dauerkulturen wurden Weizen und Gemüse zwischen Weinstöcken und Olivenbäumen angebaut. In EU-Zeiten wurde diese Wirtschaftsform als unrentabel aufgegeben. Die brachliegenden Flächen zwischen den Olivenbäumen sind heute stark erosionsgefährdet.

Im Terrassenfeldbau werden bis heute Obst und Gemüse angebaut. In Italien nennt man diese Anbautechnik Cultura mista. Oft werden diese mediterranen Gärten künstlich bewässert – das garantiert mehrere Ernten im Jahr, kann aber bei Bewässerungsfehlern zur **Versalzung** der Böden führen. Bei intensivem Anbau wird der Boden durch Überdüngung und Pflanzenschutzmittel belastet.

Aus Unwirtschaftlichkeit wurden in den letzten Jahrzehnten viele Kleinbetriebe aufgegeben, **Sozialbrache** macht sich breit. Dort, wo die Böden durch Vegetationsbedeckung geschützt blieben, verwilderten die Gärten und Baumkulturen. Im feuchteren Ligurien bedecken heute ausgedehnte Walnuss- und Esskastanienwälder ehemalige Landwirtschaftsflächen. Hier können sich die Böden erholen. In Süditalien entwickelten sich die aufgegebenen Nutzflächen auf erosionsanfälligen Hängen zur Macchie, besonders dann, wenn Brände die Olivenhaine vernichtet hatten.

Die Prozesse, die rund ums Mittelmeer zur Bodendegradation geführt haben, lassen sich prinzipiell auch auf alle semiariden Gebiete übertragen und entsprechend der Syndrom-Diagnose in einem Schaubild verdeutlichen.

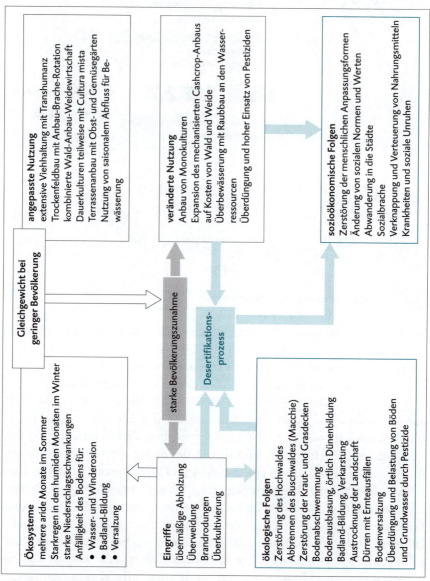

Bodendegradation/Desertifikation im mediterranen und semiariden Klima (schematische Darstellung)

6.3 Bodenversalzung

In Trockenregionen ist in der Regel nicht der Boden, sondern das Wasserangebot der begrenzende Faktor für die Landwirtschaft. Vielerorts reagierte man auf den Wassermangel mit ausgeklügelten Bewässerungssystemen, basierend auf Brunnen und Flussableitungen. Auf kleinen Flächen konnte intensive Bewässerungslandwirtschaft ökologisch verträglich betrieben werden. Erst der zunehmende Bevölkerungsdruck und die steigende Nachfrage nach landwirtschaftlichen Produkten führten dazu, dass weltweit der Bewässerungsfeldbau auf große Flächen ausgedehnt wurde.

Werden Grundwasservorkommen intensiv genutzt, kommt es schnell zur Absenkung des Grundwasserhorizonts und zur Austrocknung im Bereich der nicht bewässerten Böden. In der Folge verlieren diese Böden ihre Vitalität und Fruchtbarkeit, zudem werden sie anfällig für Erosion.

In Trockengebieten führt eine unangepasste Bewässerung mit hohem Grundwasserstand unweigerlich zur **Bodenversalzung**. Weltweit sind hiervon rund 20 % der Nutzflächen und 50 % der Bewässerungsflächen betroffen.

Bodenversalzung läuft wie folgt ab: Während intensiver Bewässerungsphasen steigt der Grundwasserspiegel an. Bodensalze und Nährsalze aus der Düngung reichern sich gelöst im Bodenwasser an. Der Bodenwasserstrom ist nach unten gerichtet, es kommt zu Auswaschungsprozessen. Nach der Bewässerungsphase sorgen die hohen Temperaturen für eine starke Verdunstung. Durch den Verdunstungssog steigt das Bodenwasser kapillar nach oben. Die gelösten Salze werden an der Oberfläche ausgefällt und bilden Salzkrusten. Die meisten Nutzpflanzen und Bodenlebewesen vertragen keine hohen Salzkonzentrationen.

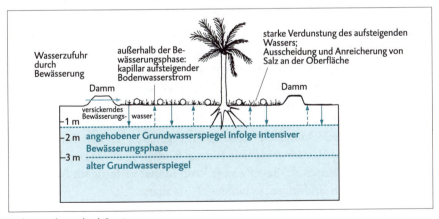

Bodenversalzung durch Bewässerung

Der Versalzungsprozess kann vermieden werden, indem man den Grundwasserspiegel durch **Drainage** und **Entwässerungsgräben** auf mindestens zwei Meter Tiefe absenkt (vgl. folgende Grafik). Das salzhaltige Bodenwasser kann bei einer gleichbleibenden Versickerung über dieses Entwässerungssystem abfließen. Bei Verwendung von salzarmem Wasser können auch versalzte Böden auf diese Weise saniert werden. Allerdings ist dieses Verfahren mit hohen Kosten verbunden.

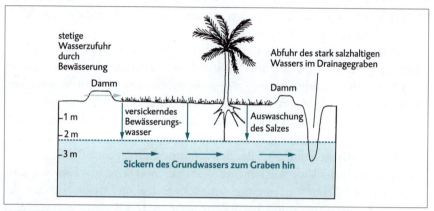

Maßnahmen gegen die Versalzung: Entwässerung mit Drainagegraben

6.4 Bodenverdichtung

Die Bodenverdichtung ist ein Problem der industriellen Landwirtschaft. Um die großflächigen Monokulturen zu bewirtschaften, setzt man immer größere und schwerere Landmaschinen ein. Das Gesamtgewicht der Fahrzeuge und die Auflagefläche der Räder pressen besonders bei Nässe den Oberboden zusammen. Bei häufigem Befahren führt das zu Bodenverdichtung. In Deutschland sind bereits 15 % der Ackerfläche verdichtet.

Die Folgen sind dramatisch: Mit sinkendem Porenvolumen nimmt die Durchlüftung ab. Die beeinträchtigte Sauerstoffversorgung schädigt das Bodenleben. Hinzu kommt eine gestörte Wasserleitfähigkeit, was die bodenchemischen Prozesse des Kationenaustauschs einschränkt. Die Pflanzenwurzeln können die verfestigte Bodenschicht nicht durchdringen, Vegetation wird verhindert.

Das abfließende Wasser gräbt tiefe Rinnen (Gullys) in die Äcker, die Bodenerosion nimmt drastisch zu. Regenwasser kann in den verfestigten Fahrspuren nicht in den Boden eindringen, es bildet sich Staunässe.

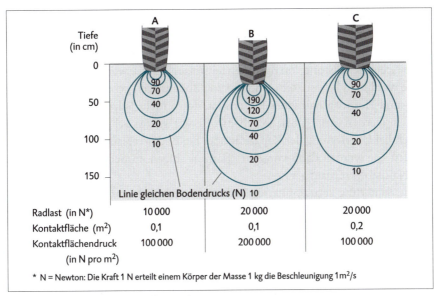

Bodenbelastung durch landwirtschaftliche Fahrzeuge

Vielfach versucht man, die Bodenverdichtung durch tiefes Pflügen wieder aufzubrechen. Dieses erfordert aber stärkere und somit schwerere Traktoren, was wiederum die Bodenverdichtung verstärkt. Außerdem hat auch das tiefe Pflügen negative Folgen für das Bodenleben, denn die natürlichen Lebensräume der Bodentiere werden durcheinandergebracht: Organismen der oberen Bodenschicht, die viel Sauerstoff benötigen, geraten in tiefe, sauerstoffarme Regionen; Organismen, die ein sauerstoffarmes Milieu brauchen, werden an die Bodenoberfläche gepflügt. Beides schädigt das Bodenleben nachhaltig.

Die extreme Form der Bodenverdichtung ist die **Bodenversiegelung** durch Gebäude und Einrichtungen der Verkehrsinfrastruktur. Unter den versiegelten Flächen finden keine Austauschprozesse mehr statt, das Bodenleben stirbt ab.

6.5 Bodenkontamination

Oft gelangen Schadstoffe wie Schwermetalle aus Klärschlamm oder ausgelaufenes Öl in den Boden. Häufig betroffen sind ehemalige Industrie- und Militärgelände sowie Deponien. Vielerorts stellen die **Kontaminierungen** eine Bedrohung für Böden, Grundwasser und Oberflächengewässer dar und führen zu erhöhten Gesundheitsgefährdungen bei Menschen – zumal sich auch lokale Kontaminationen z. B. durch Winderosion großflächig verbreiten können.

Zwar verfügen Böden über ein Filter-, Puffer- und mikrobielles Abbauvermögen, allerdings können die Schadstoffe nur begrenzt kompensiert werden. Feste Substanzen werden in den Bodenporen ausgefiltert und dann können die organischen Schadstoffe von Bakterien teilweise abgebaut werden. Gelöste Schadstoffe werden in begrenztem Umfang von Bodentieren gebunden. Je höher der Ton- und Humusgehalt eines Bodens ist, desto mehr Schadstoffe können gebunden werden. Anorganische Schadstoffe wie giftige Schwermetalle können jedoch bei Überlastung der Kapazität oder bei Bodenversauerung remobilisiert werden. Sie werden dann von den Pflanzen aufgenommen und können so in den Nährstoffkreislauf geraten.

Die Sanierung kontaminierter Böden ist meist nicht möglich, denn Radioaktivität und Schwermetalle lassen sich nicht mehr entfernen. Solche Böden können nur noch abgetragen und in speziellen Deponien gelagert werden.

Aufgabe 22 Das Ziel des „Syndrom-Konzepts" ist es, eine „Therapie" zu entwickeln. Skizzieren Sie eine mögliche Therapie für das „Mittelmeersyndrom".

Aufgabe 23 Das folgende Profil zeigt einen stark vereinfachten Querschnitt durch den Schwarzwald vom Oberrhein bis zur Schwäbischen Alb.
a Ordnen Sie den verschiedenen Standorten (Spalten) den charakteristischen Bodentyp zu (Mehrfachnennungen möglich).
b Begründen Sie Ihre Wahl mithilfe der typischen Bodenmerkmale/Bodeneigenschaften.

Aufgabe 24 Die Hanglagen am Standort 6 sind von Bodenerosion betroffen. Dieser will man entgegenwirken, indem man große Areale mit Fichten aufforstet. Beurteilen Sie die Maßnahme im Hinblick auf die Bodenentwicklung.

Pedosphäre | 105

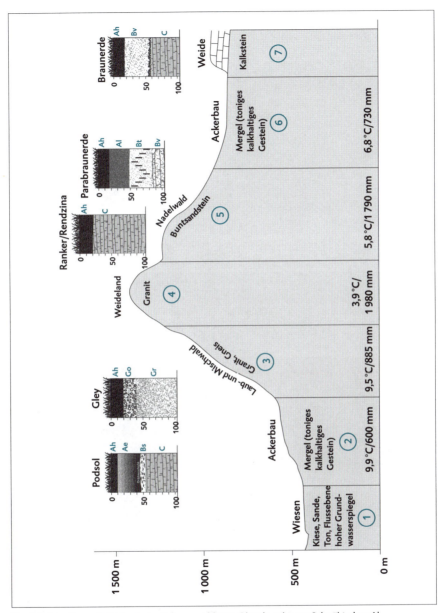

Vereinfachter Querschnitt durch den Schwarzwald vom Oberrhein bis zur Schwäbischen Alb

Wirtschaftsstrukturen und -prozesse auf regionaler und globaler Ebene

1 Analyse von Räumen unterschiedlichen Entwicklungsstandes im Globalisierungsprozess

Vergleicht man den Entwicklungsstand unterschiedlicher Länder der Erde, fallen teilweise starke **räumliche Disparitäten** in den verschiedensten Lebensbereichen auf.

Lange Zeit wurden bei der Erklärung und Kategorisierung von Entwicklung hauptsächlich wirtschaftliche Faktoren berücksichtigt, da man Unterentwicklung mit wirtschaftlicher Rückständigkeit gleichsetzte.

Zunehmend hat man inzwischen erkannt, dass der Entwicklungsstand eines Landes durch verschiedene physisch- (Klima, Bodenschätze etc.) sowie kulturgeographische (Ökonomie, Soziales, Politik, Kultur etc.) Faktoren geprägt wird. Es ist jedoch nach wie vor schwierig, Länder hinsichtlich ihres Entwicklungsstands umfassend und transparent zu klassifizieren. Es besteht die Gefahr, dass Unterentwicklung nur aus einer bestimmten Sichtweise, z. B. aus derjenigen der westlichen industrialisierten Staaten, definiert und bewertet wird.

Im Folgenden wird dargestellt, wie der Entwicklungsstand von Räumen begrifflich gefasst, anhand von Kategorien eingeordnet und mithilfe von geeigneten Indikatoren bewertet werden kann.

1.1 Räume unterschiedlichen Entwicklungsstandes

Um die globale Vielfalt räumlicher Entwicklung vergleichen und im Rahmen entwicklungspolitischer Maßnahmen kategorisieren zu können, ist es nötig, eine gemeinsame begriffliche Basis zu schaffen.

Bis zum Ende der Kolonialzeit gab es aus europäischer Sicht mit den Begriffen der **Alten Welt** (Kontinente, die vor der Entdeckung Amerikas 1492 bekannt waren: Europa, Afrika, Asien) und der **Neuen Welt** (Amerika) quasi zwei „Welten".

Der Begriff **Dritte Welt** diente in Zeiten des Kalten Krieges der politischen Abgrenzung und sollte die blockfreien Staaten von der **Zweiten Welt** (östlich-sozialistische Länder) und der **Ersten Welt** (westlich-kapitalistische Länder) abgrenzen. Neben dieser politischen Zuordnung galten als Merkmale der Dritten Welt: geringer Industrialisierungsgrad und geringes Pro-Kopf-Einkommen.

Bereits 1949 tauchte der Begriff **Underdeveloped Countries** (unterentwickelte Länder) auf. Da er als diskriminierend empfunden wurde, wurde er durch die Begriffe **Less Developed Countries** (LDC – wenig entwickelte Länder) und **Developing Countries** (DC – sich entwickelnde Länder) ersetzt. Für die am wenigsten entwickelten und damit besonders armen Länder wurde 1971 von den Vereinten Nationen der Begriff **Least Developed Countries** (LLDC) geprägt. Ihre Anzahl liegt derzeit bei 48 Ländern; davon 33 in Afrika.

Da diese Länder mit entsprechenden Unterstützungsmaßnahmen rechnen dürfen, wurden folgende Kriterien festgelegt: Das BIP pro Kopf muss im Dreijahresdurchschnitt unter 905 US-$ liegen und entsprechende Indizes für die „physische Lebensqualität" (Ernährung, Gesundheit und Bildung) sowie für die „wirtschaftliche Verwundbarkeit" (z. B. Anteil der Industrie und Dienstleistungen am BIP, Exportstruktur, Stabilität der Agrarproduktion) dürfen einen bestimmten Schwellenwert nicht überschreiten. Besondere Regelungen gelten zudem für Binnenstaaten (**Landlocked Countries**) sowie für die durch den Anstieg des Meeresspiegels besonders bedrohten Inselstaaten.

Seit den 1970er-Jahren werden sogenannte **Schwellenländer** oder **Newly Industrialized Countries** (NIC) ausgewiesen. Gemessen an ihren wirtschaftlichen Erfolgen stehen diese Länder an der Schwelle zu den **Industrieländern** und weisen über einen längeren Zeitraum ein starkes Wirtschaftswachstum auf. Ihre Wirtschaft ist gekennzeichnet durch eine relativ hohe Arbeitsproduktivität, ein nach wie vor relativ niedriges Lohnniveau sowie durch eine bereits vielfältig entwickelte Investitionsgüterindustrie. Die beginnende ökonomische Selbstständigkeit wird auch durch den Begriff **Take-off-countries** beschrieben.

Meist konnte in diesen Ländern die gesellschaftliche und soziale Entwicklung nicht mit der wirtschaftlichen mithalten. Neben Ländern wie Mexiko, Argentinien oder Ungarn zählen auch die sogenannten **BRIC-Staaten** (Brasilien, Russland, Indien, China) zu den Schwellenländern. 2011 nahm Südafrika erstmals am jährlichen Treffen dieser Staatengruppe teil, sodass man seitdem von den **BRICS-Staaten** spricht. In diesen fünf Ländern leben etwa drei Mrd. Menschen (ca. 40 % der Weltbevölkerung), die ungefähr 22 % des weltweiten BIPs erwirtschaften.

	Bangladesch	Brasilien	China	Deutschland	Ghana	Russ. Föderation
Anteil der Bev. unter der Armutsgrenze (2006–12)	31,5 %	21,4 %	–	–	28,5 %	11,1 %
BNE je Einw. (2012) in PPP-$	2 070	11 720	9 210	41 370	1 940	22 760
BIP gesamt (2012)	123 Mrd. US-$	2 396 Mrd. US-$	8 227 Mrd. US-$	2 643,9 Mrd. €	38,9 Mrd. US-$	2 022 Mrd. US-$
Beschäftigte in den Wirtschaftssektoren	k. A.	(2009:) I: 17 % II: 22 % III: 61 %	(2010:) I: 37 % II: 29 % III: 35 %	(2012:) I: 1,6 % II: 24,7 % III: 73,7 %	k. A.	(2009:) I: 10 % II: 28 % III: 62 %
BIP-Beiträge der Wirtschaftssektoren	(2012:) I: 18 % II: 29 % III: 54 %	(2012:) I: 6 % II: 28 % III: 66 %	(2011:) I: 10 % II: 47 % III: 43 %	(2012:) I: 1,0 % II: 30,6 % III: 68,4 %	(2012:) I: 23 % II: 27 % III: 50 %	(2011:) I: 4 % II: 37 % III: 59 %
Arbeitslosenquote (2012)	k. A.	5,5 %	4,1 %	6,8 %	k. A.	5,5 %
Energieverbrauch je Einw. in kg Öleinheiten (2010–2011)	209	1 363	1 870	3 755	382	4 927
CO_2-Emission je Einw. in t (2009)	0,3	1,9	5,8	9,0	0,3	11,1
Exportvolumen (2012)	24,3 Mrd. US-$	243 Mrd. US-$	2 049 Mrd. US-$	1 097 Mrd. €	18,4 Mrd. US-$	525 Mrd. US-$
Wichtigstes Exportgut (2012)	Bekleidungsartikel (80 %)	Rohstoffe (26 %)	Elektronik (26 %)	Kfz u. -Teile (17 %), Maschinen (15 %)	Nahrungsmittel (19 %)	Erdöl (54 %)
Auslandsverschuldung in % des BNE (2011)	23	17	9	30	27	31

Indikatoren des Entwicklungsstandes ausgewählter Entwicklungs- und Schwellenländer mit Deutschland zum Vergleich

Um Verzerrungen durch Wechselkurse ausgleichen und damit beispielsweise Einkommen international miteinander vergleichen zu können, ermitteln Organisationen wie die Weltbank die sogenannte **Kaufkraftparität** (KKP bzw. PPP für Purchasing Power Parity). Gefragt wird hierbei nach der realen Kaufkraft der jeweiligen Währung eines Landes. Kaufkraftparität (Parität = Gleichheit) zwischen zwei Währungsräumen liegt dann vor, wenn die unterschiedlichen Währungen dieselbe Kaufkraft haben und man somit denselben Waren- und Dienstleistungskorb erwerben kann. Der **Kaufkraftstandard** (KKS oder PPP-$)

gibt an, wie viele Einheiten der jeweiligen Währung erforderlich sind, um den gleichen Waren- und Dienstleistungskorb zu kaufen, den man in den USA für einen Dollar erhalten würde.

Die **Terms of Trade** bezeichnen das in gleichen Währungseinheiten ausgedrückte Austauschverhältnis von Exporten und Importen eines Landes. Sie geben an, wie viele Einheiten eines bestimmten Exportgutes (z. B. Kakao) ein Land geben muss, um im Austausch eine bestimmte Einheit eines Importgutes (z. B. Traktoren) zu bekommen. Vergleicht man die Terms of Trade über die Jahre, lässt sich feststellen, dass sich infolge meist sinkender Rohstoffpreise, aber steigender Preise für Industriegüter das Austauschverhältnis für die Entwicklungsländer meist negativ entwickelt hat.

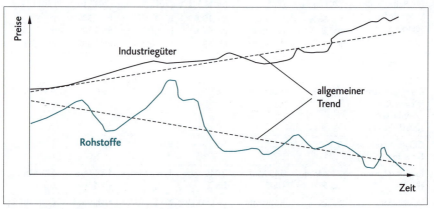

Schematische Darstellung der Terms of Trade

1.2 Indikatoren der Entwicklung

Um die oben beschriebene Klassifizierung von räumlicher Entwicklung möglichst objektiv und aussagekräftig gestalten zu können, bedarf es geeigneter **Indikatoren**. Damit sind statistische Größen gemeint, die eine relativ große Aussagekraft über gewisse Bedingungen eines Raums zulassen. So ermöglicht z. B. der Wert der Kindersterblichkeit eine indirekte Aussage über die medizinischen Verhältnisse und damit auch über den Wohlstand sowie die Investitionen einer Gesellschaft im Gesundheitsbereich.

Zentrale Indikatoren aller Kriterienkataloge sind das **Bruttonationaleinkommen** (BNE – bis 1999 auch Bruttosozialprodukt/BSP genannt), das **Bruttoinlandsprodukt** (BIP) und das **Pro-Kopf-Einkommen** (BIP bzw. BNE dividiert durch die Bevölkerungszahl des Landes).

Das Bruttonationaleinkommen bildet die wirtschaftliche Leistung ab, die im Beobachtungszeitraum (meist ein Jahr) von Inländern erbracht wurde. Inländer werden dabei nach dem Wohnsitz und nicht nach der Nationalität bestimmt. Erzielt z. B. eine Person in Deutschland Zinseinkünfte aus einer Geldanlage in den USA, so erhöhen diese das deutsche BNE, nicht aber das Bruttoinlandsprodukt (BIP): Dieses erfasst alle innerhalb der Landesgrenzen erwirtschafteten Güter und Dienstleistungen und enthält damit auch die Leistungen der Ausländer, die innerhalb des Landes arbeiten.

Die Daten zur Ermittlung des BNE oder des BIP sind für die meisten Länder verfügbar und ermöglichen einen quantitativen Vergleich. Die **Kritik** an diesen Indikatoren bezieht sich auf die Vernachlässigung der qualitativen Aspekte wie Unterschiede im Einkommen oder der Lebensverhältnisse. Auch werden weder das Potenzial an natürlichen oder menschlichen Ressourcen noch der Umgang mit Menschenrechten berücksichtigt. Ebenso unbeachtet bleiben die besonders für Entwicklungsländer so charakteristische Form der Subsistenzwirtschaft (Produktion für den Eigenbedarf) und wirtschaftliche Tätigkeiten im **informellen Sektor**, die im Gegensatz zum formellen Sektor nicht statistisch erfasst werden (z. B. Schuhputzer, Straßenhändler; vgl. S. 145).

Die Vereinten Nationen (UNO) verwenden seit 1990 den **Human Development Index** (HDI) zur Erfassung des Entwicklungsstandes von Ländern. Der HDI wird aus Daten zur Lebenserwartung, der mittleren Schulbesuchsdauer sowie dem Einkommen ermittelt.

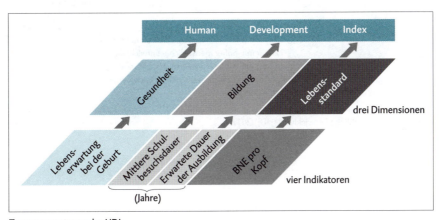

Zusammensetzung des HDI

Der sich aus einer Formel ergebende Wert liegt zwischen 0 und 1 (1 ist der beste mögliche Wert). Entsprechend ihrem jeweiligen HDI-Wert unterteilt man die Länder in vier Entwicklungskategorien: Länder mit sehr hoher, hoher, mittlerer und geringer menschlicher Entwicklung (vgl. folgende Karte).

Da der HDI wichtige Kriterien wie die Stellung der Frau, die Situation von Minderheiten und die Beachtung der Menschenrechte nicht berücksichtigt, wird er inzwischen durch weitere Erhebungen ergänzt. Beispielsweise wird durch den **Gender Inequality Index** (GII) die Situation der Frauen in einem Land erfasst.

Die Schwierigkeiten bei der Erhebung und Anwendung der genannten Indikatoren liegt auf der Hand: Quantitative Daten wie das BNE sind relativ einfach zu erheben, bieten aber ausschließlich ökonomische Orientierungspunkte und taugen zur qualitativen Bewertung von Entwicklung wenig. Um die Aussagekraft eines Index zu erhöhen, müssen zwangsläufig vermehrt Indikatoren miteinander in Zusammenhang gebracht werden, was wiederum einen großen Aufwand bei der Datenerhebung erfordert.

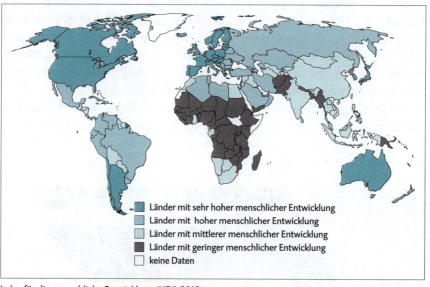

Index für die menschliche Entwicklung (HDI) 2012

2008 wurde unter dem Vorsitz des Ökonomen J. E. STIGLITZ eine Kommission ins Leben gerufen, die einerseits die Messproblematik aktueller Indikatoren wie dem BIP untersuchen und andererseits Vorschläge für relevante Indikatoren zur Erfassung von wirtschaftlichem und sozialem Fortschritt machen sollte. Die **Stiglitz-Kommission** forderte in ihrem Abschlussbericht folgende Kriterien, um **Wohlstand und Nachhaltigkeit** abbilden zu können:
- Einkommen,
- Konsum und Aktivitäten privater Haushalte,
- Verteilung von Einkommen, Konsum und Vermögen,
- Gesundheit, Bildung und Umwelt.

Um diese Faktoren ermitteln und verfügbar machen zu können, sollen entsprechende **Nachhaltigkeitsindikatoren** entwickelt und durch die statistischen Ämter bereitgestellt werden.

In diesem Zusammenhang wurde von der Bundesregierung ein sogenannter **Nationaler Wohlstandsindex** in Auftrag gegeben. Neben dem ökonomischen Wohlstand werden auch der ökologische und der individuelle Wohlstand berücksichtigt. Dafür wird die Bevölkerung beispielsweise gefragt, wie sie die eigene finanzielle Absicherung oder die medizinische Versorgung einschätzt.

Im November 2012 wurde der 2. Nationale Wohlstandsindex für Deutschland (NAWI-D) veröffentlicht. Deutschland erreichte dabei den Indexwert 42 von 100 möglichen Punkten. Der Zukunftsforscher Prof. OPASCHOWSKI fasst das Ergebnis für Deutschland folgendermaßen zusammen: „Nicht ein Ruck, sondern Wohlstandsrisse gehen durch Deutschland. Neben der wachsenden Kluft zwischen Arm und Reich und dem scheinbar unüberbrückbaren Wohlstandsgraben zwischen Ost und West nimmt vor allem die Polarisierung der Lebensverhältnisse zwischen einzelnen Bevölkerungsgruppen zu."

Der Nationale Wohlstandsindex zeigt frühzeitig Problembereiche der Gesellschaft auf und kann verhindern, dass sich Unzufriedenheit in Deutschland ausbreitet und in Politikverdrossenheit der Wähler endet.

Aufgabe 25 Beurteilen Sie das Bruttonationaleinkommen pro Kopf als alleinigen Indikator zur Bestimmung des Entwicklungsstandes eines Landes.

Aufgabe 26 Vergleichen Sie die abgebildeten Indikatoren der ausgewählten Länder (Tabelle S. 109 und Karte S. 112) und ordnen Sie die Länder den Kategorien Industrieland – Schwellenland – Entwicklungsland zu.

Aufgabe 27 Charakterisieren Sie die Kategorien „Entwicklungsland" und „Schwellenland".

Aufgabe 28 Erläutern Sie, wie der Karikaturist den Welthandel sieht.

Globalisierung

Aufgabe 29 Das folgende Dreiecksdiagramm zeigt den Entwicklungsstand dreier Staaten nach dem Human Development Index (Stand 2012). Ordnen Sie die Dreiecke A, B und C den Staaten Bangladesch, Mali und Russland zu und begründen Sie Ihre Zuordnung mit jeweils zwei Argumenten (Hilfsmittel Atlas).

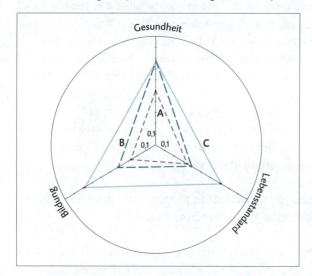

Human Development Index: grafische Darstellung ausgewählter Staaten nach dem UN Human Development Report 2013

2 Ausgleichsorientierte Entwicklung und Strategien der Entwicklungszusammenarbeit

Um Entwicklungsprojekte analysieren und bewerten zu können, ist es notwendig, unterschiedliche entwicklungstheoretische Ansätze zu kennen und zu verstehen. Zuerst werden deshalb **Strategien der Entwicklungszusammenarbeit** charakterisiert. Anschließend wird beispielhaft an zwei ausgewählten **Projekten** dargestellt, wie Maßnahmen für eine ausgleichsorientierte Entwicklung konkret aussehen können.

2.1 Strategien der Entwicklungszusammenarbeit

Nach dem Zweiten Weltkrieg war Entwicklungspolitik vonseiten der **Industrieländer** dadurch geprägt, die nach der Dekolonialisierung wachsende Anzahl unabhängiger Länder der „Dritten Welt" als Bündnispartner im „Kalten Krieg" zu gewinnen. Ab Mitte der 1960er-Jahre wurde verstärkt die Frage nach der Entstehung von Unterentwicklung gestellt. Zwei Ansätze mit gegensätzlichen Grundpositionen wurde in der Folge diskutiert: die Modernisierungstheorie und die Dependenztheorie. Je nach Standpunkt leiten sich daraus unterschiedliche entwicklungspolitische Strategien ab.

Die **Modernisierungstheorie** setzt Entwicklung mit wirtschaftlichem Wachstum gleich und erklärt Unterentwicklung als Folge eines technischen Rückstands. Ziel der Entwicklungspolitik musste es demnach sein, die weniger entwickelten Länder an den Stand der Industrieländer heranzuführen und dadurch eine **„nachholende Entwicklung"** zu ermöglichen.

Maßnahmen wie Agrarreformen oder der Aufbau einer modernen Industrie und Infrastruktur sollten durch finanzielle und technische Hilfe, also gewissermaßen einem **Big Push** durch die Industrieländer, erfolgen. Davon versprach man sich Wirtschaftswachstum und letztlich durch eine modernisierte Infrastruktur auch eine Verbesserung der Lebensverhältnisse der ganzen Bevölkerung. Man ging von einem sogenannten **Trickle-down-Effekt** aus, bei dem Wirtschaftswachstum und allgemeiner Wohlstand der reichen Schichten nach und nach in die unteren Schichten der Gesellschaft „durchsickern" würden.

Die Modernisierungstheorie setzt voraus, dass die (westlichen) Industriestaaten als Leitbild dienen und damit Entwicklung mit „Verwestlichung" gleichgesetzt werden kann. Nach der Modernisierungstheorie lassen sich vier Stadien wirtschaftlichen Wachstums festhalten (vgl. folgende Grafik).

Frühphase	Übergangsperiode
• Volkswirtschaft mit traditioneller Gesellschaftsordnung • geringes naturwissenschaftliches/technisches Wissen • geringe Beteiligung der Bevölkerung am wirtschaftlichen, gesellschaftlichen und politischen Leben • Fatalismus	• erster Impuls zum ökonomischen Aufbruch bei noch geringer wirtschaftlicher und sozialer Infrastruktur • Überwindung traditioneller Hindernisse • räumliche Disparitäten zwischen aufstrebenden industriellen Aktivräumen und peripheren, verharrenden Passivräumen entstehen und verstärken sich • Take-off-Societies
Massenkonsum	Reifegesellschaft
• Teilhabe aller Bevölkerungsschichten an der sozioökonomischen Entwicklung • Entstehen des Massenkonsumverhaltens	• Entwicklung technischer Fähigkeiten und unternehmerischer Eigenverantwortung • Einführung technischer Innovationen • Abbau regionaler Disparitäten

Stadien des wirtschaftlichen Wachstums

Die sogenannte **Dependenztheorie** erklärt Unterentwicklung als eine von außen durch den Kolonialismus entstandene Abhängigkeit (Dependenz). Während der Kolonialzeit wurden nach dieser Theorie die heutigen Entwicklungsländer als Rohstofflieferanten ausgebeutet, ihre traditionellen Wirtschafts- und Sozialformen zerstört. Auch nach der Unabhängigkeit dieser Länder veränderten sich die Hierarchien kaum und die ehemaligen Kolonien wurden zum wachsenden Markt für die Industrieländer.

Aus den dargestellten Abhängigkeitsverhältnissen entstand die Forderung nach einer **Abkopplung** bzw. **Dissoziation** der Entwicklungsländer vom Weltmarkt, um so eine eigenständige Entwicklung zu ermöglichen. Eigene Ressourcen sollten zur Sicherung der Grundbedürfnisse der Bevölkerung genutzt werden. Die dazu notwendige Industrie sollte aus traditionellem Handwerk und Gewerbe hervorgehen. Eine solch **autozentrierte Entwicklung** setzte eine Abschottung des Binnenmarktes durch Zoll- und Handelsschranken voraus. Export und Import sollten zur Ergänzung des Binnenmarktes dienen.

Weder die modernisierungs- noch die dependenztheoretischen Ansätze brachten die erhofften Veränderungen. Meist profitierte nur eine kleine Oberschicht von den Maßnahmen, während sich der Lebensstandard der Bevölkerungsmehrheit verschlechterte.

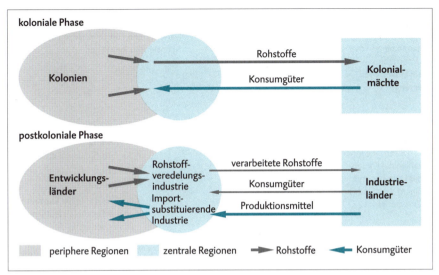

Das Beziehungsgeflecht und die Abhängigkeiten zwischen Industrie- und Entwicklungsländern

Diese Erfahrungen führten Anfang der 1970er-Jahre zu der Erkenntnis, dass die Voraussetzung für wirtschaftliches Wachstum die Befriedigung der materiellen **Grundbedürfnisse** (Unterkunft, Kleidung, Nahrung, Medikamente etc.) und immateriellen Grundbedürfnisse (Bildung, gesellschaftliche und politische Mitbestimmung etc.) ist.

Die Unterstützungsmaßnahmen sollten auf die Zielgruppen zugeschnitten werden und damit eine an die jeweiligen Bedürfnisse **angepasste Entwicklung** ermöglichen. Durch die Berücksichtigung lokaler Gegebenheiten und die Eigenverantwortung der Betroffenen sollte die Eigeninitiative gestärkt und **Hilfe zur Selbsthilfe** geleistet werden.

Als entscheidenden Aspekt erkannte man in diesem Zusammenhang die gezielte **Förderung der Frauen**, denen eine Schlüsselrolle in wirtschaftlich und sozial wichtigen Bereichen zukommt. Sie leisten meist einen großen Beitrag in Bereichen wie der Landwirtschaft, der Energie- und Wasserversorgung, im Haushalt und der Kindererziehung und teilweise auch im Handwerk und Handel und werden doch gegenüber den Männern oft stark benachteiligt. Das Konzept der **Grameen Bank**, das Frauen mithilfe gezielter Kleinstkredite Selbsthilfe in Form von Kleingewerben ermöglicht, war hier vorbildlich und überaus erfolgreich. Der Gründer der Grameen Bank, Professor Yunus aus Bangladesch, wurde für sein Werk 2006 mit dem Friedensnobelpreis ausgezeichnet.

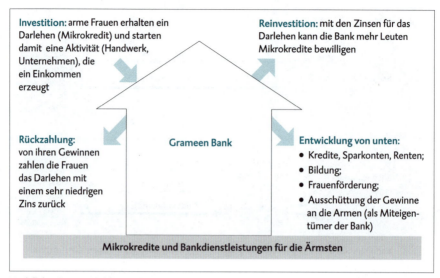

Modell der Grameen Bank

Mittlerweile sind Mikrokredite in Bangladesch sehr umstritten. In den letzten Jahren entstand ein **kommerzielles Mikrokreditwesen** mit unglaublichen Wachstumsraten von über 100 % pro Jahr. Statt wie die Grameen Bank nach gemeinnützigem Zweck streben die Mikrokredithäuser jedoch nach Profit. Immer mehr Kredite können nicht mehr zurückbezahlt werden, was bei den verschuldeten Menschen zu ausweglosen Situationen führen kann.

In den 1990er-Jahren wurden zunehmend die Grenzen der Belastbarkeit des globalen Ökosystems erkannt. Dies führte zu einer umfassenden Neuausrichtung des Entwicklungsbegriffs, die von einem **„Eine-Welt-Konzept"** ausgeht und darauf abzielt, die Fehlentwicklungen der Industrie- und Entwicklungsländer gleichermaßen und in ihren Zusammenhängen anzugehen. Das neue Leitbild der **nachhaltigen Entwicklung (Sustainable Development)** wurde entscheidend von der UN-Konferenz für Umwelt und Entwicklung (UNCED) 1992 in Rio de Janeiro geprägt. Das dort vereinbarte **Aktionsprogramm „Agenda 21"** forderte von allen Teilnehmernationen, nationale Nachhaltigkeitsstrategien zu entwickeln. Entscheidend dabei war die Erkenntnis, dass Entwicklung nur unter Beteiligung aller Menschen, insbesondere der Armen, erfolgen kann. Die Agenda 21 richtet sich auf lokaler Ebene an jeden einzelnen Bürger, dem so seine Verantwortung bewusst gemacht werden soll.

Der Begriff der Nachhaltigkeit wird durch **vier Zieldimensionen** definiert (vgl. folgende Grafik). Diese sind nur gemeinsam zu erreichen und langfristig zu sichern.

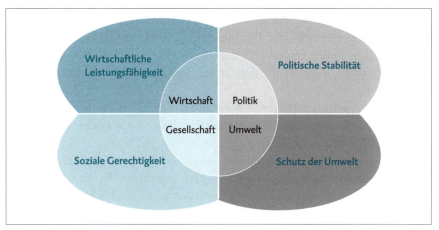

Dimensionen nachhaltiger Entwicklung

Die Beschlüsse von Rio wurden 2000 durch die Vereinten Nationen weitergeführt, indem acht konkrete **Millenniumsentwicklungsziele** festgelegt wurden. Diese übergeordneten Zielsetzungen wurden wiederum durch konkrete Zielvorgaben und entsprechende Indikatoren konkretisiert.

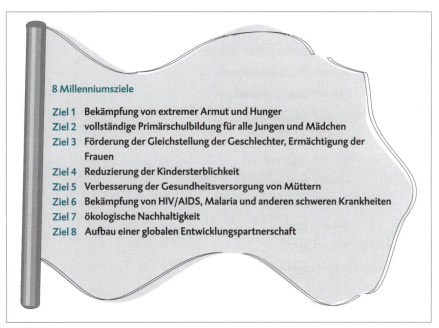

Die Millenniumsentwicklungsziele

Alle Mitgliedsstaaten verpflichteten sich, an der Verwirklichung der Ziele bis zum Jahr 2015 mitzuarbeiten. Die Menschheit wird dabei als globale Verantwortungsgemeinschaft gesehen, die zur Herstellung menschenwürdiger Lebensgrundlagen und zur Sicherung der Grundlagen für zukünftige Generationen beitragen soll.

Neben dem **wirtschaftlichen Wohlstand** sind dabei alle Maßnahmen an den Kriterien der **ökologischen Verträglichkeit**, der **sozialen Gerechtigkeit** und **politischen Stabilität** auszurichten (vgl. S. 152 ff.).

Um den Entwicklungsprozess besser dokumentieren und das Erreichen der Ziele transparent machen zu können, werden regelmäßig Daten erhoben und der Fortschritt eingeschätzt. In einer Zwischenbilanz zeichnete die UN 2011 ein differenziertes Bild. Vor allem die Diskrepanz zwischen den Regionen stellt eine große Herausforderung dar und führt dazu, dass nicht alle Menschen gleichermaßen von den Erfolgen profitieren. So wird z. B. das erste Millenniumsziel zur Bekämpfung der Armut hauptsächlich deshalb erreicht, weil es in Ostasien in den letzten Jahren ein starkes Wirtschaftswachstum gegeben hat. Weite Teile Afrikas kämpfen derweil nach wie vor mit Unterernährung und Armut, sodass auch über das Jahr 2015 hinaus noch viel getan werden muss.

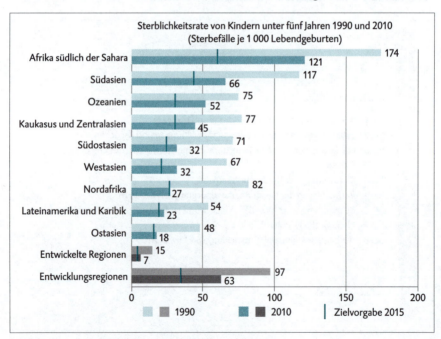

Stand des Fortschritts bei Ziel 4: Senkung der Kindersterblichkeit

2.2 Projekte für eine ausgleichsorientierte Entwicklung

Die Betrachtung der sehr unterschiedlichen Millenniumsentwicklungsziele verdeutlicht, dass es keinen Weg geben kann, der alle Probleme gleichzeitig lösen wird. Bei der Analyse und Bewertung von konkreten Maßnahmen und Projekten ist daher ein Perspektivwechsel zwischen verschiedenen Aspekten und Akteuren hilfreich.

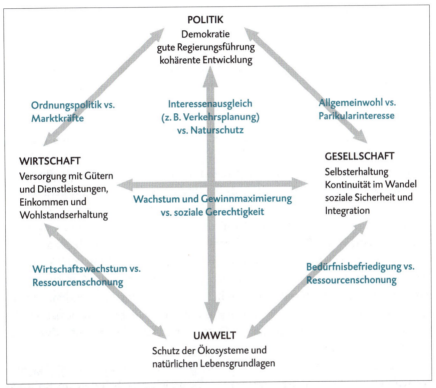

Zielkonflikte zwischen den Entwicklungsdimensionen

Im Folgenden soll verdeutlicht werden, wie Projekte für eine **ausgleichsorientierte Entwicklung** aussehen können. Unter diesem Begriff versteht man eine Entwicklung, die einen Ausgleich bzw. eine Balance zwischen den Dimensionen einer nachhaltigen Entwicklung anstrebt.

Neben den **staatlichen Institutionen** spielen zunehmend **internationale Organisationen** wie UNO, UNICEF oder Internationaler Währungsfonds (IWF) sowie **Nichtregierungsorganisationen** (NROs; engl. NGOs – Non-Governmental Organizations) wie Amnesty International, Ärzte ohne Grenzen oder kirchliche Hilfswerke eine zentrale Rolle bei der Durchführung von Entwicklungsprojekten. Außerdem leistet die **Privatwirtschaft** im Rahmen von **Public Private Partnerships** (Kooperationen zwischen öffentlichen Einrichtungen und privaten Unternehmen) einen weiteren Beitrag zur Entwicklung der jeweiligen Länder.

Nachdem die bereits erwähnte Agenda 21 insbesondere auf die lokale Umsetzungsebene vor Ort abzielt, soll anhand zweier Projekte dargestellt werden, wie dies konkret aussehen kann.

Projekt POEMA

In Brasilien wurde Anfang der 1990er-Jahre das **Projekt POEMA** (Pobreza e Meio ambiente na Amazonia – Armut und Umwelt in Amazonien) ins Leben gerufen. Die zentrale Frage lautete, wie die Menschen in den Wäldern Amazoniens vom Wald leben können, ohne ihn zu zerstören.

Wie in vielen Waldregionen der Erde werden in Brasilien Flächen gerodet, um Edelhölzer zu gewinnen, Weide- und Ackerflächen zu schaffen oder Stauseen zur Energiegewinnung anzulegen. Ein wichtiger Aspekt ist dabei die regionale Armut der Menschen, da diese durch Rodungen ihre Existenz sichern und kaum nach den langfristigen Folgen der Waldzerstörung fragen.

Hier setzt das Projekt an. POEMA fördert die genossenschaftliche Organisation von Kleinbauern. Die Grundbedürfnisse der ländlichen Bevölkerung sollen durch eine nachhaltige Landwirtschaft sowie durch die Schaffung von Verdienstmöglichkeiten im gewerblichen Bereich (z. B. Lieferung von Autositzen aus Kokosfasern an den Automobilhersteller Daimler) befriedigt werden. Zudem soll durch sauberes Wasser, Solarenergie, unterschiedliche Transportmöglichkeiten sowie durch eine medizinische Grundversorgung die **Existenz der Menschen gesichert** werden.

Die regionale Agenda-Ebene Amazoniens wurde nun mit lokalen Agenda-Aktivitäten in Deutschland verknüpft, indem sich z. B. Schulen im Rahmen des POEMA-Projekts engagierten. Dabei wurden fair gehandelte Produkte verkauft und mit den Einnahmen sowie Spenden eine Trinkwasseranlage finanziert.

Millenniumsdörfer

Ein weiteres Projekt im Rahmen der Millenniumsentwicklungsziele war die Ausweisung sogenannter **Millenniumsdörfer**, die zwölf Dorfgruppen mit etwa 80 Dörfern in den ärmsten Regionen Afrikas umfassen.

Die Idee war, zu beweisen, dass mit ca. 100 US-$ pro Kopf und Jahr ein Entkommen aus der Armutsfalle möglich ist. Dieser Betrag entspricht 0,7 % des

BNE der Industrienationen, die versprachen, diesen Anteil als Entwicklungshilfe zur Verfügung zu stellen.

In einer der ärmsten Regionen Malawis wurde z. B. damit begonnen, den Dorfbewohnern bei der Anlage von Bewässerungssystemen zu helfen und ihnen Düngemittel, Saatgut und Moskitonetze gegen Malariaerkrankungen zur Verfügung zu stellen. Innerhalb kürzester Zeit konnten die vormals hungernden Familien ihren Anbau ausweiten und Reserven für Notzeiten anlegen. Ein mobiler Bankbus vergab Kleinkredite, mit denen Kleinunternehmen gegründet und Existenzen aufgebaut wurden. Die Dorfbewohner waren innerhalb weniger Jahre in der Lage, sich mit dem erworbenen Know-how und den Kleinkrediten selbst zu helfen und vor Ort entsprechende Initiativen nach ihren Bedürfnissen zu starten.

Im Unterschied zu anderen Entwicklungsprojekten setzt das Konzept der Millenniumsdörfer bei der **kleinsten Einheit der Volkswirtschaft** – den **Familien und Dorfgemeinschaften** – an und entspricht damit der Forderung des einstigen UN-Generalsekretärs Kofi Annan, dass „der Weg zu Afrikas Wohlstand auf den Feldern der afrikanischen Bauern beginnen" sollte.

Offen bleibt die Frage, inwieweit damit nationale oder gar kontinentale Entwicklungshindernisse (z. B. ethnische Rivalitäten, kulturelle oder soziale Differenzen, Handelsbehinderungen, Mangel an qualifizierten Arbeitskräften, Infrastrukturprobleme, Machtmissbrauch) verändert werden können.

Frauen einer Kooperative beim Körbeflechten im Millenniumsdorf Mayange, Ruanda

Aufgabe 30 Charakterisieren Sie die zwei vorgestellten Projekte POEMA und Millenniumsdörfer anhand der in diesem Kapitel erläuterten Strategien der Entwicklungszusammenarbeit.

Aufgabe 31 Bewerten Sie die Projekte unter dem Aspekt der Nachhaltigkeit.

Globales Problemfeld Verstädterung

Derzeit gibt es mehr als sieben Milliarden Menschen auf der Erde und nie war der Anteil der städtischen Bevölkerung so hoch wie heute: Seit dem Jahr 2007 leben erstmals mehr Menschen in Städten und einer städtisch geprägten Umwelt als in den ländlichen Räumen.

1 Ausmaß, Folgen und Ursachen der Verstädterung

1.1 Begriffsdefinitionen

Unter **Verstädterung** versteht man in der Regel das Wachsen der Städte nach **Einwohnerzahl** (demographische Verstädterung), **Anzahl** (Städteverdichtung) und **Fläche** (physiognomische Verstädterung).

Der **Verstädterungsgrad** gibt den Anteil der Stadtbevölkerung an der Gesamtbevölkerung an. Die **Verstädterungsrate** hingegen beschreibt den Zuwachs der städtischen Bevölkerung in Prozent der Gesamtbevölkerung.

Unter **Urbanisierung** versteht man im deutschen Sprachraum die Ausbreitung der städtischen Lebensformen bis in das nichtstädtische Umland hinein. Dabei gleichen sich die städtischen und ländlichen Räume bezüglich Wirtschafts-, Arbeits- und Wohnformen sowie Lebens- und Verhaltensweisen an.

Der Stadtbegriff

Der **Begriff „Stadt"** ist nicht einheitlich definiert. Denn eine Stadt wird auf verschiedene Weise und aus unterschiedlichen Perspektiven wahrgenommen: Statistiker, Geographen, Soziologen, Ökonomen und Historiker haben unterschiedliche Eindrücke und Vorstellungen einer „Stadt".

Der **statistische Stadtbegriff** wird über eine Mindestzahl an Einwohnern bestimmt. Diese Mindestzahl schwankt jedoch von Region zu Region stark. Die Statistiken der UN enthalten die jeweils nationalen Eckwerte der einzelnen Länder.

Einwohnerzahl	Land
200	Grönland, Island
1 000	Kanada, Neuseeland, Venezuela
2 000	Argentinien, Deutschland, Frankreich, Liberia
2 500	Bahrain, Mexiko, USA
5 000	Botswana, Indien, Österreich, Slowakei
10 000	Malaysia, Portugal, Schweiz, Senegal
50 000	Japan

Statistische Untergrenze von Städten in ausgewählten Ländern

Der **historisch-rechtliche Stadtbegriff** definiert die Stadt über politische, rechtliche, gesellschaftliche und bauliche Kriterien. So war während des Mittelalters in Europa die Verleihung des Stadtrechts mit besonderen Rechten (u. a. Marktrecht, Münzrecht, Gerichtsbarkeit) verbunden und hob sich dadurch vom Umland stark ab.

Der **geographische Stadtbegriff** nennt verschiedene Kriterien, die die Stadt über die Epochen und Kulturen hinweg in ihren Grundzügen beschreiben:

- **Zentralität oder funktionaler Bedeutungsüberschuss**
  Der funktionale Bedeutungsüberschuss (Zentralität) ist für den geographischen Stadtbegriff wesentlich. Die Stadt bietet mehr Waren und Dienstleistungen, als ihre Bewohner benötigen. Sie hat somit spezifische Funktionen für ihr Umland: als **Arbeitsort** mit Arbeitsplätzen überwiegend im sekundären, tertiären und quartären Sektor, als **Versorgungszentrum** mit einer hohen Konzentration von spezialisierten Einzelhandelsunternehmen und großen Filialisten, als **Dienstleistungszentrum** durch die Konzentration von Bildungs- und Verwaltungseinrichtungen, politischen und gesellschaftlichen Institutionen, medizinischen Einrichtungen sowie durch ein breit gefächertes kulturelles Angebot.

- **Mindestgröße an Einwohnern und Fläche**
  Städte (im geographischen Sinne) müssen eine Mindestzahl an Fläche und Einwohnern haben, die aber national sehr unterschiedlich sind (vgl. statischer Stadtbegriff).

- **Kompakter Siedlungskörper**
  Kennzeichen ist die Geschlossenheit der Siedlungsfläche mit einer künstlich gestalteten Umwelt, einer hohen Bebauungsdichte und überwiegender Mehrstöckigkeit im Zentrum.

- **Hohe Wohn- und Arbeitsplatzdichte**
  Die Wohn- und Arbeitsplatzdichte (Einwohner bzw. Arbeitsplätze pro Flächeneinheit) ist generell hoch, hängt aber stark von der Lage innerhalb einer Stadt sowie der kulturellen Prägung der Stadt ab. Die Zahl der Arbeitsplätze übertrifft die Zahl der in der Stadt wohnenden Berufstätigen; die Städte weisen einen Einpendlerüberschuss auf.

- **Innere Differenzierung der Raumstruktur**
  Städte weisen eine **funktionale Differenzierung** auf, die zur Ausbildung von Stadtvierteln (u. a. City, Wohn-, Einkaufs-, Industrie- und Gewerbegebiete) und zu einer Häufung kultureller Einrichtungen führt (in Abhängigkeit von Bodenpreisen, Lage, Stadtplanung).
  Durch unterschiedliche Boden- und Mietpreise kommt es innerhalb von Städten zu einer **sozialräumlichen Differenzierung** der Wohnbevölkerung. Daneben existiert auch eine **ethnische Differenzierung**, da einzelne ethnische Gruppen häufig in eigenen Vierteln zusammenleben.

- **Sozioökonomische Struktur**
  Bedingt durch den Bedeutungsüberschuss ergibt sich eine Dominanz der sekundären und tertiären Berufsgruppen bei gleichzeitig starker Arbeitsteilung. Städte sind außerdem Innovationszentren in politischer, sozialer und technologischer Hinsicht. Des Weiteren kommt es zur Ausprägung bestimmter Lebensformen (hohe Anonymität, hoher Singleanteil, spezielle kulturelle Aktivitäten).

- **Stadt-Umland-Beziehungen**
  Der funktionale Bedeutungsüberschuss führt zu einem intensiven Austausch mit dem Umland. Es besteht ein Ungleichgewicht zwischen Arbeitsplätzen und Dienstleistungen einerseits, Wohnungen und Freizeiteinrichtungen andererseits. Dies führt zu einem hohen Verkehrsaufkommen.
  Von großer Bedeutung ist die Ausgleichsfunktion des ländlichen Raums für Freizeit- und Naherholung sowie für die Bereitstellung von Versorgungsanlagen (u. a. Trinkwasserspeicher) und Flächen für die Anlage von Verkehrsinfrastrukturen (u. a. Flughäfen, Verkehrsknoten).
  Städte profitieren von den Ressourcen des ländlichen Raumes.

Metropolen, Megapolen, Global Citys

Der Begriff **Metropole** bezeichnet die Hauptstadt und/oder die führende Stadt eines Landes, in der sich politische, wirtschaftliche, soziale und kulturelle Einrichtungen konzentrieren. In manchen Ländern gibt es mehr als eine Metropole.

Globales Problemfeld Verstädterung

Megastädte: Die 10 größten städtischen Agglomerationen 2011 und 2025 in Millionen

Als **Megastadt oder Megapolis** werden uneinheitlich Städte mit einer sehr hohen Einwohnerzahl bezeichnet. Meist werden **fünf** Millionen, **acht Millionen (UN)** oder zehn Millionen Einwohner als untere Grenze angegeben.

Die **Primatstadt** oder **Primate City** ist eine Stadt, die eine extrem herausragende Position innerhalb eines Landes besitzt. Dies ist meist sowohl durch die höchste Bevölkerungskonzentration **(demographische Primacy)** als auch durch die ökonomische, politische und kulturell-wissenschaftliche **Dominanz (funktionale Primacy)** bedingt.

Als **Global Citys** werden Städte bezeichnet, in denen ein weit überdurchschnittlicher Anteil von wirtschaftlichen und kulturellen Aktivitäten mit weltweiter Bedeutung getätigt wird. Je größer der globale Vernetzungsgrad einer Stadt, desto höher ist ihre Position in der Hierarchie.

Die Grenze zwischen der Stadt und dem Land ist nicht eindeutig, der städtische Raum geht kontinuierlich in den ländlichen Raum über. Städtische Regionen werden mit verschiedenen Begriffen umschrieben.

- Im klassischen Modell der **Stadtregion** bildet die Kernstadt mit Ergänzungszonen das Zentrum. Daran schließt die Umlandzone, die über eine verstädterte Zone und die Randzone in das Umland übergeht. Im Umland können einzelne Trabantenstädte liegen, die mit dem Kerngebiet eng verknüpft sind.
- Die **Megalopolis** steht für eine Stadtlandschaft, in der einzelne Metropolen und mehrere Großstädte liegen. Die Grenzen zwischen diesen städtischen

Räumen sind nicht mehr zu erkennen (Bsp.: Raum Boston bis Washington oder Kobe, Osaka und Kyoto).
- In Europa werden solche (kleineren) Ballungsräume **Metropolregionen** genannt (Bsp.: Metropolregion Rhein-Neckar).

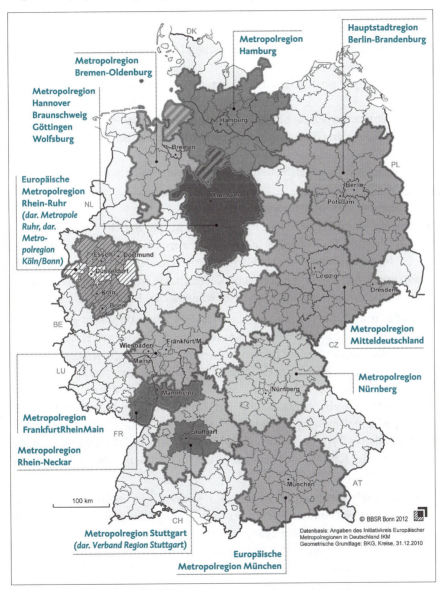

Abgrenzung der Metropolregionen 2012

1.2 Stadttypen

Stadttypen bilden sich aus dem Zusammenspiel einer Vielzahl von Faktoren, die miteinander in Wechselwirkung stehen. Je nachdem, welchen Aspekt der Betrachtung man in den Vordergrund stellt, lassen sich verschiedene Stadttypen unterscheiden. Man kann differenzieren nach

- der Größenklasse,
- der geographischen oder topographischen Lage (z. B. Küstenstädte oder Gebirgsstädte),
- der historisch-genetischen Entwicklung (z. B. Römerstadt, mittelalterliche Stadt),
- der kulturraumspezifischen Entwicklung (z. B. islamisch-orientalische Stadt),
- der funktionalen Gliederung (z. B. Residenzstadt, Universitätsstadt, Industriestadt),
- der sozioökonomischen Struktur (z. B. reife Stadt, Stadt mit Hyperwachstum).

Sozioökonomische Stadttypen

Auf der Weltkonferenz Urban 21 in Berlin wurde ein Bericht vorgelegt, der die globalen Trends der Stadtentwicklung analysiert und Leitlinien für die Stadt des 21. Jh. entwickelt. Dieser Weltbericht unterscheidet **drei unterschiedliche Stadttypen**, die jeweils eine typische Konstellation in Bezug auf demographische, soziale und wirtschaftliche (sozioökonomische) Faktoren haben:

- **Städte mit Hyperwachstum** (übermäßigem Wachstum) sind gekennzeichnet durch ein enormes Bevölkerungswachstum und weitverbreitete Armut. Im Wohnungssektor sind informelle Wohngebiete, d. h. Marginalsiedlungen, stark verbreitet. Die Umweltbedingungen sind überwiegend schlecht und die öffentliche Verwaltung ist meist ineffizient. Das öffentliche Gesundheitssystem weist große Mängel auf. Die Wirtschaft ist in hohem Maße vom informellen Sektor abhängig.
Städte dieses Typs lassen sich räumlich vor allem in Schwarzafrika, Lateinamerika, der Karibik, im Mittleren Osten und auf dem indischen Subkontinent finden.
- **Dynamisch wachsende Städte** sind in der Regel Städte in sich extrem schnell entwickelnden Ländern mit mittlerem Einkommen (Schwellenländer). Aber gegenüber den Städten mit Hyperwachstum verringert sich der Bevölkerungszuwachs allmählich. Der informelle Wirtschaftssektor ist zwar vorhanden, verliert aber an Bedeutung, da diese Städte ein hohes Wirtschaftswachstum haben und auch internationale Investoren anziehen.

Der wachsende Wohlstand der Bevölkerung führt jedoch zu neuen Umweltbelastungen. Insbesondere die Luftverschmutzung durch den steigenden Verkehr und die Industrie ist enorm, das öffentliche Verkehrssystem ist völlig unzureichend. Die Gesellschaft ist zweigeteilt in Arm und Reich; teure Wohngebiete liegen neben primitiven Hüttensiedlungen. Diese Städte weisen Eigenschaften sowohl von Städten der Industrienationen als auch von Städten der Entwicklungsländer auf.

Dynamisch wachsende Städte liegen in weiten Teilen Ost- und Südostasiens, in Lateinamerika, der Karibik und im Mittleren Osten.

- **Reife Städte der Überalterung** zeigen eine abnehmende Dynamik. Sie sind durch eine gegensätzliche Problemlage gekennzeichnet: Die Bevölkerungszahl geht zurück (**„Shrinking Citys"**). In diesen Städten gibt es eine zunehmend alte Bevölkerung, der kleine Haushalt ist vorherrschend. Die Wirtschaft verändert sich, im Zuge der Deindustrialisierung entstehen große Brachflächen. Innerhalb der Stadtgebiete kann es zu einer sozialen Polarisierung kommen. Ziel der Stadtplanung ist es, die Lebensqualität und Wirtschaftskraft zu erhalten.

Reife Städte sind typisch für die hoch entwickelten Räume Nordamerikas, Europas, Teile Ostasiens und Australiens.

Kulturraumspezifische Stadttypen: die islamisch-orientalische Stadt

Die ältesten islamisch-orientalischen Städte sind ca. 7 000 Jahre alt. Die Stadt war damals politisches und wirtschaftliches Zentrum in einer vom Rentenkapitalismus geprägten Agrargesellschaft.

Heute gliedert sich die orientalische Stadt in eine Alt- und eine Neustadt. Die **Altstadt** ist von einer Stadtmauer umgeben, die an die Zitadelle (Burg) grenzt. Zwischen den Stadttoren verlaufen die zentralen Verkehrsachsen. Die große **Moschee** und der **Bazar** (Suq) bilden das religiöse, gesellschaftliche und wirtschaftliche Zentrum. Handwerker- und Handelsviertel haben sich ausgebildet, die nach Branchen geordnet sind. Die **Wohnviertel** sind gekennzeichnet durch ein Gewirr von engen und verwinkelten (Sack-) Gassen. Die Wohnquartiere sind nach Religion und Ethnie getrennt.

Die **Neustadt** schließt direkt an die Altstadt an. Zentrum ist der Stadtkern mit zentralen Dienstleistungsfunktionen. An ihn schließen sich im westlichen Stil errichtete Wohnviertel mit breiten Straßen an, die eine soziale und bauliche Differenzierung aufweisen. Die neuen Gewerbe- und Industriegebiete liegen in gesonderten Vierteln und Stadtrandlage.

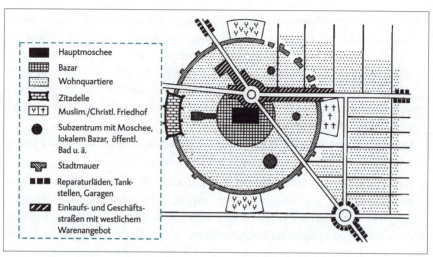

Die islamisch-orientalische Stadt

Kulturraumspezifische Stadttypen: die chinesische Stadt

Die chinesische Stadt hat eine bis 4 000 Jahre zurückreichende Tradition. Die Grundzüge der heutigen traditionellen Städte gehen zurück auf die im 13. Jh. beginnende Kaiserzeit. Die Stadt wird als Abbild des Kosmos gesehen. Sie ist geprägt von Achsialität, Symmetrie oder der Ausrichtung nach den Himmelsrichtungen. Das Zentrum ist der Sitz des Herrschers. Um den Herrschersitz gruppieren sich Wohnviertel, gestaffelt nach **sozialer Hierarchie**. Entlang der Hauptstraße zum Zentrum reihen sich die wichtigsten Gebäude (Hofhäuser).

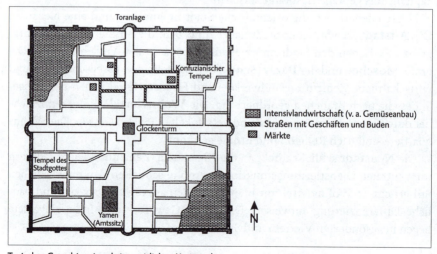

Typischer Grundriss einer kaiserzeitlichen Kreisstadt

Einen einschneidenden Wandel erlebten die chinesischen Städte ab der Mitte des 19. Jh. durch den Einfluss ausländischer Mächte. Räumlich abgegrenzt von der chinesischen Altstadt entstanden neue Stadtviertel, die im europäischen Stil errichtet wurden.

Entscheidend für das heutige Aussehen der Städte war die **sozialistische Stadtplanung** nach Gründung der Volksrepublik. Charakteristisch sind die monotone Bebauung mit Wohnblocks sowie das System der **Danweis**, städtische Arbeitseinheiten mit Wohnungen, Arbeitsstätten und infrastrukturellen Einrichtungen, die durch eine Mauer abgegrenzt werden. Die Industriekomplexe entstanden am Rande der Städte, ebenso wie Großwohnanlagen und Kulturkomplexe.

Mit dem Einsetzen der **Wirtschaftsreformen ab 1978** hat sich das Bild der chinesischen Städte dramatisch verändert. Nach Abriss der alten Bausubstanz entstanden vielerorts Hochhauswohnkomplexe. Der alte Stadtkern bildete sich zu einer City aus, die teilweise aus moderner Hochhausbebauung besteht, teilweise im traditionellen Stil errichtet wurde. An diese Zone gliedert sich eine Übergangszone mit der Mischung aller Funktionen an. Um diese Kernstadt zieht sich ein landwirtschaftlicher Gürtel, der der Nahversorgung der Stadtbevölkerung dient.

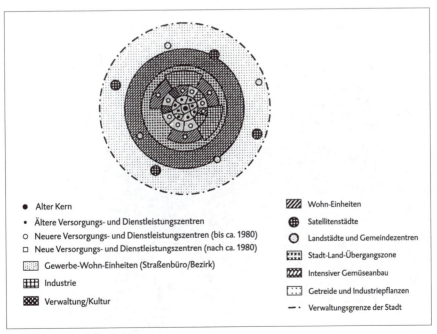

- Alter Kern
- Ältere Versorgungs- und Dienstleistungszentren
- Neuere Versorgungs- und Dienstleistungszentren (bis ca. 1980)
- Neue Versorgungs- und Dienstleistungszentren (nach ca. 1980)
- Gewerbe-Wohn-Einheiten (Straßenbüro/Bezirk)
- Industrie
- Verwaltung/Kultur
- Wohn-Einheiten
- Satellitenstädte
- Landstädte und Gemeindezentren
- Stadt-Land-Übergangszone
- Intensiver Gemüseanbau
- Getreide und Industriepflanzen
- Verwaltungsgrenze der Stadt

Modell einer chinesischen Stadt: Form und Flächennutzung

Kulturraumspezifische Stadttypen: die europäische Stadt

Die ältesten europäischen Städte wurden vor ca. 2 500–3 000 Jahren von den Griechen und vor mehr als 2 000 Jahren von den Römern gegründet. Viele große Städte, z. B. Marseille, Köln, London und Wien, gehen auf diese ersten Gründungen zurück.

Die Mehrzahl der europäischen Städte entstand allerdings während einer **mittelalterlichen Gründungsphase** zwischen 1100 und 1400. Neben den gewachsenen Städten wurden zahlreiche Städte durch fürstliche oder kirchliche Initiativen neu gegründet. Die mittelalterliche Stadt verfügte über bestimmte Bauelemente, die sich in vielen Städten wiederfinden. In der **Stadtmitte** stand der dominierende Kirchenbau, dort befanden sich das Rathaus, die Markthallen und -plätze sowie die Wohnungen der wohlhabenden und führenden Familien der Stadt. Je weiter eine Wohnung von Zentrum entfernt lag, desto niedriger war der soziale Status einer Familie. Die Stadt war von einer **Stadtmauer** umgeben. Von Stadttor zu Stadttor verliefen die Hauptverkehrsachsen und kreuzten sich auf dem Marktplatz. Der weitere Grundriss der Straßenführung war unregelmäßig. Vorherrschend war das Bürgerhaus mit einer Schauseite zur Straße. In größeren Städten bildeten sich Handwerkerviertel aus. Neben dem Handwerk bildete der Handel die wirtschaftliche Grundlage der Stadt. Diesen mittelalterlichen Stadtaufbau findet man in zahlreichen europäischen Städten in der historischen Altstadt bis heute.

Mittelalterliche Stadt: Augsburg (Ansicht aus dem Jahr 1643)

Zwischen 1550 und 1800 wurden in Deutschland nur wenige Städte gegründet. Diese **Residenzstädte** gehen auf geplante Gründungen einzelner absolutistischer Herrscher zurück. Merkmal ist eine **planmäßige Stadtanlage**, deren Mittelpunkt des Schloss ist, auf das die Straßenführung sternmäßig ausgerichtet ist. An das Schloss schließt sich ein weitläufiger Park an, der in Wälder übergeht. Ein Beispiel für diesen Stadttyp ist Karlsruhe.

Ein weiterer Stadttyp ist die **Festungs- oder Garnisonsstadt** mit mächtigen Verteidigungsanlagen.

Mit der beginnenden Industrialisierung kam es zu neuen Stadtgründungen und zum Ausbau der bestehenden Städte.

Kulturraumspezifische Stadttypen: die lateinamerikanische Stadt

Lateinamerika ist der am stärksten verstädterte Kontinent, ca. 82 % (UN 2005) der Bevölkerung leben in Städten. Erste Städte entstanden zur Zeit der indianischen Hochkulturen, die heutigen Städte knüpfen an diese Wurzeln nicht an, sondern gehen auf die **Kolonialzeit** ab dem 16. Jahrhundert zurück.

Typisches Merkmal der spanisch beeinflussten lateinamerikanischen Kolonialstädte ist der **schachbrettartige** oder rechteckige **Grundriss**. Im Zentrum der Stadt liegt ein großer Platz, die **Plaza Mayor**, um den die wichtigen öffentlichen Gebäude und die Kirche oder Kathedrale errichtet wurden. Daran schlossen sich die Wohngebiete an. In der unmittelbaren Stadtmitte, angrenzend an die „Plaza Mayor", lagen die Häuser der Oberschicht. Mit zunehmender Entfernung von diesem Platz nahm der soziale Status ab und parallel dazu Qualität und Ausstattung der Häuser. Die soziale Gliederung trifft auch auf portugiesisch beeinflusste Städte zu, der Grundriss ist jedoch unregelmäßiger, da es im Gegensatz zum spanischen Einflussbereich keine Vorschriften für die Einhaltung eines schachbrettartigen Straßenverlaufs gab.

Mit Beginn des 20. Jahrhunderts wurde das Stadtzentrum um die „plaza mayor" zunehmend **Wirtschaftszentrum**, das heute wie in den USA von Hochhausvierteln beherrscht ist. Dies führte zu einer Veränderung und Überformung des gesamten Stadtgefüges. Oberschicht und obere Mittelschicht zogen aus den angestammten Innenstadtvierteln an den Stadtrand in neue Villenviertel. In den letzten Jahren entstanden vermehrt abgeschlossene und bewachte **Gated Communitys**, die **Condominios**, als Villenviertel am Stadtrand, als exklusive Hochhauskomplexe in der Innenstadt oder als innerstädtische Wohngebiete, die durch Gitter und Schranken von der übrigen Stadt abgegrenzt werden. Die Gated Communitys unterscheiden sich in ihrer Ausstattung und verfügen zum Teil über eine eigene Versorgungs-, Freizeit-

und Schulinfrastruktur. Sie spiegeln die unterschiedliche Einkommenssituation und somit die Sozialstruktur der Gesellschaft im Raum wider.

Die sozioökonomische Polarisierung führt zu einer zunehmenden **Fragmentierung** der Städte. In der Innenstadt entstanden billige Wohnblocks und heruntergekommene Wohnviertel wurden zu **Slums**, innerstädtischen Elendsvierteln. Neue Arbeitersiedlungen und Industrieviertel entstanden am Stadtrand und in den Außenbezirken. Der größte Teil der städtischen Bevölkerung lebt in illegalen und semilegalen Marginalsiedlungen, die aufgrund des hohen Bevölkerungszuwachses und durch den enormen Zuzug in die Stadt auf Freiflächen in der Stadt und vor allem am Stadtrand entstanden.

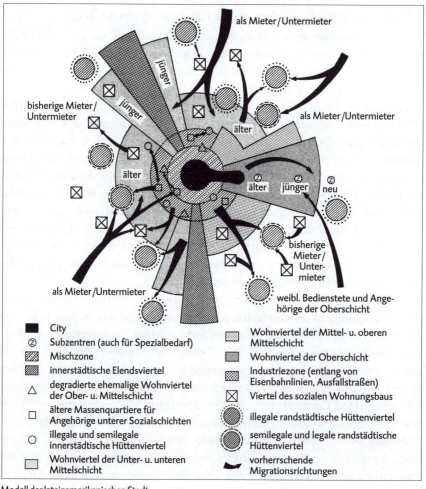

Modell der lateinamerikanischen Stadt

Kulturraumspezifische Stadttypen: die angloamerikanische Stadt

Nordamerikanische Städte sind junge Städte, die im 18. und 19. Jahrhundert im Zuge der europäischen Besiedlung entstanden, meist als wirtschaftliche Zentren einer Region.

Es sind **ausufernde Stadtlandschaften**, die eine große Fläche bedecken. Der Grundriss ist gekennzeichnet durch das schachbrettartig verlaufende Straßennetz, das im Wesentlichen auf die Einführung des quadratischen Landvermessungssystems 1785 (Land Ordinance) zurückgeht, und die Hochhaus- oder Wolkenkratzerbebauung des Stadtzentrums oder Kernbereichs.

Die funktionale Gliederung der Städte ist in den letzten Jahrzehnten einem starken Veränderungsprozess durch Wanderungsbewegungen ausgesetzt, was das Erscheinungsbild der US-Städte stark verändert hat. Die Städte lassen sich in eine **Kern- und eine Außenstadt** unterteilen. Die Kernstadt umfasst die „**Downtown**", in der der **CBD** (Central Business District) liegt. In diesem konzentriert sich der Dienstleistungssektor. In größeren Städten kommt es innerhalb des CBD in den 1970er-Jahren zu einer Aufteilung in Viertel nach der Funktion, wie Banken-, Hotel-, Shoppingzentrum und Malls. In jüngerer Zeit entstehen außerdem durch Gentrifizierung (engl. gentrification), die erneute Aufwertung innenstadtnaher Wohnviertel (vgl. S. 142), wieder Wohnungen der Luxusklasse durch staatliche und private Investitionen; große Sportarenen entstehen als Publikumsmagneten auf den Freiflächen der Downtown. Teilweise weitet sich der CBD in Gebiete der Downtown aus.

Der sich in der Downtown an den CBD früher anschließende Gürtel aus Wohn- und gewerblicher Nutzung ist seit den 1940er-Jahren einem zunehmenden Verfall unterworfen. Die besser situierte Wohnbevölkerung ist in den Außenbereich, die Suburbs (Vororte) gezogen, ihr folgten der Dienstleistungssektor und die Arbeitsplätze. In der Downtown entstanden (Einwanderer-) Ghettos, ein Großteil der Gebäudesubstanz verfiel. Einzelne Projekte des sozialen Wohnungsbaus oder die Errichtung von Gated Communitys konnten diesen Prozess nicht aufhalten.

In der Außenstadt, dem suburbanen Gebiet, sind die ausgedehnten Wohngebiete der **Suburbs**, in denen Einfamilienhäuser überwiegen, und die Zentren wirtschaftlicher Aktivitäten und Entwicklungen, in denen die neuen Arbeitsplätze des tertiären Sektors einschließlich des Hightech-Bereichs entstehen. Die wirtschaftlichen Aktivzonen sind die sogenannten **Edge Citys**. Diese sind an den Kreuzungspunkten der großen Verkehrsachsen angesiedelt, in ihnen konzentrieren sich der Einzelhandel, Büroflächen und Apartmentblocks. So entsteht eine Konzentration von Arbeitsplätzen und eine komplexe Bebauung.

138 Globales Problemfeld Verstädterung

Insgesamt kommt es in den Städten zu einer zunehmenden Fragmentierung. Es bilden sich Standorte im Raum mit einer bevorzugten Nutzung, die jedoch nicht mehr auf das Zentrum einer Stadt ausgerichtet sind.

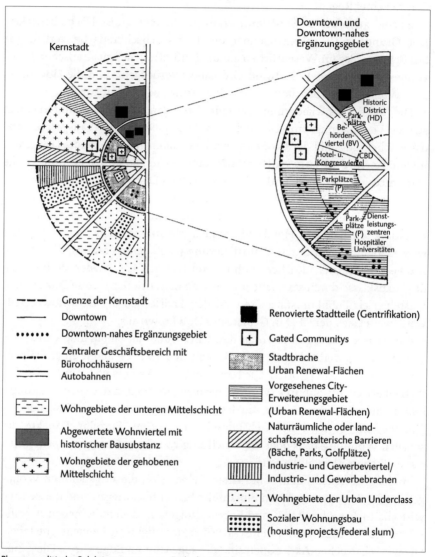

Planungspolitische Selektionsprozesse am Ende des 20. Jahrhunderts

1.3 Verstädterung in Industrieländern

Gründe der Verstädterung

Die Gründe der Verstädterung in Industrieländern sind v. a. in der Industrialisierung und der starken Zunahme der Mobilität zu finden.

Während des 19. Jh. wurden im Zuge der **Industrialisierung** die Städte stark verändert. Durch zahlreiche technische Basisinnovationen und ihre Folgeentwicklungen boten die Städte eine große Anzahl neuer industrieller Arbeitsplätze, die eine starke Binnenwanderung und **Landflucht** auslösten **(Push- und Pull-Faktoren)**. Die Folgen für die Entwicklung der Städte waren dramatisch: Es kam zu einer Überbauung und Überfüllung der Altstädte sowie zu einer ersten **Wachstumswelle** der Städte in das Umland.

Die **zunehmende Mobilität** im 19. Jh. durch die **Eisenbahn** führte zu einem stark erhöhten Waren- und Personentransport. Innerhalb der Städte entstanden öffentliche Personenbeförderungssysteme.

Ab Mitte des 20. Jh. entwickelte sich durch den **Autoverkehr** eine **mobile Gesellschaft**. Lkws, Pkws sowie andere Verkehrsträger (u. a. U-Bahn, S-Bahn, Flugzeug) prägen heute die Städte und beeinflussen den Städtebau, die Umwelt sowie die privaten und ökonomischen Aktivitäten des Einzelnen.

Das 20. und 21. Jh. sind gekennzeichnet durch einen Übergang zur Dienstleistungsgesellschaft mit einer zunehmenden Tertiärisierung der Wirtschaft. Auch diese Arbeitsplätze sind zum allergrößten Teil an Städte und deren Umland gebunden.

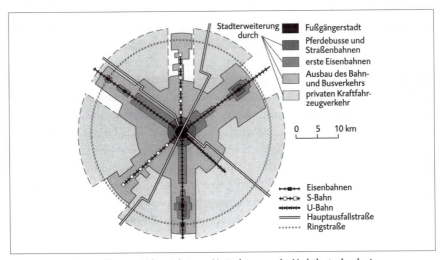

Modell der Stadtentwicklung in Abhängigkeit von Veränderungen der Verkehrstechnologie

Veränderungen der Stadt und deren Folgen

Als Hauptveränderungen sind u. a. die funktionale Gliederung, die Suburbanisierung und die Gentrifikation zu nennen.

Jede Stadt lässt sich in **funktionale Räume** gliedern. Das Kriterium für die Untergliederung ist die Art der Flächennutzung. Für Städte lassen sich folgende Hauptarten der Flächennutzung unterscheiden:
- innerstädtische Zentren,
- Wohngebiete,
- Industriegebiete,
- Grün- und Freiflächen.

Innerstädtische Zentren weisen eine hohe Standortkonzentration von zentralen Einrichtungen auf, die Waren, Dienstleistungen, Informationen, kulturelle und Freizeitunterhaltungen anbieten.

Die **City** (Innenstadt, Stadtzentrum, Central Business District/CBD, Downtown) nimmt unter den Zentren durch ihre Konzentration an Einzelhandelsgeschäften und öffentlichen und privaten Dienstleistungen eine herausragende Stellung ein. In größeren Städten wird die City in verschiedene Viertel (Bankenviertel, Hauptgeschäftsstraßen u. a.) unterteilt. Die **Arbeitsplatzdichte** ist sehr hoch. Die **Wohnbevölkerung** nimmt seit Ende des 19. Jh. in der City stark ab. Es überwiegt die Tag- gegenüber der Nachtbevölkerung.

Subzentren entstehen durch Standortdezentralisierung in peripheren Lagen, z. B. in Vororten, an Ausfallstraßen oder als neu gegründete Entlastungszentren. Diese Verlagerungen gehen einher mit dem Prozess der **Suburbanisierung** (vgl. folgende Seite).

In überwiegend dezentralen, stadtrandnahen Lagen mit guter Verkehrsanbindung liegen Subzentren mit großen Verbrauchermärkten (z. B. Baumärkten), aber auch Urban Entertainment Center, die einen erlebnisorientierten Einkauf mit Freizeitfunktionen bieten, und Freizeitgroßanlagen.

Städtische Wohngebiete sind historisch bedingt sehr unterschiedlich ausgeprägt. Im Stadtzentrum findet man **Altstadtwohngebiete** in unterschiedlichster Qualität. An die Altstadtquartiere schließen sich **Neustadtquartiere** des 19. Jh. an. Typisches Merkmal ist eine geschlossene Blockrandbauweise entlang der planmäßig angelegten Straßenzüge. Die nächste Ausweitungsstufe sind die **gründerzeitlichen Viertel**. Diese sind oft von ehemaligen Industriebetrieben durchsetzt, deren Gelände heute häufig umgenutzt wurde. Zu unterscheiden sind hierbei die Arbeiterviertel mit enger Bebauung (Mietskasernen) von den Villenvierteln.

Am Stadtrand und in der suburbanen Zone liegen die **Wohngebiete**, die **nach dem Zweiten Weltkrieg** entstanden sind. Dominante Formen sind sowohl Einfamilienhäuser als auch Großwohnsiedlungen mit sehr hoher Bebauungsdichte.

Industriegebiete werden in den jeweiligen Ausbauepochen der Städte am Stadtrand oder am Rand von Verdichtungsräumen angesiedelt. Ausschlaggebend sind hierbei die Anbindung an die jeweils zentralen Verkehrsträger wie Wasserstraße, Schiene, Autobahn etc.

Grünflächen sind aus ökologischer Sicht von größter Bedeutung für die Stadt und ihr Klima. Hierzu zählen Parks, Sportanlagen, Stadtwälder, Schrebergärten und auch Brachflächen (Flächen, deren Nutzung aufgegeben wurde).

Stadtmodelle

Zwar unterscheidet sich die funktionale Gliederung jeder Stadt. Dennoch lassen sich gewisse Regelmäßigkeiten erkennen, die man in verschiedenen Modellen darzustellen versucht.

Das **Kreismodell** geht davon aus, dass die Stadt sich in konzentrischen Kreisen um den historischen Ortskern entwickelt. Grundannahme für das **Sektorenmodell** ist, dass sich die Wohngebiete in einzelnen Sektoren ausbilden und mit der Stadt nach außen entlang den Verkehrsachsen wachsen. Das **Mehr-Kern-Modell** geht von der Ausbildung mehrerer Geschäftszentren, der Kerne, aus, die sich automatisch bilden, wenn die Stadt an Fläche zunimmt.

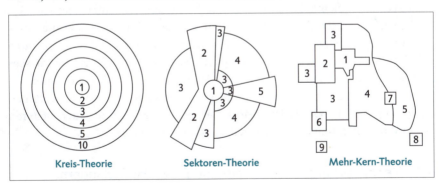

Stadtmodelle

Suburbanisierung

Unter **Suburbanisierung** versteht man die räumlichen Prozesse, bei denen die privaten Haushalte, die Dienstleistungen zur Versorgung der Haushalte und die Betriebe aus der Kernstadt ins Umland abwandern, sowie die dadurch ausgelösten strukturellen Veränderungen der Siedlungs-, Wirtschafts-, Bevölkerungs- und Sozialstrukturen in Kernstadt und Umland.

Der Siedlungs- und Verdichtungsraum wächst, gleichzeitig fallen die räumlich-funktionalen Einheiten von Wohnen, Arbeiten, Versorgen und Produktion immer weiter auseinander. Der Prozess der Suburbanisierung setzte in den USA in der ersten, in Europa in der zweiten Hälfte des 19. Jh. ein. Besondere Dynamik erhielt die Suburbanisierung in Deutschland in den Jahren des Wirtschaftswunders nach dem Zweiten Weltkrieg.

Die Suburbanisierung wird durch den Wegzug der Stadtbevölkerung aus der Kernstadt ausgelöst. Wichtige Voraussetzungen hierfür sind die Mobilität und ein ausreichendes Einkommen. Hauptgründe sind das unzureichende Wohnungsangebot und schlechte Umweltbedingungen in der Kernstadt.

Für die Kernstädte hat dies eine **selektive Bevölkerungsveränderung** zur Folge, da überwiegend die gut verdienenden jüngeren Familien abwandern. In den Städten geht damit der Prozess der **räumlichen Segregation** (Trennung, Entmischung) nach sozialem Status und ethnischer Zugehörigkeit einher.

Zeitlich folgt dieser Suburbanisierung die **Suburbanisierung der Arbeitsplätze**, wobei die Gründe für die partielle Verlagerung des sekundären und tertiären Sektors aus der Kernstadt eher in den besseren Verkehrsanbindungen und günstigeren Bodenpreisen in den Randgebieten liegen.

Im Zuge der **Reurbanisierung** werden gezielt Maßnahmen der Stadterneuerung eingesetzt, um den Prozess der Suburbanisierung umzukehren.

Private und öffentliche Investoren modernisieren Altbauten und alte Gewerbebetriebe zu schicken Wohnungen und Lofts und werten somit die Infrastruktur mit attraktiven Angeboten auf, um bewusst junge, einkommensstarke Arbeitnehmer des tertiären und quartären Sektors anzusprechen. Bei diesem Prozess der städtischen Umgestaltung wird die noch ansässige einkommensschwache Bevölkerung verdrängt. Diese Verdrängung durch aufwertende Sanierung wird als **Gentrifikation** bezeichnet und führt zu einer weiteren **sozioökonomischen Segregation** der städtischen Bevölkerung.

1.4 Verstädterung in Schwellen- und Entwicklungsländern

Zwar setzte die Verstädterung in den Schwellen- und Entwicklungsländern erst etwa Mitte des 20. Jh. ein, dafür aber mit einer Dynamik, welche die Zuwachsraten in den entwickelten Ländern um ein Vielfaches übertrifft.

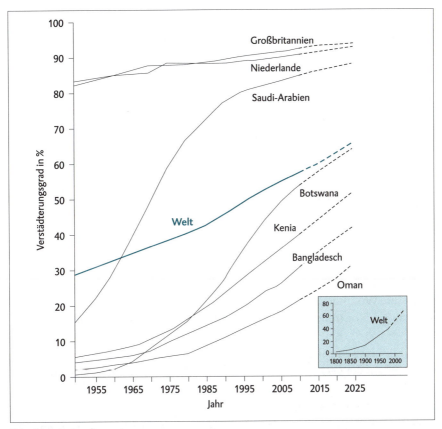

Urbanisierungstrends

Ursachen der Verstädterung

Es gibt zwei Hauptgründe für die Zunahme der städtischen Bevölkerung:
1. die starke natürliche Bevölkerungszunahme,
2. die hohen Zuzugszahlen der Städte.

In Schwellen- oder Entwicklungsländern läuft die Verstädterung in der Regel nicht parallel zum wirtschaftlichen Wachstum des Landes. Sie wird nicht durch gesellschaftliche oder technische Innovationen mit einem großen Arbeitsplatzangebot in den Städten ausgelöst (wie in den Industriestaaten meist geschehen), sondern vor allem durch natürliches Bevölkerungswachstum und Migration der ländlichen Bevölkerung in die Städte. Dieses überproportionale Wachstum der städtischen Bevölkerung im Verhältnis zum wirtschaftlichen Wachstum wird als Überverstädterung oder **Hyperverstädterung** bezeichnet.

Ausschlaggebend für den starken Zuzug sind starke Disparitäten zwischen Stadt und Land. Die hohe Anziehungskraft der Städte auf die ländliche Bevölkerung wird mit den Push- und Pullfaktoren erklärt.

Pushfaktoren: z. B.
- starke Bevölkerungszunahme,
- materielle Armut,
- fehlende oder zu kleine Anbauflächen,
- Ernterisiken,
- fehlende Arbeitsplätze in allen Wirtschaftssektoren,
- mangelnde Ausstattung mit öffentlichen Dienstleistungen (Schulen, Krankenhäuser, Ausbildungseinrichtungen).

Pullfaktoren: z. B.
- Hoffnung auf Arbeitsplatz,
- Hoffnung auf Verbesserung der sozialen Situation,
- Bildungsmöglichkeiten,
- bessere Wohnmöglichkeiten,
- geringere Kontrolle und Einbindung in traditionelle Sozialstrukturen.

Der Entschluss zur Abwanderung ist meist unumkehrbar, da er sehr häufig mit dem Verkauf der gesamten materiellen ländlichen Ausstattung verbunden ist.

Folgen der Verstädterung

Besonders auffällige Folgen der Verstädterung sind die Metropolisierung, die extreme Zunahme des informellen Sektors sowie die sich verstärkende sozialräumliche Segregation.

In den Metropolen und Megastädten ist der Trend zur Verdichtung der Wohnbevölkerung v. a. in den **innerstädtischen** und den **randstädtischen Marginalsiedlungen** ungebrochen. Als Marginalsiedlungen werden heruntergekommene Wohnviertel in Baulücken der Kernstädte (z. B. an rutschungsgefährdeten Hängen oder auf ehemaligen Müllhalden) sowie in der Peripherie der großen Städte bezeichnet. Die meisten Bewohner leben weit unterhalb der Armutsgrenze. Die Wohndichte in den Marginalsiedlungen ist sehr hoch und die infrastrukturelle Ausstattung ist unzureichend (fehlende oder kaum vorhandene Elektrizitäts- und Wasserversorgung, fehlende Schulen, Krankenhäuser).

Globales Problemfeld Verstädterung | 145

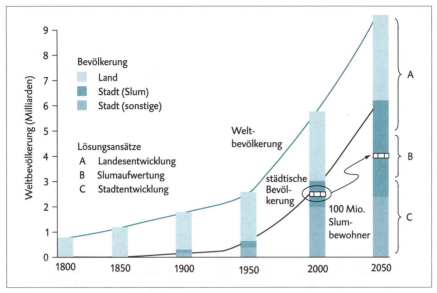

Dynamik städtischer Slums

Die **offiziellen (formellen) Wirtschaftsbetriebe** sind nicht in der Lage, ausreichend Arbeitsplätze für die explodierende Bevölkerungszahl zur Verfügung zu stellen. Um zu überleben, arbeiten sehr viele Bewohner im **informellen Sektor**.

Informelle Tätigkeiten entziehen sich der staatlichen Erfassung und Besteuerung. Sie umfassen die Bereiche Produktion (z. B. Textilien, Baugewerbe, Nahrung), Handel (z. B. Nahrungsmittel, Zeitungen, Getränke) und Dienstleistungen (z. B. Autoreparatur, Schuhe putzen, Parkplatzbewachung, Prostitution). Für die ausgeübten Tätigkeiten bedarf es in der Regel keiner beruflichen Qualifikation. Der informelle Sektor arbeitet mit sehr geringem Kapitaleinsatz und einfachen Technologien. Er übernimmt auch Aufgaben, die durch die öffentliche Verwaltung nicht organisiert werden (können), wie die Müllentsorgung, die Belieferung mit Trinkwasser und

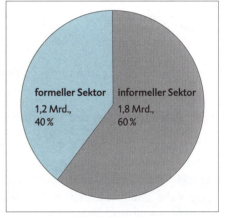

Anteil der Beschäftigten im informellen Sektor weltweit (Schätzung)

Transportdienste. Der informelle Sektor ist in fast allen Entwicklungs- und Schwellenländern ein wichtiger Bestandteil der Wirtschaft geworden.

Nirgendwo sind die sozialen Gegensätze so deutlich ausgeprägt wie in den Städten der Entwicklungs- und Schwellenländer. Hier findet man eine besonders ausgeprägte **sozialräumliche Segregation** (Trennung). In engster Nachbarschaft liegen Gated Communitys neben den Marginalsiedlungen der Ärmsten.

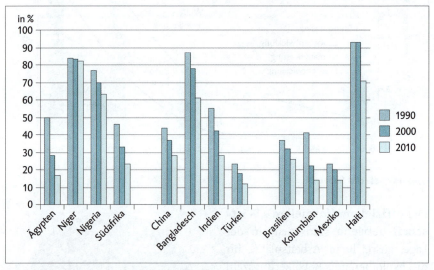

Anteil der Slumbewohner an der städtischen Bevölkerung

1.5 Auswirkungen der Verstädterung auf die Umwelt

Der rasant zunehmende Verstädterungsgrad belastet unsere Umwelt sowohl in Industrieländern als auch in Entwicklungs- und Schwellenländern außerordentlich. Der Mensch konstruiert ein Ökosystem Stadt, in dem die Geofaktoren Relief, Boden, Klima, Wasserhaushalt und Vegetation bis weit über die Stadtgrenzen hinaus durch Rohstoffentnahme, Emissionen, Abwärme, Flächenversiegelung, Wasserentnahme, Lärmbelastung und Müllentsorgung verändert werden. Das Ökosystem Stadt hat folgende Merkmale:

- Die Stabilität kann nur durch künstliche Energiezufuhr gesichert werden.
- Die Fähigkeit zur Selbstregulation fehlt, es bedarf einer ständigen Steuerung durch den Menschen.
- Anthropogene Nutzungen (Wohnen, Industrie, Erholung, Verkehr etc.) treten gehäuft auf.

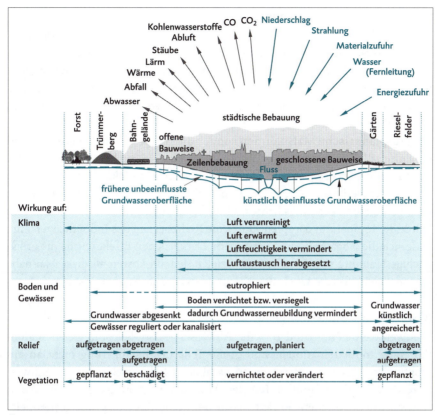

Ökosystem Stadt: Stoffströme und Auswirkungen auf das Umland

Versiegelung und Flächenverbrauch

Der Flächenverbrauch und die Versiegelung des Bodens infolge von Überbauung durch den Siedlungskörper und die Anlage von Verkehrswegen steigen kontinuierlich an. Vielfältige Probleme und Nutzungskonflikte nehmen zu:

- Auf versiegelten Flächen kann kaum Wasser in den Boden eindringen. Der **Grundwasserspiegel** sinkt langfristig ab.
- Das Niederschlagswasser fließt auf den versiegelten Flächen wesentlich schneller ab und wird direkt oder über die Kanalisation den Vorflutern zugeführt, wodurch die **Hochwassergefahr** deutlich steigt.
- Versiegelte Flächen fehlen als **landwirtschaftliche Fläche** für die Versorgung der Bevölkerung.
- Versiegelte Flächen stehen nicht mehr für die **Naherholung** zur Verfügung.
- Die **Habitatsflächen** von **Fauna** und **Flora** nehmen ab.
- Versiegelte Flächen haben einen negativen Einfluss auf das **Stadtklima**.

Stadtklima und Luftverschmutzung

In Städten bildet sich ein Lokalklima aus, das sich deutlich vom Klima des Umlandes unterscheidet. Typische Phänomene des **Stadtklimas** sind – neben den gegenüber dem Umland erhöhten **Temperaturen** – **Luftverschmutzung** und **Smog** (vgl. S. 65 ff.) sowie veränderte Wind- und Niederschlagsverhältnisse. Dies wird, v. a. im Sommer, von vielen Stadtbewohnern als stark belastend empfunden.

Stadtplanerische Maßnahmen können die Temperaturen herabsetzen und die Luftqualität verbessern. So könnte durch eine geschickte Ausrichtung der Gebäude und Straßen unter Ausnützung des Düseneffekts Frischluft in die Innenstädte geführt werden. Die Entsiegelung von Flächen, verbunden mit einer geringeren Bebauungsdichte und stärkerer Durchgrünung der Siedlungen, würde die Temperatur dämpfen. Durch die Reduzierung des Individualverkehrs ließe sich die Abgasbelastung verringern. Den gleichen Effekt würde die großflächige Nutzung von Solarenergie erzielen. Jedoch kosten all diese Maßnahmen viel Geld, das die wenigsten Kommunen auszugeben bereit sind.

Abwasser- und Müllentsorgung

Weltweit werden nur rund 10 % der Abwässer geklärt. Selbst in vielen Städten führender Industrienationen sind große Teile der Bevölkerung nicht an ein funktionierendes Abwassersystem angeschlossen. In Entwicklungs- und Schwellenländern wird der größte Teil der Abwässer ungeordnet entsorgt. Wenn Abwässer in die offenen Gewässer gelangen, stellt dies eine große gesundheitliche Gefährdung für die Bevölkerung dar.

Die **Müllentsorgung** ist ein weiteres Problemfeld großer Städte. In den Industrieländern ist die Müllentsorgung eine Aufgabe der Kommunen und wird meist von diesen durchgeführt oder von diesen an private Unternehmer übergeben. Doch selbst hoch entwickelte Länder Europas haben ein Müllproblem. Viele Mülldeponien sind hoffnungslos überlastet, Verbrennungsanlagen produzieren giftige Abgase oder die Müllentsorgungsunternehmen arbeiten mit halb legalen Strukturen.

Ein bis heute ungelöstes Problem stellen des Weiteren die großen Mengen an **Sondermüll** dar, die v. a. in Industriebetrieben anfallen.

Weltweit fehlt vielen Großstädten eine geeignete Infrastruktur, die es auf Dauer mit den wachsenden Müllmengen aufnehmen kann. Ohne den informellen Sektor, der das Sammeln und Verwerten des Mülls großteils übernimmt, würden sie im eigenen Müll ersticken. In Kairo landet der Müll z. B. in der Regel unsortiert auf der Straße. Am Rande der Stadt existiert schon seit

Jahren die „**Müllstadt**" **Manschiyyet Nasser**. Dort, im Müll, leben die Müllsammler, die täglich Kairos Abfall zusammentragen und von Hand sortieren. Dies führt zu einem hohen Maß an Recycling. Das Durchwühlen der Müllberge, an dem auch Frauen und Kinder beteiligt sind, geschieht aber unter katastrophalen Bedingungen. Außerdem wird das profitable Müllgeschäft vielfach von kriminellen Gruppen kontrolliert.

Kairo ist kein Einzelfall. Auch in Mexiko-City, Delhi, Lagos und vielen anderen Metropolen der Erde beruht die Müllentsorgung auf ähnlichen Strukturen.

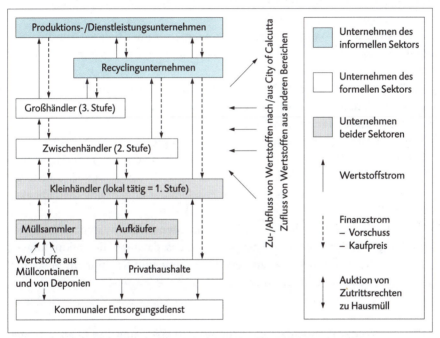

Integration vom informellen zum formellen Sektor am Beispiel der Abfallentsorgung Kalkuttas

Wasser- und Energieversorgung

Bei der Wasserversorgung treten zwei zentrale Probleme auf: die **Wasserqualität** und die **Wasserquantität**.

In den Industrieländern stellt die Wasserqualität in der Regel durch den großflächigen Anschluss an die kommunale Wasserversorgung kein Problem dar. Die Wassermenge wird v. a. durch den teilweise sehr hohen Pro-Kopf-Verbrauch oder durch die Lage in ariden und semiariden Regionen zum Problemfall. In diesen Fällen muss das Wasser oftmals mittels Leitungen über Hunderte von Kilometern kostenintensiv herantransportiert werden.

In Schwellen- und Entwicklungsländern besteht v. a. das Problem der ausreichenden Versorgung mit sauberem Trinkwasser. In den Städten ist oft nur ein kleiner Teil der Haushalte an die Wasserversorgung angeschlossen. Insbesondere in den Marginalsiedlungen haben die meisten Bewohner nur einen völlig unzureichenden Zugang zu sauberem Wasser. Sie beziehen das kostbare Nass über (oftmals weit entfernte) zentrale Wasserstellen und Brunnen. Wasser aus Tankwagen hat oft zweifelhafte Qualität und ist häufig überteuert. Der Zustand der Oberflächengewässer, die für die tägliche Hygiene benutzt werden, ist durch die fehlende Kanalisation katastrophal und Ursache zahlreicher Erkrankungen und Epidemien.

Um an sauberes Wasser zu kommen, werden immer tiefere Grundwasseraquifere angebohrt. So ist im indischen Mumbai der Grundwasserspiegel schon um 100 m gesunken.

Städte sind für **über 75 % des weltweiten Energiebedarfs** verantwortlich, obwohl hier nur ca. **50 % der Weltbevölkerung** leben und sie nur rund **2 % der Erdoberfläche** einnehmen.

Diese riesigen Energiemengen stammen zum großen Teil aus fossilen Energieträgern wie Öl, Kohle und Gas, die bei der Verbrennung große Mengen an CO_2 und anderen Schadstoffen freisetzen. Die Nutzung von Atomenergie stellt die Menschheit vor das ungelöste Problem der Entsorgung der radioaktiven Abfälle.

Gleichzeitig ermöglicht die Ballung von Menschen in Megastädten eine Senkung des Ressourcen- und Energieverbrauchs, da durch die Verkürzung der Wege mit der gleichen Menge an Verkehr, Energie und Raum mehr Menschen versorgt werden können als auf dem Land.

Aufgabe 32   Erläutern Sie das Problemfeld der Trinkwasserversorgung von Städten in weniger entwickelten Ländern.

Aufgabe 33   Charakterisieren Sie die Begriffe Verstädterung und Urbanisierung.

Aufgabe 34   Erläutern Sie folgende Aussage mit Beispielen: „Durch die Gentrifikation kommt es zu strukturellen Veränderungen in der Kernstadt bezüglich Bevölkerungsdichte, Finanzkraft und öffentlichen Aufgaben."

Aufgabe 35   Erläutern Sie die Bedeutung des informellen Sektors.

Globales Problemfeld Verstädterung | 151

abe 36 Charakterisieren Sie den Verstädterungsprozess anhand des folgenden Materials.

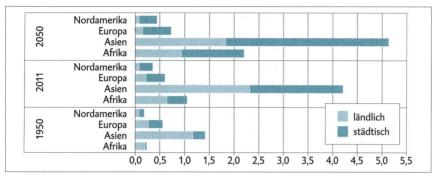

Ländliche und städtische Bevölkerung in ausgewählten Regionen (in Milliarden)

abe 37 Vergleichen Sie die Ursachen des Verstädterungsprozesses in den europäischen Industrieländern und in den Entwicklungsländern.

abe 38 Beurteilen Sie ausgehend von den beiden folgenden Materialien die Aussage: *„In Städten der Schwellenländer hat der informelle Sektor eine ähnliche ökonomische und soziale Bedeutung wie in den Städten der Industrieländer."*

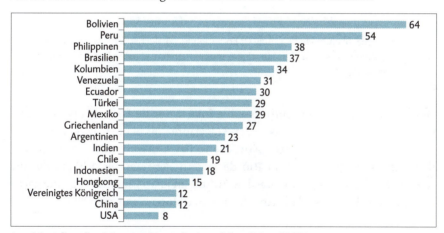

Anteil des informellen Sektors am Bruttoinlandsprodukt in %, Stand 2007

Laut Schätzungen des brasilianischen Instituts für Geographie und Statistik (IBGE) arbeiten mehr als 40 % der ökonomisch aktiven Brasilianer im städtischen informellen Sektor.

Anteil der im städtischen informellen Sektor tätigen Brasilianer

2 Handlungsansätze für nachhaltige Entwicklungen

2.1 Das Prinzip der Nachhaltigkeit

Der Begriff Nachhaltigkeit wurde erstmals in der preußischen Forstwirtschaft um 1840 verwendet. Die Wälder Mitteleuropas waren durch den hohen Bedarf an Holzkohle für die Stahlproduktion flächendeckend gerodet worden. Um die endgültige Vernichtung der Wälder mit all ihren negativen wirtschaftlichen Folgen zu verhindern, führte der preußische Staat die nachhaltige Forstwirtschaft ein. Damit wurde eine Bewirtschaftungsform des Waldes bezeichnet, bei der nur so viel Holz in einer bestimmten Zeit entnommen wurde, wie in der gleichen Zeitspanne nachwachsen konnte. Damit wurde der Waldbestand dauerhaft gesichert.

1983 wurde von der UN die Weltkommission für Umwelt und Entwicklung eingesetzt. Diese Expertengruppe, unter dem Vorsitz der ehemaligen norwegischen Ministerpräsidentin BRUNDTLAND, hatte den Auftrag, langfristige Perspektiven für eine **Entwicklungspolitik** aufzuzeigen, die zugleich **umweltschonend** ist. 1987 veröffentlichte sie den sogenannten Brundtland-Bericht, in dem das Konzept der nachhaltigen Entwicklung definiert wurde:

> **Definition von nachhaltiger Entwicklung nach dem Brundtland-Bericht**
> „Dauerhafte (nachhaltige) Entwicklung ist Entwicklung, die die Bedürfnisse der Gegenwart befriedigt, ohne zu riskieren, dass künftige Generationen ihre eigenen Bedürfnisse nicht befriedigen können."

Diese Veröffentlichung beeinflusste die internationale Debatte über die Entwicklungs- und Umweltpolitik in den Folgejahren bis heute maßgeblich.

1992 vereinbarten auf der **„Konferenz für Umwelt und Entwicklung der Vereinten Nationen"** in Rio de Janeiro Vertreter aus 179 Staaten die Agenda 21, deren Programm u. a. den Auftrag an jedes Land enthält, eine nachhaltige, umwelt- und sozialverträgliche Entwicklung voranzutreiben.

2.2 Die drei Aspekte der Nachhaltigkeit

In Anlehnung an den Brundtland-Bericht beschreibt die Enquete-Kommission des Deutschen Bundestages Nachhaltigkeit als ein Konzept einer dauerhaft zukunftsfähigen Entwicklung der **ökonomischen**, **ökologischen** und **sozialen Dimension** menschlicher Existenz.

Diese drei Aspekte der Nachhaltigkeit stehen miteinander in Wechselwirkung und bedingen sich gegenseitig. Umfassende nachhaltige Entwicklung ist nur möglich, wenn alle drei Aspekte berücksichtigt werden.
- **Ökologische Nachhaltigkeit** entspricht dem ursprünglichen Gedanken der Nachhaltigkeit am meisten. Ökologisch nachhaltig ist eine Lebensweise, die die (endlichen) Ressourcen nur in dem Maße beansprucht, wie sie sich regenerieren.
- **Ökonomische Nachhaltigkeit** strebt die Entwicklung eines Wirtschaftssystems an, das auf Dauer funktionsfähig ist, einen hohen Beschäftigungsgrad, Preisstabilität und außenwirtschaftliches Gleichgewicht aufweist.
- **Soziale Nachhaltigkeit** beschreibt die bewusste Organisation eines Staates oder einer Gesellschaft, bei der die sozialen Spannungen minimiert werden.

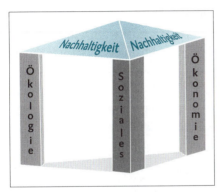

Säulen der Nachhaltigkeit

2.3 Nachhaltigkeit und Stadtentwicklung

Ausgehend von den drei Aspekten der Nachhaltigkeit lassen sich für die nachhaltige Stadtentwicklung **drei Grunddimensionen** ableiten:
- Vermeidung von Entwicklungen, die zukünftige Generationen belasten,
- ökonomische Effizienz bei der Nutzung von Entwicklungsressourcen,
- soziale Gerechtigkeit in der Verteilung von Entwicklungserfolgen und deren Kosten.

Allerdings ist **Nachhaltigkeit kein statischer Zustand**. Sie ist ständigen Anpassungen an sich ändernde Umweltbedingungen unterworfen. So müssen kulturelle Entwicklungen und Unterschiede genauso beachtet werden wie sich ändernde naturräumliche Gegebenheiten.

UN-Committee on Human Settlement (UN-HABITAT)

Dieses 1987 gegründete Expertengremium der Vereinten Nationen unterstützt Regierungen, Kommunen und Organisationen bei ihrer Arbeit an einer nachhaltigen Stadtentwicklung. Dabei soll das in Industrienationen vorhandene wirtschaftliche und technische Know-how an Schwellen- und Entwicklungsländer weitergegeben werden. Die Ziele sind:
- angemessene Unterkunft und Wohnraum für alle,
- nachhaltige Stadt- und Siedlungsentwicklung,
- Verbesserung der Lebensqualität durch Bekämpfung von Armut, Hunger, Umweltzerstörung, Kriminalität,
- Förderung des Aufbaus von lokal-demokratischen Strukturen (Stichworte: Subsidiarität, Dezentralisierung, kommunale Selbstverwaltung, Finanzautonomie).

Leitbild der nachhaltigen Stadtentwicklung

Das Leitbild der nachhaltigen Stadtentwicklung wurde mehrfach überarbeitet. Heute gelten folgende Schlüsseldimensionen nachhaltiger Stadtentwicklung:

nachhaltige städtische Wirtschaft:	Arbeit und Wohlstand
nachhaltige städtische Gesellschaft:	gesellschaftliche Kohärenz und gesellschaftliche Solidarität
nachhaltiges städtisches Wohnen:	angemessener und bezahlbarer Wohnraum für alle
nachhaltige städtische Erreichbarkeit:	rohstoffsparende Mobilität
nachhaltige städtische Umwelt:	stabile Ökosysteme
nachhaltiges städtisches Leben:	Bau einer lebenswerten Stadt
nachhaltige städtische Demokratie:	Stärkung der Bürgerschaft

Schlüsseldimensionen nachhaltiger Stadtentwicklung

Nachhaltige Stadtentwicklung in Industrieländern

In den Industrieländern werden in den Bereichen Umwelt- und Ressourcennutzung, Umweltschutz, Verkehr, Wirtschaft und Wohnen verschiedene Ansätze verfolgt.

Bereich **Umwelt- und Ressourcennutzung:**
- Reduzierung des zunehmenden Flächenverbrauchs durch Innenverdichtung statt Randlagennutzung
- Nutzung städtischer Brachflächen für Wohnen und Arbeiten
- Reduzierung flächenintensiver Nutzformen wie Einzelhausbebauung
- Erhaltung klimaausgleichender Grünflächen

- Reduzierung der Bodenversiegelung durch Verwendung wasserdurchlässiger Bodenbefestigung, Renaturierung von Wasserläufen und Straßenrückbau

Bereich **Umweltschutz:**
- Energieeinsparung in privaten und gewerblichen Objekten (Wärmedämmung, Energiesparlampen, Förderung von regenerativen Energiequellen wie Solarthermie und Photovoltaik)
- Reduzierung der Luftschadstoffe v. a. durch verminderten Einsatz fossiler Brennstoffe (Förderung von Elektromobilität, ÖPNV)
- Schutz des Grundwassers durch Reduzierung des Wasserverbrauchs, Entsiegelung von Flächen und Ausweisung von Wasserschutzgebieten
- Reduzierung des Restmüllaufkommens durch Mülltrennung und Stärkung von Recycling (Förderung geschlossener Stoffkreisläufe)

Bereich **Verkehr:**
- Stärkung des ÖPNV (günstige Fahrkarten, schnelle Taktung, ausreichende Anbindungen)
- Reduzierung der Flächen für den Individualverkehr (Parkraumbewirtschaftung, Ausweitung von Bus- und Radwegen)
- Innenstadt-Maut

Bereich **Wirtschaft:**
- Aufwertung der Standortqualität durch gezielte Förderung von umweltverträglichen und umweltschonenden Branchen
- Schaffung von Arbeitsplätzen in Wohngebieten und Aufhebung der funktionalen Trennung
- Stärkung und Entwicklung innerstädtischer Bereiche als kulturelle, wirtschaftliche und soziale Zentren

Bereich **Wohnen:**
- Angemessener Wohnraum muss für alle sozialen Schichten erschwinglich sein (sozialer Wohnungsbau)
- Wohnungs(neu)bau sollte kosten- und flächensparend sein (z. B. Umnutzung alter Gewerbebetriebe)
- Verwendung ökologischer Baustoffe und Nutzung regenerativer Energien
- Bereitstellung altersgerechter Wohnungen
- Sicherung der wohnungsnahen Grundversorgung (u. a. Wochenmärkte, „Tante-Emma-Läden", mobile Angebote)
- Förderung nachbarschaftlicher Hilfe (z. B. Carsharing, Generationenwohnen, Mietergemeinschaften)

(Nachhaltige) Stadtentwicklung in Entwicklungs- und Schwellenländern

In den Entwicklungs- und Schwellenländern ergibt sich eine völlig andere Situation. Die Städte sind überwiegend Metropolen oder Megacitys, in denen die vordringlichsten Ziele meist die Versorgung der armen Bevölkerungsschichten mit städtischer Infrastruktur wie Wohnraum, Wasser, Kanalisation, Elektrizität, ärztlicher Hilfe und Bildungsmöglichkeiten sind.

Um eine einigermaßen effektive Stadtplanung zu ermöglichen, wurden in den vergangenen Jahren die Bemühungen verstärkt auf eine **Dezentralisierung** und auf den **Aufbau demokratischer Selbstverwaltungsstrukturen** innerhalb der einzelnen Stadtviertel gerichtet. Dieses Vorgehen beruht auf der Erkenntnis, dass nach dem Scheitern vieler zentraler Entwicklungskonzepte jetzt den kleinsten Verwaltungseinheiten mit ihrer größeren Bürgernähe zugetraut wird, ihre Angelegenheiten in **eigener Verantwortung** zu regeln und vor Ort auftretende Probleme effizienter zu lösen.

Hier setzt das **UN-HABITAT**-Programm als Vermittler zwischen Städten, Forschungseinrichtungen und anderen Organisationen der Industrieländer sowie den Städten der Entwicklungs- und Schwellenländer an. So sind in den letzten Jahren viele Kooperationen zwischen den verschiedensten westlichen Organisationen und einzelnen Bezirken von Großstädten entstanden.

Ein Beispiel für eine entsprechende Zusammenarbeit ist **San Bartolo**, das Armenviertel vor den Toren von San Salvador, der Hauptstadt des mittelamerikanischen Landes El Salvador. In Eigenarbeit, unterstützt von der KfW Entwicklungsbank, der Deutschen Investitions- und Entwicklungsgesellschaft (DEG) und der Deutschen Gesellschaft für Internationale Zusammenarbeit (GIZ) heben die Menschen von Hand Gräben für ihre eigene Kanalisation aus. Jede Familie hat sich verpflichtet, mindestens drei Arbeitstage pro Woche unentgeltlich zu leisten. Durch die Integration der Mitbewohner in die Umgestaltung des Slums und die finanzielle Unterstützung durch die deutschen Partner ist die nachhaltige Entwicklung des Viertels gesichert.

Eine allgemeingültige Lösungsstrategie für die Megacitys der Entwicklungs- und Schwellenländer existiert nicht. Jede Stadt muss die für sie dringendsten Probleme mit den ihr zur Verfügung stehenden Mitteln angehen.

Die Stadtentwicklung sollte allgemein möglichst viele Bereiche beinhalten und alle Aspekte der Nachhaltigkeit berücksichtigen, um erfolgreich zu sein. Wichtige Bereiche, in denen Stadtentwicklung ansetzen kann, sind:

Globales Problemfeld Verstädterung — 157

Bereiche der Stadtentwicklung	Maßnahmen
Wohnen	• Rechtssicherheit für die Bewohner noch illegaler Siedlungen • Einrichtung von sanitären Anlagen • squatter upgrading, d. h. die Legalisierung der illegalen Wohnsiedlung und schrittweiser Anschluss an die Infrastruktur der Stadt • Vergabe von Kleinkrediten zur Verbesserung der Hausqualität in Eigenleistung der Bewohner • Sites-and-Services-Schemes: Die Kommunen stellen Zuwanderern Grundstücke, die an die Infrastruktur angeschlossen sind, zur Pacht oder zum Kauf zur Verfügung. Die Häuser sollen die Anwohner selbst errichten. • Low-Cost-Housing: Die Stadt errichtet einfache Wohnhäuser und vermietet diese. (Allerdings sind die Kosten für die unteren Bevölkerungsschichten nicht erschwinglich.)
Wasserversorgung	• Aufbau einer Wasserversorgung der Bevölkerung mit sauberem Trinkwasser
Abwasserentsorgung	• Aufbau einer Kanalisation • Abwasserreinigung • Reinigung der Industrieabwässer
Müllentsorgung	• Organisation einer regelmäßigen Müllentsorgung • Aufbau einer Abfallwirtschaft • Aufbau und Unterstützung des Recycling
Mängel der Infrastruktur	• Befestigung der Straßen • Anschluss an das Stromnetz • Anschluss an das Telekommunikationsnetz
Verkehr und Verkehrsbelastung	• zeitliche Einschränkung des Fahrzeuggebrauchs • Förderung des nicht motorisierten Verkehrs, z. B. Fahrräder, Rikschas, was zugleich eine Arbeitsbeschaffung sein kann • Ausbau des öffentlichen Nahverkehrs zur Verringerung des Verkehrsaufkommens • Anschluss der informellen Siedlungen an den öffentlichen Nahverkehr
Luftverschmutzung	• Verringerung der offenen Feuerstellen • Reduzierung des Verkehrsaufkommens und der Autoabgase • Verringerung der Emissionen der Industrie

Maßnahmen zur Stadtentwicklung

Aufgabe 39 Charakterisieren Sie die drei Dimensionen der Nachhaltigkeit.

Aufgabe 40 Stellen Sie die Dimensionen der nachhaltigen Stadtentwicklung dar.

Aufgabe 41 Beschreiben Sie Aufgabenbereiche der Stadtentwicklung in den Bereichen Umwelt- und Ressourcennutzung in Industrieländern.

Aufgabe 42 Beurteilen Sie die Umsetzbarkeit der einzelnen Schlüsseldimensionen des Leitbilds der nachhaltigen Stadtentwicklung in Entwicklungsländern.

3 Ursache-Wirkungszusammenhang am Beispiel Mumbai

3.1 Ausmaß der Verstädterung

Mumbai ist mit über 12,5 Millionen Einwohnern die größte Stadt des indischen Subkontinents. Das ursprüngliche Bombay (bis 1996 offizieller Name von Mumbai) bestand aus sieben Inseln im Indischen Ozean vor der Westküste des Bundesstaates Maharashtra. Durch Landgewinnung entstand die heutige Halbinsel Salsette, auf der Mumbai liegt.

Mit über 20 Millionen Einwohnern gehört die **„Mumbai Metropolitan Region" (MMR)**, die auch die nördlichen Gebiete mit sieben angegliederten Städten mit einschließt, zu den einwohnerreichsten Metropolregionen weltweit.

Seit dem Zweiten Weltkrieg hat die Bevölkerung Mumbais um über zehn Millionen Menschen zugenommen. Den größten Zuwachs erlebte die Metropole in den 1970er-Jahren. Die Halbinsellage und die extrem hohe **Bevölkerungsdichte von rund 30 000 Einw./km²** lassen ein weiteres Wachstum kaum noch zu. Im am dichtesten besiedelten Stadtteil Bhuleshwar, einer infor-

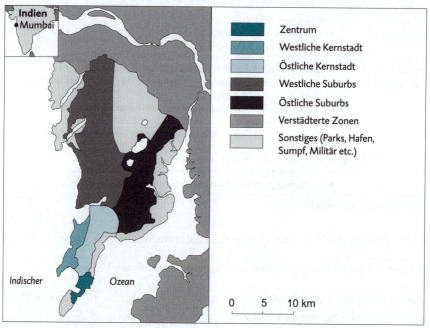

Karte des Großraums Mumbai

mellen Siedlung, leben sogar rund 400 000 Einwohner/km². Dies entspricht mehr als dem hundertfachen Wert von Berlin.

Zu Beginn der **britischen Kolonialherrschaft** um 1661 lebten in Mumbai rund 10 000 Menschen. Durch die günstige Lage am Indischen Ozean entwickelte sich die Stadt rasch zu einem Handelsmittelpunkt. In den nachfolgenden 100 Jahren verzehnfachte sich die Einwohnerzahl auf 100 000. Bei der ersten Volkszählung 1864 wurden 817 000 Einwohner registriert. 1911 wurde die erste Million erreicht. Nach dem Zweiten Weltkrieg wurden die Vororte eingemeindet, wodurch sich die Einwohnerzahl schlagartig erhöhte. Heute hat die Metropolregion Mumbai eine höhere Einwohnerzahl als das dicht besiedelte Nordrhein-Westfalen (17,8 Millionen). Und ein Ende ist nicht absehbar: Laut den Vereinten Nationen werden in der MMR 2020 rund 28,5 Millionen Menschen leben.

Da es bis heute kein zentrales Melderegister gibt, beruhen alle Werte auf Zählungen und Schätzungen. Vermutlich liegt die tatsächliche Einwohnerzahl um einiges höher.

Der größte Teil des Bevölkerungswachstums in Mumbai wird durch **Zuwanderung** verursacht. Durch die internationale Bedeutung der Stadt kommen die Zuwanderer nicht nur aus dem angrenzenden ländlichen Raum, sondern aus ganz Indien sowie aus den benachbarten Staaten. Vor allem Pakistani, Afghanen, Chinesen und Nepalesen stellen einen großen Anteil der Ausländer in Mumbai. So entsteht eine Mischung von Menschen mit unterschiedlichsten kulturellen, religiösen und sprachlichen Hintergründen.

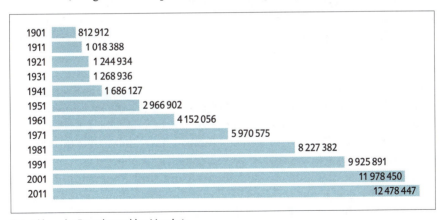

Entwicklung der Einwohnerzahlen Mumbais

3.2 Ursachen und Folgen der Verstädterung

„Boomtown" Mumbai ist einerseits die Wirtschaftsmetropole des aufstrebenden Indiens. In der MMR werden über 30 % des indischen BIP erwirtschaftet.

Auch das Zentrum der indischen Filmindustrie, „Bollywood" genannt, befindet sich in dieser Stadt. V. a. wegen der hier produzierten, in ganz Indien bekannten Filme gilt Mumbai für Zigtausende Landbewohner als Tor zu einem besseren Leben. Der Zustrom meist junger, armer und unqualifizierter Menschen mit dem Wunsch nach Arbeit, Wohlstand und Bildung ist ungebrochen. Die Wirtschaft Mumbais, und somit das Arbeitsplatzangebot, kann mit dem Zustrom dieser Zuwanderer nicht mithalten.

Ein Drittel der Bewohner Mumbais ist unter 20 Jahre alt. Rund 40 % der Haushalte leben unterhalb der Armutsgrenze von umgerechnet ca. 17 Euro im Monat. Ungefähr 80 % der Menschen arbeiten im Dienstleistungssektor, großteils informell.

Das **beengte Raumangebot** in Mumbai lässt die Preise für Wohnraum ins Uferlose steigen. Es herrscht ein dramatischer Mangel an Wohnungen für einkommensschwache Haushalte. 1947 wurde ein Gesetz zur Kontrolle der Mieten verabschiedet, das einerseits die Rechte der Mieter gegen Räumung stärkte. Andererseits hatte es zur Folge, dass es kaum noch Investitionen in den Wohnungsmarkt für ärmere Schichten gab. Dies alles führte dazu, dass rund fünf Millionen Menschen, also fast 50 % der Bevölkerung Mumbais, in den derzeit über 2 000 Slums leben, was der Stadt den Spottnamen „**Slumbay**" einbrachte.

Viele Sanierungsprojekte scheitern aufgrund von Geldmangel, Korruption und anderen widrigen Umständen. Immer häufiger werden private Investoren für die Finanzierung gesucht. Dadurch verliert die Politik vielfach an Einfluss auf die Art der Durchführung. Die Investoren versuchen, das aufgewendete Geld wieder hereinzuholen, und haben in der Regel wenig Interesse, für sozial schwache Gruppen Wohnraum zu errichten. So werden häufig Projekte, die zum Wohle der unteren Schichten gedacht waren, durch die Investoren umgestaltet, um vermehrt die Oberschicht anzusprechen. Es gibt z. B. Pläne, den weltgrößten Slum, Dharavi im Herzen Mumbais mit mindestens 500 000 Einwohnern, an private Investoren zu verkaufen und zu sanieren.

Aufgrund der Slumbildung sind **Verwaltung und Steuerung** der Stadt schwierig. Es gibt keine Melderegister und die Wirtschaft des informellen Sektors ist nicht kontrollierbar. Die Aufrechterhaltung eines einheitlichen Rechtssystems ist kaum möglich. Die einzelnen informellen Siedlungen haben häufig eine eigene Rechts- und Wirtschaftsstruktur aufgebaut. Für die staatliche Polizei stellen viele Viertel „No-go-Areas" dar und nur allzu oft werden diese durch **kriminelle Organisationen** kontrolliert. Die Kriminalitätsrate ist demzufolge sehr hoch.

Eine **strukturierte Regierbarkeit** der Metropole ist daher weitestgehend unmöglich. Dies hat wiederum zur Folge, dass staatliche Mittel zur Aufwertung der informellen Siedlungen selten bei den Bedürftigen ankommen und somit auch keine Verbesserungen erzielen.

Die größten **Umweltprobleme** der Stadt entstehen durch die unzureichende Entsorgung und Reinigung von Abwässern, Abgasen und Abfällen. Die Luftverschmutzung ist bedenklich. Ursachen hierfür sind sowohl die ungefilterten Abgase der Fabrikanlagen und Kraftwerke als auch des städtischen Verkehrs. Sie führen zu weitverbreiteten Atemwegs- und Hauterkrankungen in der Bevölkerung. Verschmutztes Wasser ist die Hauptursache für die katastrophalen hygienischen Verhältnisse in den Armenvierteln.

Auf der anderen Seite leben in Mumbai **mehr Millionäre als in Manhattan**. Die Wirtschaft boomt und die immer größer werdende Oberschicht trägt ihren Reichtum zur Schau. Das Stadtbild wird geprägt von Slums neben modernen Wolkenkratzern, Bürohochhäusern, Einkaufszentren, Boutiquen und feinen Restaurants. In den teuren Geschäfts- und Wohnvierteln werden die höchsten Immobilienpreise Indiens verlangt.

Blick auf den Slum Dharavi in Mumbai

2003 erstellte die Beratungsfirma McKinsey ein Gutachten, das der Stadt als Entwicklungsleitlinie dienen sollte. Danach steht Mumbai vor dem städtischen Kollaps. Nicht die Beseitigung von Engpässen und punktuelle Modernisierungen, sondern nur eine umfassende Verbesserung der Infrastruktur, eine Verschlankung der Verwaltung, ein besseres Bildungsangebot und vor allem ein dynamisch vorangetriebener Wohnungsbau für einkommensschwache Gruppen könnten Mumbai zum Sprung zu einer lebenswerten Stadt verhelfen.

In den letzten Jahren wurden viele Projekte und Pläne zur Umsetzung der Vorschläge entwickelt. Doch meist scheitern sie an fehlenden Geldern oder dem Widerstand der betroffenen Bevölkerung.

Das größte Vorhaben stellt zweifellos die geplante Sanierung des Slums **Dharavi** dar. In diesem mitten in der Stadt gelegenen Elendsviertel (vgl. Foto auf S. 161) leben nach Schätzungen 400 000 bis 800 000 Menschen auf engstem Raum. Über 50 000 Familien sollen umgesiedelt und die einstöckigen Hütten in siebenstöckige Häuser umgebaut werden. Die Finanzierung will der leitende Architekt durch den Verkauf des Grunds an private Investoren sichern: Nur auf einem Teil der erworbenen Fläche ist sozialer Wohnungsbau vorgeschrieben, den Rest dürfen die Investoren für eigene Projekte nutzen. Doch über die Hälfte der Bewohner weigert sich, dem Versprechen auf kostenlose bzw. sehr günstige Wohnungen Glauben zu schenken.

Aufgabe 43 Erstellen Sie ein Wirkungsgefüge über die Ursachen und Folgen der Verstädterung Mumbais.

4 Dongtan – zukunftsfähiges Konzept einer Ökostadt?

4.1 Lage und Konzept Dongtans

Nach Untersuchungen der Weltbank liegen 20 der 30 schmutzigsten Städte weltweit in China. Ungeklärte Abwässer, unkontrollierte Mülldeponien und vor allem die Luftverschmutzung durch veraltete Kohlekraftwerke machen den Stadtbewohnern des „Reichs der Mitte" zu schaffen.

Pro Jahr strömen rund 14 Millionen Chinesen in die Städte. Um für sie Wohnraum zu schaffen, müssen in den nächsten zehn Jahren rund 300 neue Städte gebaut werden. In diesem Zusammenhang wurde vor den Toren der Hauptstadt Shanghai eine **hochmoderne Ökostadt** geplant. 2005 wurde ein renommiertes britisches Ingenieurbüro mit der Konzeption dieser weltweit ersten treibhausgas-neutralen Stadt beauftragt. Bis zur EXPO 2010 in Shanghai sollten mindestens 5 000 Menschen darin leben, 2040 sollten es bereits 500 000 sein.

Dongtan, wörtlich übersetzt „Oststrand", wurde auf der Insel Chongming, gelegen im Mündungsbereich des Flusses Jiangtse nördlich von Shanghai, konzipiert. Auf der Südspitze der 1 200 km² großen Insel befindet sich ein inter-

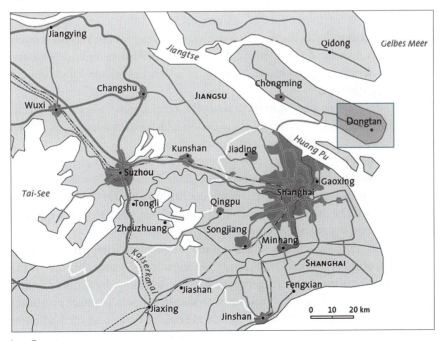

Lage Dongtans

national bekanntes Naturschutzgebiet. Dieser Bereich wurde als Naturpark ausgewiesen und mit einer 3,5 km breiten, bewaldeten Pufferzone umgeben. Erst daran anschließend sollte die mit 86 km² Fläche fast so große Stadt wie Manhattan beginnen.

Um das Ziel der Treibhausgas-Neutralität zu erreichen, wurden die Bereiche Energiegewinnung, Abfallverwertung, Bautechnik, Abwassermanagement, Mobilität und Nahrungsmittelversorgung möglichst als geschlossene Kreisläufe geplant. Dongtan sollte ein autonomes und ressourcenschonendes System werden. Architekten, Ökonomen, Agrarwissenschaftler, Energiespezialisten, (Ab-)Wasseringenieure und viele weitere Experten sollten Hand in Hand die Chance bekommen, eine Stadt von Grund auf völlig neu zu konzipieren.

Die **Energie** sollte weitestgehend dezentral mit Windrädern und Sonnenkollektoren auf den Dächern gewonnen werden. Um die Stromversorgung trotz wechselnder Abnehmer und Anbieter stabil halten zu können, wurde ein „**intelligentes Stromnetz**" geplant. Entsprechend programmiert und vernetzt, können Waschmaschinen, Kühlschränke und andere Geräte erkennen, wann der ideale Zeitpunkt für die Stromnutzung ist, und sich selbstständig an- und abschalten. Überschüssiger Strom sollte an die benachbarte Stadt Shanghai verkauft und im Ausgleich dazu benötigter Strom (nachts oder bei Windstille) zurückgekauft werden, um die CO_2-Neutralität zu gewährleisten. Die Biomasse aus den **Abfällen** der örtlichen Reismühlen und des organischen Stadtmülls sollte Biogas liefern. Es war geplant, durch die Sensibilisierung und Schulung der Bewohner im Umgang mit den Ressourcen den Energieverbrauch um ein Drittel zu reduzieren.

Durch die Verwendung **lokaler Baustoffe**, einer guten Isolierung, natürlicher Belüftung und die Ausrichtung der verglasten Fassaden nach Süden wollte man den Energieverbrauch nochmals verringern.

Regenwasser sollte, ebenso wie aufbereitetes Abwasser, in großen Zisternen gesammelt und als Brauchwasser im Haushalt und zur Bewässerung der Felder verwendet werden. Es war geplant, die **Ernährung** der Bewohner durch landwirtschaftliche Betriebe auf der Insel zu sichern, wodurch der energieintensive Transport entfallen würde.

Ein besonderes Augenmerk wurde auf die Möglichkeit einer **umweltschonenden Mobilität** gelegt: Der gesamte Stadtgrundriss wurde auf die nichtmotorisierte Fortbewegung ausgerichtet. Die Befriedigung der Grunddaseinsbedürfnisse Wohnen, Arbeiten und sich Versorgen sollte in engster räumlicher Nähe möglich sein. Für Fußgänger sollten zahlreiche Wege und für Radfahrer ein gut ausgebautes Radwegenetz zur Verfügung stehen. Fahrzeuge mit Benzin-

und Dieselmotoren sollten nicht in die Stadt gelangen dürfen. Einzig solar-, elektro- und wasserstoffbetriebene Fahrzeuge wurden eingeplant.

Um den Verkehr auf das geringstmögliche Ausmaß zu reduzieren, sah die Planung vor, auf der Insel alle notwendigen **Infrastruktureinrichtungen** wie Krankenhäuser, Schulen, Bibliotheken, Altenheime sowie Sport- und Freizeiteinrichtungen zu errichten.

Durch all diese Maßnahmen wollte man den **ökologischen Fußabdruck** Dongtans auf fast ein Drittel des Werts von Shanghai reduzieren.

Ökologischer Fußabdruck ausgewählter chinesischer Städte im Vergleich

Die weltweite Vorreiterstellung im Bereich Umwelt- und Ressourcenschutz hätten sich v. a. Hightech-Firmen zunutze machen können. Nach den Vorstellungen der Ingenieure war geplant, hier – im Fokus der Weltöffentlichkeit – gezielt Cluster der Biotechnologie sowie der Lebens- und Arzneimittelforschung anzusiedeln. Als weiteres Standbein der **Wirtschaft** war Dongtan mit seinen Stränden und sauberen Landschaften als Standort für die Freizeit- und Sportangebote gedacht. So sollten u. a. ein Jachthafen und ein Reitzentrum im großen Naturschutzgebiet entstehen.

Das Finanzvolumen dieses Projekts wurde auf rund eine Milliarde Euro festgelegt. Die Baukosten sollten nach Schätzungen ca. 30 bis 40 % teurer als die eines herkömmlichen Bauvorhabens werden. Professionelle Städteplaner gingen jedoch von Mehrkosten von mindestens 200 % aus.

4.2 Bewertung des Projekts und Zukunftsaussichten

Das Projektziel, bis zur EXPO 2010 eine Stadt für 50 000 Einwohner zu errichten, wurde weit verfehlt. Danach wurde das Projekt von der Chinesischen Regierung aufgegeben, die staatlichen Internetseiten dazu wurden gelöscht.

Weltweit gibt es aktuell nur noch ein weiteres Ökostadt-Projekt in dieser Größenordnung: **Masdar City** bei Abu Dhabi. 2008 wurde mit der Planung begonnen, bis 2016 sollten 40 000 Menschen in der neu entwickelten Stadt leben. Das Finanzvolumen ist auf 22 Milliarden Euro angesetzt. Doch obwohl die Gelder durch Einnahmen aus dem Ölgeschäft gesichert sind und internationale Expertenteams mit der Planung und Ausführung betraut wurden, lebten bis zum Jahr 2014 nur wenige Hundert Studenten in der „Stadt", da zahlreiche unerwartete technische Probleme einen schnellen Baufortschritt verhinderten. Als neuer Termin für die Fertigstellung wird nun von offizieller Seite das Jahr 2020 genannt, da weitere neue Technologien berücksichtigt werden sollen. Viele Fachleute halten jedoch die angestrebten ökologischen Zielsetzungen in der Realität für nicht haltbar.

Es scheint, als seien Ökostädte derzeit technisch und finanziell nicht (bzw. kaum) realisierbar. Doch selbst wenn diese Probleme in naher Zukunft gelöst werden sollten, so bleibt dennoch die Frage, für wie viele Menschen weltweit Ökostädte überhaupt Wohnraum bieten könnten.

Platz in Masdar City – Vorstellung eines Künstlers

Aufgabe 44 Bewerten Sie das Konzept der Ökostadt Dongtan unter den drei Aspekten der Nachhaltigkeit.

Aufgaben im Stil des Abiturs

Übungsaufgabe 1: Schweiz

In der Schweiz (8,1 Mio. Einwohner) gibt es charakteristische Oberflächenformen und physisch-geographische Gegebenheiten. Zudem können in den letzten Jahren markante Suburbanisierungsprozesse beobachtet werden.

Aufgabe 1 Die Alpen zeigen als Hochgebirge typische physisch-geographische Gegebenheiten.
- a Erstellen Sie eine kommentierte Profilskizze zur geomorphologischen Situation entlang der Profillinie A – B in angemessener Überhöhung (M 1).
- b Erklären Sie die Genese der geomorphologischen Form.

Aufgabe 2 Die Böden im Schweizer Alpenvorland haben sich meist aus Gletscherablagerungen (Geschiebemergel) der letzten Eiszeit entwickelt. Häufige Bodentypen sind Braunerde sowie Parabraunerde und Podsol.
- a Charakterisieren Sie diese wesentlichen Bodenbildungsprozesse bei der Entstehung von Parabraunerde und Podsol.
- b Ordnen Sie das Bodenprofil von Aetigkofen/Schweiz einem Bodentyp zu und erläutern Sie die Eigenschaften dieses Bodens.

Aufgabe 3 Die Oberflächentemperatur der Erde zeigt seit Beginn des 20. Jahrhunderts einen Erwärmungstrend von 0,8 °C. Verschiedene Indizien weisen auf einen Klimawandel auch in den Alpen hin.
- a Überprüfen Sie die Klimadaten von Luzern auf Anzeichen eines Klimawandels.
- b Erstellen Sie ein Wirkungsgefüge zu den Folgen des Klimawandels in den Alpen im Hinblick auf den Wasserhaushalt. Berücksichtigen Sie dabei ökologische und wirtschaftliche Zusammenhänge.

Aufgabe 4 „Dass die ‚Hüslipest' Schuld ist an der Zersiedlung der Schweiz, ist eine Tatsache. Es geht nicht nur um das Grundstück, auf dem das Häuschen steht, es geht auch um die Infrastruktur, die es benötigt." (Interview mit dem Schweizer Architekten und Publizisten Benedikt Loderer; 06.05.2010; www.beobachter.ch)

Erörtern Sie diese These anhand gegebener Materialien zur Siedlungsentwicklung von Rickenbach (Kanton Luzern).

M 1: Profillinie A – B durch ein Seitental des Val Roseg (Schweiz)

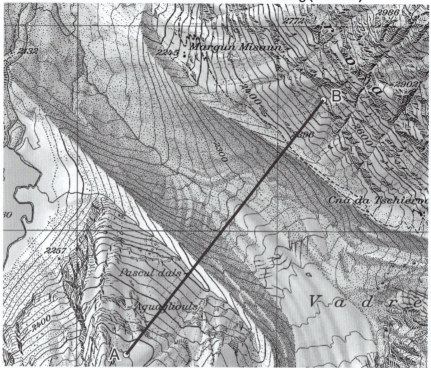

M 2: Bodenprofil bei Aetigkofen (30 km nördlich von Bern)

Tiefe in cm	Boden-horizont	org. Substanz	Ton	Schluff	Sand	Anteil am Gesamtvolumen		pH
						Kies	Steine	
7	Ah	5 %	14 %	28,5 %	57,5 %	1,0 %	0 %	5,4
26	Al	1,5 %	12,5 %	28 %	59,5 %	5,0 %	1,0 %	4,6
39	Bl	0,5 %	9 %	32 %	59 %	25 %	10 %	4,8
65	Bl	0 %	11 %	32 %	57 %	12 %	2 %	5,0
97	Bt	0 %	15,5 %	20,5 %	64 %	13 %	3 %	4,7
140	Bt	0 %	16 %	32 %	52 %	8 %	2 %	5,0
	C							

M 3: Klimadaten von Luzern

Periode 1961–1990

	J	F	M	A	M	J	J	A	S	O	N	D	Jahr
Temperatur (°C)	−0,2	1,3	4,4	8,2	12,5	15,5	17,9	17,0	14,0	9,3	4,1	0,7	8,7
Frosttage	24,2	19,4	13,1	3,3	0,1	0,0	0,0	0,0	0,0	0,6	10,4	21,4	92,5
Sommertage	0,0	0,0	0,0	0,1	2,0	7,0	12,9	9,7	2,4	0,1	0,0	0,0	34,2
Hitzetage	0,0	0,0	0,0	0,0	0,0	0,4	2,2	0,9	0,0	0,0	0,0	0,0	3,5
Sonne (h)	35	62	112	127	150	155	188	174	141	95	51	31	1 322
Niederschlag (mm)	62	59	70	90	121	148	137	145	90	68	79	64	1 132
Neuschnee (cm)	24,8	19,3	11,8	3,1	0,0	0,0	0,0	0,0	0,0	0,0	10,3	17,5	86,8
Schneedecke (Tage)	16,8	11,5	5,9	1,1	0,0	0,0	0,0	0,0	0,0	0,0	3,7	10,7	49,7

Periode 1981–2010

	J	F	M	A	M	J	J	A	S	O	N	D	Jahr
Temperatur (°C)	0,5	1,4	5,4	9,1	13,7	16,9	19,1	18,3	14,6	10,2	4,6	1,6	9,6
Frosttage	22,6	19,9	11,6	2,0	0,0	0,0	0,0	0,0	0,0	0,7	8,3	18,7	83,8
Sommertage	0,0	0,0	0,0	0,3	3,6	9,5	15,8	12,9	2,6	0,1	0,0	0,0	45,0
Hitzetage	0,0	0,0	0,0	0,0	0,2	1,5	3,2	1,7	0,0	0,0	0,0	0,0	6,6
Sonne (h)	47	72	122	141	161	171	201	187	137	97	52	36	1 423
Niederschlag (mm)	51	54	74	88	128	154	151	146	107	76	73	72	1 173
Neuschnee (cm)	16,0	20,2	8,3	1,2	0,0	0,0	0,0	0,0	0,0	0,4	5,3	14,6	66,0
Schneedecke (Tage)	11,1	11,2	4,6	0,6	0,0	0,0	0,0	0,0	0,0	0,1	2,4	7,9	37,9

Hinweis: Frosttage: Tage mit einer Minimumtemperatur < 0 °C; Sommertage: Tage mit Maximaltemperatur > 24,9 °C, Hitzetage: Tage mit einer Maximaltemperatur > 29,9 °C

M 4: Grundtypen von Wasserkraftwerken

Laufkraftwerk

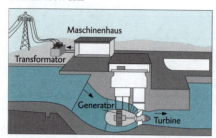

Speicherkraftwerk

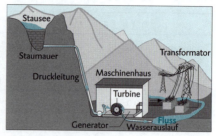

M 5: Lauf- und Speicherkraftwerke im südwestlichen Alpenraum

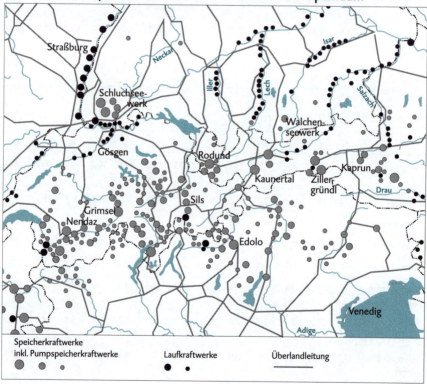

M 6: Stromerzeugung in den Alpenstaaten 2012

Land	insgesamt in TWh	Anteil der Wasserkraft in %
Deutschland	571	4,1
Frankreich	541	11,8
Schweiz	68	58,7
Österreich	72	65,7
Italien	288	15,0

M 7: Veränderungen am Morteratsch-Gletscher (Graubünden/Schweiz) 1878–2011

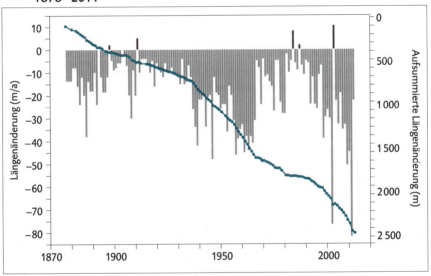

M 8: Auswirkungen des Klimawandels in den Alpen

In den Alpen fielen bis Mitte des letzten Jahrhunderts hohe Niederschläge bei niedriger Verdunstung. Ein großer Teil der Niederschläge wurde in den Alpengletschern gespeichert. Diese konnten Abflussschwankungen zwischen feuchten und trockenen Jahren ausgleichen. Der Klimawandel wird sich bis Ende dieses Jahrhunderts spürbar auf den Wasserhaushalt der Alpen auswirken.

Es ist mit einer Abnahme der Regenfälle bis 11 % zu rechnen, während die Sommertrockenheit bis 30 % zunehmen wird. Extremniederschläge werden deutlich häufiger. Die Schneemenge wird sich um 40 % im Norden und um 70 % im Süden verringern. Das bedeutet zwangsläufig, dass es zu einer deutlichen Zunahme des winterlichen Abflusses und einer Abnahme im Frühjahr/Sommer von 55 % kommen wird.
Seit 1980 haben die Gletscher schon 20–30 % ihrer Eismasse verloren. Das Auftauen des Permafrosts im Bereich der Gipfelregionen führt auch zu einer zunehmenden Gefährdung durch Steinschläge, Bergstürze, Erdrutsche, Murenabgänge und Gletscherseeausbrüche.
Die Veränderungen im Wasserkreislauf wirken sich sowohl auf die Natur und Umwelt aus als auch auf die damit verbundenen ökosystemaren Dienstleistungen. Man schätzt, dass es durch Temperatur- und Schneedeckenveränderung zu einem Hochwandern von Pflanzengemeinschaften kommt, die sich dann in einer kleineren alpinen Zone zusammendrängen. Dabei ist mit einem erheblichen Verlust bei den endemischen Arten zu rechnen. Die verringerten Sommerabflüsse könnten die Durchgängigkeit von Fließgewässern unterbrechen, was dramatische Auswirkungen auf die Ökosysteme der Gewässer hat.
Eine Erhöhung der Nachfrage nach Alpenwasser liegt zum einen am steigenden Wasserbedarf in der Alpenregion und zum anderen an der Knappheit in Unterliegergebieten. Die Abnahme der Niederschläge kann zum Absinken des Grundwasserspiegels, zum Versiegen von Brunnen und zur Verringerung von Quellschüttungen führen. Betroffen ist davon ein größerer Teil der Bevölkerung mit privater Wasserversorgung. Demzufolge muss die öffentliche Wasserversorgung ausgebaut und neu vernetzt werden.
Bereits 1890 begann die hydroelektrische Nutzung des Alpenwassers mit dem Bau von Laufkraftwerken. Dabei wird ein Fluss leicht aufgestaut und treibt Turbinen an. Laufkraftwerke sichern den Grundbedarf an Strom, die Grundlast. Bei Speicherkraftwerken werden hoch gelegene Stauseen gebaut. In Zeiten hoher Stromnachfrage (Spitzenstrom) fließt das gestaute Wasser mit hoher Geschwindigkeit zum tiefer gelegenen Kraftwerk. Seit 2000 hat der Ausbau der Wasserkraft rasant zugenommen, auch bei kleinen Laufkraftwerken, die stark subventioniert werden.
Das Wasser der Speicherseen wird auch als Trink- oder Bewässerungswasser genutzt. Nur etwa 10 % der Wasserentnahme entfallen auf Konsumzwecke im Alpenraum. Allerdings ist das Wassermanagement bei lokalen und temporären Knappheiten schwierig durch den notwendigen Wassertransfer aus Nachbargebieten.
Durch den Alpentourismus steigt die Wassernachfrage auch, wenn das natürliche Wasserdargebot niedrig ist. Aufgrund des Klimawandels ist mit einer zahlenmäßigen Verringerung der schneesicheren Urlaubsorte und einer Verkürzung der Wintersaison zu rechnen. Dadurch steigt die Nachfrage nach Kunstschnee. Das kann zu lokalen Konflikten mit anderen Wassernutzungen, insbesondere mit der öffentlichen Wasserversorgung und der Landwirtschaft führen. In tieferen Regionen, besonders in den Südalpen (Wallis und Südtirol) konzentriert sich der steigende Wasserbedarf auf die trockensten Perioden, wenn hochwertige Kulturen wie Obst und Wein intensiv bewässert werden müssen. Für die Bewässerung von Ackerbauflächen wie Weizen und Mais wird die Wassermenge künftig nicht mehr ausreichen.

M 9: Topographische Karte Rickenbach (LU) 1950 und 2012

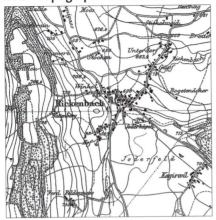
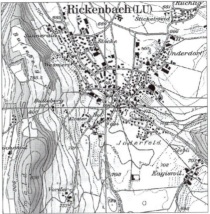

M 10: Bevölkerungsentwicklung von Luzern und Rickenbach (LU)

Luzern

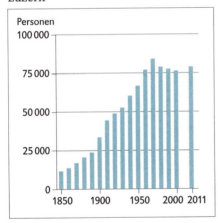

Rickenbach (LU)

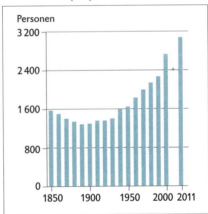

M 11: Statistiken Rickenbach (LU) und Luzern

	Luzern	Rickenbach (LU)
Wohnungswesen		
Wohnungsbestand Ende 2012	44 902	1 264
1–2 Zimmer	23,9 %	8,6 %
3–4 Zimmer	62,0 %	47,8 %
5 und mehr Zimmer	14,1 %	43,6 %
Einfamilienhäuser 2012	4 %	33,8 %
Wohneigentumsquote 2000	12,0 %	52,4 %
Arbeit und Erwerb		
Beschäftigte 2008	62 997	931
Sektor I	0,2 %	12,1 %
Sektor II	11,4 %	54,9 %
Sektor III	88,3 %	33,0 %
Arbeitsstätten 2008	4 895	159
Sektor I	1,0 %	25,8 %
Sektor II	11,5 %	29,6 %
Sektor III	87,5 %	44,7 %
Bevölkerung		
Ständige Wohnbevölkerung 2012	79 478	3 061
Alter in Jahren		
0–19	15,6 %	24,8 %
20–64	65,0 %	59,9 %
65–79	13,1 %	10,6 %
80 und älter	6,3 %	4,7 %
Bevölkerungsdichte 2012	2 125 Einw./km^2	258 Einw./km^2
Privathaushalte 2011	39 590	1 145
davon Einpersonenhaushalte	46,1 %	25,9 %

M 12: Verstädterung in den Alpen

Denkt man an die Alpen, so kommen einem meist Bilder von unberührter Natur und idyllischen Almen in den Sinn. Dass diese im 18. und 19. Jahrhundert entstandene Idealvorstellung im Grunde nur auf einen Teil der Alpen ab etwa tausend Höhenmetern zutrifft, ist den wenigsten bewusst. Die Alpen bestehen jedoch nicht nur aus Bergregionen, sondern auch aus den zumeist stark besiedelten Tal- und Beckenlagen. Sowohl ökologisch (z. B. Lawinen, Hochwasser) als auch ökonomisch (Austausch von Waren) sind diese Regionen von jeher stark miteinander verflochten. Auch kulturell sind die großen Alpenstädte von jeher identitätsprägend für die Menschen in ihrer umliegenden Region.
Betrachtet man die Verstädterung in den Alpen genauer, so lassen sich innerhalb der letzten dreißig Jahre verschiedene Entwicklungen ausmachen.
Das Wachstum der Städte an den Transitlinien verlagert sich immer stärker auf das Umland. Die Folge dieser Suburbanisierung ist ein sehr hoher Flächenverbrauch, der sich jedoch hauptsächlich auf die eben gelegenen Tallagen beschränkt.
Hinzu kommt eine zunehmende Verstädterung entlang dieser Transitlinien, aber außerhalb der eigentlichen Stadtregionen, durch Industrie und Gewerbe. Grund hierfür sind unter anderem die gute Erreichbarkeit und die kostengünstigen Bauflächen.
Auch im Umland der großen Alpenrandmetropolen, wie z. B. München oder Zürich, entstehen neue Wohngebiete, da sich viele Menschen die dort immer weiter steigenden Wohn- und Mietpreise nicht mehr leisten können. Zum Flächenverbrauch durch die Zersiedelung kommt hierbei noch ein starker Anstieg des arbeitsbedingten Pendlerverkehrs hinzu.
Aber auch der zunehmende Tourismus hat Auswirkungen auf die Verstädterung der Alpenregion. So haben sich Dörfer wie Davos und Chamonix innerhalb der letzten Jahrzehnte zu richtigen Städten entwickelt, deren tatsächliche Einwohnerzahl zwischen Sommer- und Wintersaison jedoch starken Schwankungen unterlegen ist.
Die gesamte Infrastruktur muss jedoch auf die saisonalen Spitzenzeiten ausgerichtet sein, was zu deutlich erhöhten Unterhaltskosten für die betroffenen Gemeinden auch während der außersaisonalen Ruhezeiten führt.

Übungsaufgabe 2: Südamerika

Die Staaten Südamerikas weisen sowohl in naturgeographischer als auch in humangeographischer Hinsicht erhebliche Unterschiede auf. Gleichzeitig gilt Südamerika als weltweit am stärksten verstädterter Kontinent.

Aufgabe 1 Material M 1 zeigt Temperaturwerte dreier Stationen in Südamerika. Ordnen Sie die Kurven den Stationen Antofagasta/Chile (23° 26' S/70° 28' W), Asunción/Paraguay (25° 16' S/57° 38' W) und Rio de Janeiro/Brasilien (22° 54' S/43° 10' W) zu, indem Sie die Temperaturverhältnisse begründen.

Aufgabe 2 Brasilien weist eine Vielzahl an unterschiedlichen Bodentypen auf (M 2). Erklären Sie die Entstehung der Bodentypen Latosol und Braunerde.

Aufgabe 3 *„In den brasilianischen Bundesländern besteht ein enger Zusammenhang zwischen dem Anteil der ländlichen Bevölkerung und dem durchschnittlichen monatlichen Pro-Kopf-Einkommen in privaten Haushalten."*

Überprüfen Sie diese Aussage mithilfe von M 3 und zwei selbst erstellten thematischen Karten, welche die durchschnittlichen Einkommen pro Kopf und den Anteil der ländlichen Bevölkerung in den Bundesstaaten Brasiliens darstellen.

Aufgabe 4 Vergleichen Sie Ursachen der Verstädterungsprozesse in Brasilien und in den europäischen Industrieländern anhand von M 5 und Ihrem eigenen Wissen.

Aufgabe 5 Die Tabelle M 6 zeigt unterschiedliche Indikatoren der menschlichen Entwicklung für Deutschland und drei ausgewählte Staaten Südamerikas. Neben Brasilien wurde mit Chile das Land mit dem höchsten und mit Paraguay das Land mit dem zweitniedrigsten HDI-Rang aller südamerikanischen Länder ausgewählt.

Erstellen Sie für die Staaten Chile, Brasilien, Paraguay und Deutschland mit den Daten aus M 6 ein Netzdiagramm (Analysespinne).
Analysieren Sie die Aussagekraft der dargestellten Indikatoren mithilfe der HDI-Werte aus M 7.

M 1 Temperaturwerte dreier Stationen in Südamerika

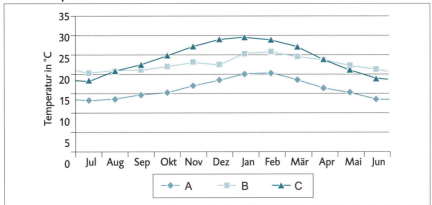

M 2: Karte der Böden Brasiliens

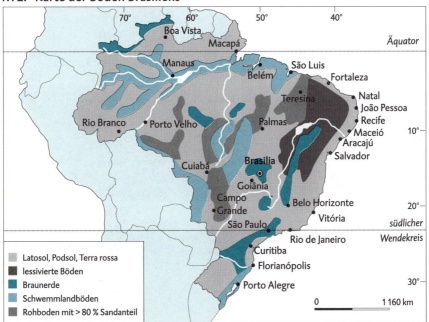

M 3: Daten zu den brasilianischen Bundesstaaten

Kürzel	Bundesland	Monatliches Durchschnittseinkommen pro Kopf privater Haushalte 2010 (in Reais)	Städtische Bevölkerung 2010 (in Tsd.)	Ländliche Bevölkerung 2010 (in Tsd.)
Ro	Rondônia	761,48	1 149	413
AC	Acre	639,51	532	201
AM	Amazonas	681,84	2 755	728
RR	Roraima	742,04	345	106
PA	Pará	548,17	5 191	2 389
AP	Amapá	747,48	601	68
TO	Tocantins	714,25	1 090	293
MA	Maranhão	434,65	4.147	2 428
PI	Piauí	494,13	2 051	1 067
CE	Ceará	551,61	6 347	2 106
RN	Rio Grande Do Norte	749,67	2 461	703
PB	Paraíba	565,98	2 839	928
PE	Pernambuco	626,99	7 052	1 744
AL	Alagoas	525,09	2 298	823
SE	Sergipe	624,84	1 520	548
BA	Bahia	601,04	10 102	3 914
MG	Minas Gerais	881,53	16 715	2 882
ES	Espírito Santo	944,31	2 932	585
RJ	Rio de Janeiro	1 231,56	15 464	526
SP	São Paulo	1 259,96	39 585	1 677
PR	Paraná	1 013,64	8 913	1 531
SC	Santa Catarina	1 121,17	5 248	1 001
RS	Rio Grande Do Sul	1 121,87	9 100	1 594
MS	Mato Grosso Do Sul	928,28	2 097	352
MT	Mato Grosso	861,00	2 483	552
GO	Goiás	913,94	5 421	583
DF	Distrito Federal	2 097,83	2 482	88

M 4: Vorlage Karte: Bundesländer Brasiliens

M 5: Push- und Pullfaktoren in Brasilien

Push-Faktoren, die zur Abwanderung aus dem ländlichen Raum führen	Pull-Faktoren, die zur Zuwanderung in die Stadt führen
• schlechte Ertragssituation aufgrund der Trockenheit in NO-Brasilien • ungerechte Besitzverteilung im Agrarsektor (Latifundien, Minifundien, landlose Arbeiter) • Löhne, die unter dem staatlichen Mindestlohn liegen • Korruptheit des Militärs und der Polizeikräfte, die gemeinsam mit den Großgrundbesitzern die Kleinbauern von ihrem Land vertreiben • Mängel in der Nahrungsmittelversorgung im Nordosten infolge der Nutzung der landwirtschaftlichen Flächen zur Produktion von Biodiesel • hohe Geburtenrate • Scheitern der Agrarsiedlungspolitik der 1960er-/1970er-Jahre im Amazonasbecken • Missernten infolge der Unerfahrenheit im Anbau von tropischer Nutzpflanzen • Tropen-Krankheiten • schlechte Ernteerträge infolge des schlechten Nährstoffhaushaltes der Böden • Infrastrukturmängel • Konkurrenz für die Kleinbauern durch Viehzüchter	• Hoffnung auf einen Arbeitsplatz in der Industrie • Hoffnung auf sozialen Aufstieg infolge eines höheren Bruttonationaleinkommens • bessere Versorgung mit Konsumgütern • Möglichkeit zum Schulbesuch • für die höheren Einkommensschichten eventuell auch kulturelle Angebote und Freizeiteinrichtungen

M 6: Ausgewählte Länderdaten

	Chile	Brasilien	Paraguay	Deutschland
Lebenserwartung in Jahren (2012)	79	73	72	80
Müttersterblichkeit je 100 000 Geburten (2010)	25	56	99	7
Kindersterblichkeit im Alter < 5 Jahre pro 1 000 Kinder (2011)	9	19	25	4
Schulbesuchsdauer in Jahren (2011)	9,7	7,2	7,7	12,2
Ärzte pro 1 000 Einwohner (2010)	1,1	1,7	1,1	3,5
Bevölkerungswachstum in % (2012)	0,9	0,8	1,7	−0,2
Bruttonationaleinkommen (BNE) pro Kopf in $ (2012)	14 987	10 152	4 497	35 431

M 7: Human Development Indices (HDI) 2013

Staat	HDI-Wert	Rang
Deutschland	0,920	5
Chile	0,819	40
Brasilien	0,730	85
Paraguay	0,669	111

M 8: Vorlage Netzdiagramm (Analysespinne)

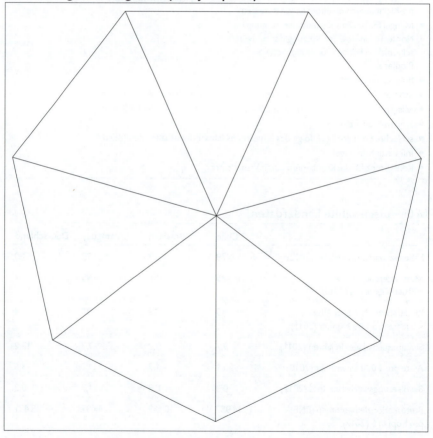

Lösungen

Reliefsphäre

Aufgabe 1
- km 170: Im Oberlauf hat sich bei hartem Gestein eine Klamm ausgebildet. Bei starkem Gefälle und dem Vorhandensein zahlreicher Erosionswaffen sind ihre Steilwände durch die Dominanz der Tiefenerosion entstanden. Die Hangdenudation spielt nur eine sehr geringe Rolle.
- km 210: Im Mittellauf bei großem Gefälle und starker Wasserführung hat der Fluss durch überwiegende Tiefenerosion und starke Hangdenudation ein Kerbtal geschaffen. Eine Talsohle ist infolge geringer Seitenerosion kaum ausgeprägt.
- km 310: Im Unterlauf überwiegt bei geringem Gefälle und hoher Wasserführung die Seitenerosion, die Tiefenerosion spielt kaum noch eine Rolle, ein Sohlental ist entstanden. Bei weiter nachlassender Fließgeschwindigkeit kommt es zur Ablagerung von Lockersedimenten.

Aufgabe 2
a Der in der Grafik dargestellte Flussabschnitt der Mosel lässt zur Mindel-Zeit (Flusslauf I) sehr ausgeprägte, weite Mäanderbögen bei Valdenz, Noviand/Osann und Bernkastel-Kues erkennen. Zur Riß-Zeit sind dann zwei Schlingen abgeschnitten. Zum einen ist der Flusslauf nördlich Brauneberg verlagert und schneidet die Veldenzer Schlinge ab, zum anderen ist der Mäanderhals bei Noviand durchschnitten und es entsteht die Siebenborn-Schlinge. Der Flusslauf II ist somit viel kürzer als der Flusslauf I. Das wiederum hat zur Folge, dass sich die Fließgeschwindigkeit der Mosel erhöht und ihre Erosionskraft zunimmt. Seit der Würm-Zeit ist die Siebenborn-Schlinge bei Mühlheim abgetrennt. So stellt der Flusslauf III den heute verkürzten Lauf der Mosel dar. Die Entwicklung des Flussabschnitts ist durch eine deutliche Flusslaufverkürzung gekennzeichnet.

b Der Flusslauf II entstand durch die Verlagerung der Mosel nördlich von Brauneberg. Es erfolgte die Abtrennung der Mäanderschlinge, sodass der Veldenzer Sporn zum Umlaufberg (262 m ü. NN) wurde und der alte Mäanderbogen trockenfiel. Infolge der Flusslaufverkürzung hatte die Mosel ein stärkeres Gefälle und eine größere Erosionskraft. Der pendelnde Stromstrich führte zu einer verstärkten Seitenerosion am Prallhang und zur Akkumulation am Gleithang. So kam es westlich von Noviand zur Unterschneidung des Prallhangs und zur Abtrennung des Bergsporns. Ein weiterer Umlaufberg (272 m ü. NN) zwischen Noviand und Osann entstand. Auch hier fiel der Mäanderbogen aufgrund der verstärkten Tiefenerosion an der Durchbruchstelle trocken. Die stärkere Seitenerosion an den Prallhängen führte sowohl zur Ausweitung des Mäanders bei Siebenborn als auch zur Vorbereitung des nächsten Durchbruchs bei Mühlheim. Für die Flussschlingen sind die asymmetrischen Talprofile typisch, einerseits flache Gleithänge und andererseits steile Prallhänge wie beispielsweise bei Bernkastel-Kues.

Aufgabe 3 a Ursprünglich flossen die Bäche in den Längstälern gemäß der Talneigung. Als der Querbach durch rückschreitende Erosion den Talboden des oberen Längstals erreicht hat, wurde der Oberlauf des dortigen Bachs angezapft und ins tiefer gelegene Längstal umgelenkt.

b Die Quertäler des Schweizer Faltenjuras sind wie folgt entstanden:
Die von den durch Antiklinalen gebildeten Bergrücken herabströmenden Bäche haben sich von beiden Seiten her eingeschnitten. Durch rückschreitende Erosion wurde schließlich ein Durchbruch geschaffen, ein sogenanntes Regressionsdurchbruchstal.
Der Bach mit der niedrigeren Erosionsbasis im Längstal (520 m) konnte aufgrund seiner größeren Erosionskraft den anderen Bach (Erosionsbasis 550 m) anzapfen.
Die zu beobachtende beckenartige Hohlform im Bereich der Bergrücken ist erklärbar aus der Wechsellagerung von morphologisch weichen Schichten im Mittelstück und steil stehenden harten Schichten am Taleingang und Talausgang. Zudem konnte die Erosion an den Talflanken des Durchbruchstals wirken.

Aufgabe 4 a Die Grafik zeigt den Formenschatz der alpinen Vorlandvergletscherung. Der ehemalige Salzach-Gletscher dehnte sich nach seinem Austritt aus den Alpen fächerförmig aus, gut erkennbar an den hintereinander gestaffelten würmeiszeitlichen Moränenketten, die jeweils Rückzugshalte bzw. Wiedervorstöße der oszillierenden Gletscherzunge markieren.
Von den Endmoränenstaffeln eingeschlossen liegt das ehemalige Gletscherzungenbecken. In diesem hat sich Grundmoränenmaterial abgelagert. Auffallend sind zahlreiche subglazial entstandene Drumlinschwärme. Der

Zungenbeckensee, der sich nach dem Abschmelzen des Eises gebildet hatte, ist bis auf wenige kleine Reste im Osten verlandet. Wesentlich dazu beigetragen hat die Salzach mit ihren postglazialen Sedimenten. Dieser Fluss durchquert heute von SO nach NW das ehemalige Zungenbecken und entwässert durch ein eiszeitliches Trompetental in den Vorfluter Inn.
Beim Waginger See dürfte es sich aufgrund seiner schmalen und abgeknickten Form um einen subglazial entstandenen Rinnensee handeln. Im Vorland ist der Verlauf der ehemaligen Schmelzwasserbäche durch markante Terrassenränder gekennzeichnet. Diese Flüsse schufen und durchflossen weite Schotterflächen, wobei ältere rißeiszeitliche Schotterflächen und Endmoränen durchschnitten wurden.

b   Typische Formen der nordischen Vereisung, die sich kaum im Alpenvorland finden, sind die Sander. Aufgrund des weiten Transportweges konnten bei der nordischen Vereisung Geschiebe und fluvioglaziales Material gründlicher zerkleinert und durch Schmelzwasserbäche, die die Endmoränenwälle durchbrachen, fächerförmig als Sanderkegel abgelagert werden.
Subglaziale Erosionsrinnen (Rinnenseen) und Oser, Toteislöcher (Sölle) sowie große Findlinge sind bei der ausgedehnteren Inlandvereisung stärker ausgeprägt und verbreitet. Abgesehen vom Vorfluter Donau fehlen im Alpenvorland Urstromtäler, die parallel zum Eisrand die austretenden Schmelzwasser sammelten und abführten.

Aufgabe 5   Der Eiskörper der Weichseleiszeit hatte eine Endmoräne abgelagert, von Schmelzwasserbächen wurde er in einzelne Zungen zerteilt.
Beim Abschmelzen der Gletscher entwässerten die verschiedenen Schmelzwasserbäche in ein Urstromtal (Schmelzwassersammelrinnne), das die Wassermassen zwischen Eisrand und Endmoräne nach Westen abführte. Einzelne Toteisblöcke blieben nach dem Zerfall der Zungen im Grundmoränenschutt liegen. Nach ihrem Abschmelzen hinterließen sie Hohlformen (Toteislöcher oder Sölle), die sich mit Wasser füllten, teils verlandeten oder vermoorten. Urstromtal und Schmelzwasserbäche haben sich in die Grundmoräne hineingegraben und Sander hinterlassen. Dort, wo die Schmelzwasserbäche subglazial stärker erodierten, bildeten sich Rinnenseen; wo sie zwischen den Eiskörpern akkumulierten, blieben Wallberge, auch Oser genannt, zurück.
Häufig findet man Drumlinfelder. Drumlins sind subglazial entstandene, walfischrückenartige Hügel mit einer flachen und einer steilen Seite. Sie bestehen aus geschichteten fluvioglazialen Sandablagerungen, die später von Grundmoränenmaterial umhüllt wurden.

Als nach dem Abschmelzen des Eises die Ostsee als großes Zungenbecken zurückblieb, änderte sich die Entwässerungsrichtung. Heute fließen die Bäche in den ehemaligen Schmelzwasserrinnen nach Norden zur Ostsee hin.

Atmosphäre

Aufgabe 6 a Bei einer trockenadiabatischen Abkühlung von 1 °C/100 m wird das Kondensationsniveau bei 700 m erreicht. Hier beträgt die Temperatur 15 °C, dabei entsprechen 12,8 g Wasserdampf pro m³ einer relativen Luftfeuchtigkeit von 100 %, die Luft ist gesättigt.

b Der Föhn hat bei 800 m eine Temperatur von 24,8 °C.

Aufgabe 7 In das Tief über der südlichen Adria strömen Luftmassen gegen den Uhrzeigersinn ein, so auch aus nordöstlicher Richtung kontinentale Kaltluft vom Dinarischen Gebirge.
Die Kaltluft strömt über die Küstenkette. Da sie dabei um 200 m aufsteigen muss, kühlt sie feuchtadiabatisch um –1,2 °C ab. Es bilden sich Wolken, aus denen es an der Ostabdachung des Gebirges leicht schneit.
Die Kaltluft (–13,4 °C) strömt als Fallwind, Bora genannt, zum Tief über dem Mittelmeer. Dabei erwärmt sie sich zwar trockenadiabatisch auf –3,4 °C, sie ist aber dennoch erheblich kälter als die vorhandene Mittelmeerluft.
Die schwere Kaltluft schiebt sich unter die warme Mittelmeerluft. Diese kühlt in der Höhe und über der Kaltluft ab, wobei es infolge der Luftfeuchtigkeit (80 % bei 15 °C) rasch zur Kondensation mit Nebel und Wolkenbildung kommt. An der Küste sind auch heftige Gewitter möglich. Es fallen Niederschläge, bei entsprechend niedrigen Temperaturen an der Küste und auf den Inseln auch als Schnee.

Aufgabe 8 Die Minimaltemperatur in Mumbai beträgt 24,4 °C im Januar, das Maximum wird im Mai mit 30,1 °C erreicht. In den Monaten Juni bis September sinkt die Temperatur bis auf 27,3 °C, im Oktober steigt sie noch einmal leicht auf 28,7 °C an, um dann jahreszeitgemäß abzusinken. Die Amplitude ist mit 5,7 °C für diese Breitenlage sehr gering.
Die Monate November bis Mai sind arid, von Januar bis April liegt der Niederschlag unter bzw. bei 2 mm. Die Regenzeit beginnt im Juni und endet im Oktober jeweils sehr abrupt. Die Niederschläge sind extrem hoch: im Juni bereits 579 mm, das Maximum liegt im Juli bei 703 mm.

Während der Wintermonate liegt Mumbai unter dem Einfluss des NO-Passats. Dieser weht vom Kältehoch über dem Hochland von Tibet Richtung ITC, die sich jahreszeitgemäß auf der Südhalbkugel befindet. Der an sich schon trockene NO-Passat heizt sich, als Fallwind vom Himalaya kommend, trockenadiabatisch stark auf. So lassen sich die ungewöhnlich hohen Wintertemperaturen um 25 °C und die extreme Trockenheit erklären.

Im Juni hat sich die ITC weit nach Norden verlagert und der SO-Passat wird, wenn er den Äquator überschreitet, durch die Corioliskraft zum SW-Monsun umgelenkt. Auf seinem Weg über dem Indischen Ozean konnte er viel Feuchtigkeit aufnehmen, die sich nun über dem indischen Subkontinent abregnet. Da Mumbai in Leelage am Fuße der Westghats liegt, addieren sich die Monsun- und Steigungsregen zu extremen Niederschlägen.

Die starke Bewölkung und die Verdunstung sorgen in den humiden Monaten für eine Abschwächung der Temperatur.

Aufgabe 9 a Es handelt sich um die Bodenwetterkarte für Europa vom 02.02.2013, 12:00 Uhr, herausgegeben vom Bundesamt für Meteorologie und Klimatologie MeteoSchweiz.

b Das Wetter in Westeuropa wird zum einen bestimmt von einem starken Hoch über dem Atlantik westlich von Spanien (Azorenhoch) mit einem Luftdruck von 1 036 hPa. Zum anderen befinden sich zwei zusammenhängende Zyklonen über Norditalien und Polen (990 hPa).
Das Tief zwischen Grönland und Island hat noch keinen Einfluss auf das Wettergeschehen in Europa.

c Die an der Ostseite des Hochs im Uhrzeigersinn herauswehende Luft strömt als Wind aus nördlicher Richtung von der Nordsee über Westeuropa zum Tief mit Zentrum über Genua.
Dieser Wind ist kühl (3–9 °C) und weht mit einer Stärke um 4. Zwischen dem Zentralmassiv in Frankreich und den Westalpen wird er eingeengt. Das Rhônetal wirkt dabei wie eine Düse und verstärkt den Wind zum Sturm. Dieser trifft mit einer Stärke von 9 an der Rhônemündung auf den Golfe du Lion.

d Messina liegt derzeit im Warmluftsektor des Genua-Tiefs. Wind aus Südsüdwest mit Stärken um 4 bringt warme Luft aus dem südlichen Mittelmeer heran. Im Messina herrschen 16 °C, der Taupunkt liegt bei 10 °C, was auf eine relative Feuchte von knapp 70 % schließen lässt. Es ist nur leicht bewölkt bei einem Luftdruck von 1 003 hPa.

Wenn die herannahende Kaltfront des Genua-Tiefs in den nächsten 24 Stunden Messina erreicht, ist mit heftigen Niederschlägen, eventuell sogar mit Gewittern zu rechnen. Der Wind frischt auf aus westlichen Richtungen und die Temperatur wird auf Werte um 11 °C sinken.

Aufgabe 10 a Die Klimastationen ähneln sich in ihrer Niederschlagsverteilung und Niederschlagsmenge. Die Regenzeit dauert jeweils von Oktober/November bis März. Dazwischen liegt eine ausgeprägte Trockenzeit.
Im Temperaturverlauf unterscheiden sie sich grundlegend. Station B hat ihr Temperaturmaximum von ca. 25 °C während der Trockenzeit im Juli/August, im Nordsommer. Diese Station liegt auf der Nordhalbkugel.
Bei Station A liegt das Temperaturminimum bei ca. 19 °C im Juni/Juli, während der Trockenzeit. Die Temperaturen steigen bis Oktober um 10 °C an, dann wird der weitere Anstieg durch die Regenzeit verhindert. Erst im April sinken die Temperaturen wieder. Daraus folgt, dass diese Station auf der Südhalbkugel (Sonnenzenitstand im Nordwinter) liegen muss.

b/c Station B liegt in den Subtropen im Mittelmeerklima (milde, regenreiche Winter infolge der Südverlagerung des Polarfrontjets, trockenheiße Sommer infolge der Nordverlagerung der randtropischen Hochdruckzellen). (Heraklion/Kreta, 39 m, 35° 20'N/25° 11'O)
Station A liegt aufgrund der Temperaturwerte in den Tropen. Die sieben ariden Monate und eine Niederschlagssumme von ca. 600 mm verweisen auf die Trockensavanne. Die jahreszeitliche Verteilung der hygrischen Jahreszeiten entspricht genau dem Verlauf der ITC auf der Südhalbkugel. (Wankie/Zimbabwe, 782 m, 18° 22'S/26° 29'O)

Aufgabe 11 In Großstädten ist der Boden weitgehend großflächig versiegelt von Verkehrsflächen und Gebäuden. Die Baukörper absorbieren nicht nur die eingestrahlte Sonnenenergie, sondern auch die Wärmeemissionen aus Gebäudeheizungen, Klimaanlagen, Kraftwerken, Verkehr und Industrie. Der starke Verkehr ist in besonderem Maße an der Anreicherung der Luft mit Spurengasen, Kohlenmonoxid und Wasserdampf beteiligt. Weil es infolge der dichten Bebauung nur wenig Luftaustausch durch die engen Gassen und Straßen gibt, verbleibt die Luftverschmutzung in der Stadt. Eine Dunstglocke entsteht und unter dieser ein stadteigener Treibhauseffekt. Die Wärmerückstrahlung aus den Baukörpern und die Prozesswärme werden an den Teilchen der Dunstglocke reflektiert. Die aufgestaute Wärme kann nicht entweichen. Dies führt zu einer deutlichen Temperaturerhöhung, die Stadt wird zur Wärmeinsel im kühleren Umland.

Pedosphäre

Aufgabe 12 Bodenbildung ist ein komplizierter Prozess, weil zahlreiche variable Faktoren immer wieder neu zusammenspielen: Ausgangsgestein, Klima (Temperatur und Niederschläge), Vegetation, Bodenleben und Zeit. Physikalische und chemische Verwitterungsprozesse der Gesteine sowie physikalische Zerkleinerung und mikrobiell-chemischer Abbau von Biomasse greifen ineinander.

Aufgabe 13 Die physikalische Verwitterung zertrümmert Gestein zu kleinen Korngrößen wie Sand und Ton, die einen wichtigen Teil des Bodensubstrats bilden und die Bodenart charakterisieren. Die chemische Verwitterung verändert die chemische Zusammensetzung des Gesteins und zerlegt es in Tonminerale, mineralische Nährsalze und Spurenelemente.

Aufgabe 14 Das Ausgangsgestein ist ein entscheidender Faktor bei der Bodenbildung. Von ihm sind direkt abhängig: die Bodenart, wesentliche Bodeneigenschaften wie Durchlüftung, Wasserspeichervermögen, Filtrationsvermögen und zum Teil die Kationenaustauschkapazität.
Nicht berücksichtigt bei dieser Darstellung werden die Wärmespeicherkapazität und die Humusbildung.

Aufgabe 15 In den immerfeuchten Tropen bilden sich bei der intensiven chemischen Verwitterung von Feldspat nur Zweischichttonminerale wie Kaolinit. Diese können nur begrenzt an den Außenseiten Kationen binden. Überzählige Kationen werden vom ständigen Bodenwasserstrom ausgeschwemmt.

Aufgabe 16 Jede Pflanzenart, egal ob Waldbaum oder Kulturpflanze, braucht ein bestimmtes Säuremilieu, um optimal wachsen zu können, meist einen pH-Wert um 6,5. In diesem Milieu findet auch ein reichhaltiges Bodenleben optimale Bedingungen. Der natürliche Bodensäurewert ist abhängig vom Ausgangsgestein (z. B. sind Sandsteine deutlich saurer als Kalksteine) und von der Humusform (z. B. ergeben Nadelbäume einen sauren Rohhumus).
Saurer Regen erhöht nun die Säurekonzentration im Boden. Das Bodenmilieu verändert sich negativ, das Bodenleben wird geschädigt, Humifizierungsprozesse lassen nach, es können nicht mehr genügend Nährstoffe gespeichert werden, Pflanzennährstoffe werden ausgewaschen und giftige Metallionen freigesetzt. In der Folge lassen die landwirtschaftlichen Erträge nach und die Waldbaumbestände werden krank.

Aufgabe 17 Das milde humide Klima und die reichliche Streu der Laub- und Mischwälder begünstigen die Humusentwicklung. Vorherrschend sind deshalb Braunerden und Parabraunerden.

- Braunerden herrschen eher an gemäßigt humiden und warmen Standorten vor. Typische Bodenbildungsprozesse sind die Verbraunung durch das Freisetzen eisenhaltiger Minerale und die Neubildung von Tonmineralen.
- Parabraunerden sind eine Weiterentwicklung von Braunerden an etwas kühleren und feuchteren Standorten, bevorzugt auf Lockermaterialien wie Löss und Lehm. Der stetige abwärtsgerichtete Bodenwasserstrom verlagert Tonminerale aus dem Oberboden in den Unterboden. Dort werden sie angereichert (Lessivierung).
- Rendzinen sind gebunden an Kalkstein, Dolomit und Mergel als Ausgangsgesteine.
- Ranker entstehen auf kristallinen Gesteinen, wenn Gefälle und hohe Niederschläge ein Anwachsen der Bodenschicht verhindern.
- Podsole entwickeln sich vorwiegend auf sauren Gesteinen wie Sandstein oder unter Nadelwäldern, die einen sauren Rohhumus liefern.
- Gleye sind typisch für Gebiete, in denen sich das Grundwasser staut und der Grundwasserspiegel hoch liegt.

Aufgabe 18 Braunerde kann sich durch Prozesse der Bodenbildung in drei Richtungen verändern:

- Bei dauerhaft stärkerer Durchfeuchtung kann es zur Lessivierung kommen. Dabei verlagern sich Tonminerale aus dem Oberboden in tiefere Horizonte. Unterstützt wird dieser Prozess durch die Verlagerungen bei der ackerbaulichen Bearbeitung des Bodens. Die Braunerde entwickelt sich dann zur Parabraunerde.
- Steigt der Grundwasserspiegel an, kann sich aus der Braunerde in diesen Feuchtgebieten ein Gley oder Paragley entwickeln. Das kann geschehen bei Aufstauung von Gewässern oder wenn Braunerde durch Erosion in Talauen verlagert wird.
- Bei zunehmender Bodenversauerung kann sich eine Braunerde zum Podsol entwickeln. Dazu kann es durch verstärkten sauren Regen oder durch Aufforstung mit Nadelwald (z. B. durch Fichten) kommen. Letzteres wirkt sich wie folgt aus: Die Nadelstreu wird schlecht abgebaut. Aus der Rohhumusdecke werden verstärkt Huminsäuren freigesetzt. Bei deren Versickerung lösen die Säuren Eisen- und Manganbestandteile aus dem Boden und verlagern diese in tiefere Horizontschichten. Dort bildet sich eine wasserstau-

ende Ortsteinschicht. Bei der Versauerung nimmt das Bodenleben rasant ab, was den Podsolierungsprozess noch beschleunigt und verstärkt.

gabe 19 Das Gesetz vom Minimum besagt, dass ein Boden nur so fruchtbar sein kann, wie es der Nährstoff mit dem geringsten Anteil zulässt. Nur wenn dieser „Minimum"-Nährstoff zugeführt wird, kann die Bodenfruchtbarkeit gesteigert werden. Eine Düngung mit anderen Nährstoffen nützt nichts, sondern führt zu einer Überdüngung mit entsprechenden Folgeschäden.

gabe 20

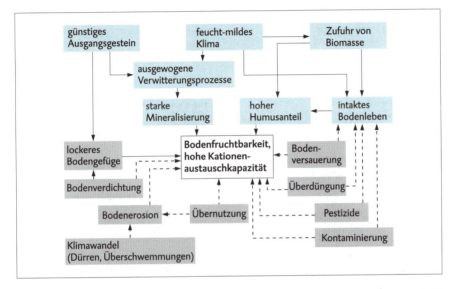

gabe 21

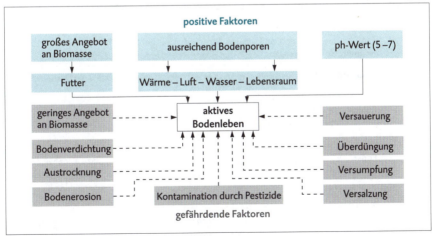

Aufgabe 22 Das Mittelmeersyndrom ist vielerorts bereits so weit fortgeschritten, dass sich das Rad nicht mehr zurückdrehen lässt. Das gilt besonders für die Garrigue und für Badland-Areale. Auf weniger stark zerstörten Flächen könnte eine konsequent angewandte „Therapie" den Zustand verbessern – einen entsprechenden politischen Willen und eine nachhaltige Einsicht bei der Bevölkerung vorausgesetzt. Dann könnten Landschaftserhaltungs- und Bodenschutzmaßnahmen getroffen werden, die langfristig zu einer Regenerierung führen:

Mögliche Maßnahmen zur „Therapie" des Mittelmeersyndroms	Mögliche positive Effekte
Aufforstung mediterranen Hochwaldes unter Einbezug geeigneter Macchie	Erosionsschutz, Beschattung, Herabsetzung der Verdunstung, langsame Initialisierung einer neuen Bodenentwicklung
Wassermanagement: Schutz vorhandenen Grundwassers, Speicherung von Regenwasser	Sparsamer Wasserverbrauch in allen Bereichen, Anlage kleiner Regenrückhaltebecken und Teiche, ökologische Bewässerung von Wäldern, Aufforstungen
Verhinderung von Waldbränden	Erholung der Vegetation und der Böden
Nur ökologisch sinnvolle Nutzung wie Cultura mista, Wald-Kompostwirtschaft	Förderung der Humusbildung
Verhinderung von Überweidung	Schutz der nachwachsenden Vegetation
Verhinderung weiterer Zersiedlung	Vermeidung weiterer Versiegelung und Landschaftszerstörung

Aufgabe 23 Die Aufgabenteile a und b können auch in einer Tabelle gelöst werden.

1	Gley	Entwicklung aufgrund des hohen Grundwasserspiegels; nur für Grünlandwirtschaft geeignet
2 + 6	Parabraunerde	tiefgründiger lehmiger Ackerboden, bei hohem Kalkgehalt sehr fruchtbar; mildes Klima begünstigt Bodenentwicklung und reiches Bodenleben
3	Braunerde	typischer Laub- und Mischwaldboden; häufig auf kristallinen Gesteinen, nicht sehr tiefgründig, oft steinreich
4	Ranker	dünne Bodendecke auf kristallinen Gesteinen (Granit/Gneis); geringe Bodenbildung aufgrund der niedrigen Temperatur und starke Erosion infolge der hohen Niederschläge
5	Podsol	typisch auf saurem Ausgangsgestein (Buntsandstein), dazu Nadelwald (Rohhumus mit Huminsäuren), starke Ausspülung infolge hoher Niederschläge; geringes Bodenleben aufgrund der Übersäuerung und des kühlen Klimas
7	Rendzina	typisch auf Kalksteinen, geringe Bodenmächtigkeit wegen Erosion und Lösungsverwitterung, trockener Standort infolge starker Versickerung, deshalb Grünland, für Ackerbau zu steinig

Aufgabe 24 Mergelböden an Hängen sind stark erosionsanfällig. Eine Bodenstabilisierung durch Aufforstung ist daher sinnvoll.
Fichtenkulturen sind jedoch abzulehnen. Als Flachwurzler geben Fichten dem Boden zu wenig Halt. Fichten selbst sind wenig standfest bei Stürmen. Zudem neigen sie bei böigem Wind zu Stampfbewegungen mit dem Wurzelteller, das verdichtet den Boden. Zudem würde die huminsäurehaltige Nadelstreu rasch zur Bodenversauerung und zu einer Podsolierung führen (vgl. Lösung zu Aufgabe 23) und damit zu einer Bodendegradierung. Sinnvoll wäre eine Hangstabilisierung durch tief und breit wurzelnde Laubbäume.

Wirtschaftsstrukturen und -prozesse auf regionaler und globaler Ebene

Aufgabe 25 Das Bruttonationaleinkommen (BNE) pro Kopf ist ein sehr häufig verwendeter Indikator, um die ökonomische Leistungsfähigkeit eines Landes einzuordnen. Die Daten zur Ermittlung des BNE sind für die meisten Länder der Erde verfügbar und ermöglichen einen relativ aktuellen quantitativen Vergleich. Allerdings werden qualitative Aspekte der Entwicklung vernachlässigt: Der statistische Durchschnitt der erfassten wirtschaftlichen Leistung verrät nichts über mögliche Ungleichheiten der Einkommen und damit über die Unterschiede zwischen armen und reichen Bevölkerungsschichten. Zudem werden wirtschaftliche Aktivitäten zum Eigenbedarf (Subsistenzwirtschaft) oder Tätigkeiten im informellen Sektor nicht berücksichtigt und damit ein bedeutendes ökonomisches Element in Entwicklungsländern nicht abgebildet. Das BNE pro Kopf hat trotz seiner einfachen, nahezu weltweiten Verfügbarkeit nur eine begrenzte Aussagekraft und sollte durch weitere Indikatoren zur Ernährungs-, Gesundheits- oder Bildungssituation eines Landes ergänzt werden, um den Entwicklungsstand angemessen beurteilen zu können.

Aufgabe 26 Deutschland als hoch entwickeltes Industrieland dient in diesem Zusammenhang als Orientierung. In der Karte (S. 112) wird Deutschland, im Gegensatz zu den anderen ausgewählten Ländern, zu den Ländern mit einer sehr hohen menschlichen Entwicklung gezählt. Dies lässt sich durch den relativ hohen Wert des BNE/Einwohner in der Tabelle (S. 109) bestätigen. Allerdings fehlen Daten zur Lebenserwartung und zum Bildungsstand in Deutschland.
Ein hoher Tertiärisierungsgrad lässt sich an den Daten zu den Wirtschaftssektoren ablesen, was den hohen ökonomischen Entwicklungsstand unterstreicht.

Die Exportstärke der deutschen Wirtschaft wird durch das große Exportvolumen deutlich. Allerdings zeigen die hohen Werte beim Energieverbrauch und bei den CO_2-Emissionen je Einwohner die ökologischen Schattenseiten der ökonomischen Entwicklung.

Die Länder Russland und Brasilien werden in der Karte den Ländern mit hoher menschlicher Entwicklung zugeordnet. Die ökonomischen Daten wie BNE/Einwohner bzw. BIP gesamt unterscheiden sich bereits deutlich von Deutschland, liegen jedoch über denen der anderen abgebildeten Länder. Die Beschäftigten bzw. Beiträge der Wirtschaftssektoren nähern sich den Werten von Industrieländern an, sodass diese beiden Länder den Schwellenländern zugeordnet werden können (vgl. BRICS-Länder).

In der Karte auf S. 112 fällt auf, dass Ghana als einer der wenigen afrikanischen Staaten zu den Ländern mit mittlerer menschlicher Entwicklung gerechnet wird. Vergleicht man die ökonomischen Daten wie BNE/Einwohner, BIP gesamt oder die Entwicklung der Wirtschaftssektoren, so zeigt Ghana schwächere Werte als Bangladesch, das in der Karte den Ländern mit geringer menschlicher Entwicklung zugeordnet wird und aktuell auf der Liste der **Least Developed Countries** steht. Damit wird deutlich, wie neben den rein ökonomischen Daten auch Kriterien der Lebensqualität (z. B. Ernährung, Gesundheit oder Bildung) eine Rolle bei der Kategorisierung der Länder spielen.

Die Daten zu China erschweren eine eindeutige Zuordnung. Während der HDI-Wert im Bereich der Länder mit mittlerer menschlicher Entwicklung liegt und damit vergleichbar mit Ghana ist, so unterscheiden sich die Daten zum BNE/Einwohner und die BIP-Beiträge der Wirtschaftssektoren deutlich von den Entwicklungsländern. Die Bedeutung Chinas im Welthandel wird durch die Daten Handelsvolumen und BIP gesamt deutlich. Letztendlich ist eine klare Kategorisierung aufgrund der großen Disparitäten in diesem Land kaum möglich.

Aufgabe 27 Die Kategorie „Entwicklungsland" wird im allgemeinen Sprachgebrauch für Länder verwendet, die hinsichtlich ihrer wirtschaftlichen, sozialen und politischen Entwicklung einen relativ niedrigen Stand aufweisen. Die Vereinten Nationen unterscheiden zwischen Least Developed Countries, den am wenigsten entwickelten Ländern, sowie den Less Developed und den Developing Countries. Charakteristisch für diese Länderkategorien sind grundsätzlich ein niedriges BIP pro Kopf, ein niedriger Standard in Bereichen wie Ernährung, Bildung und Gesundheit sowie eine „ökonomische Verwundbarkeit" (hoher Anteil des primären Sektors am BIP, anfällige Exportstruktur, etc.).

Die sogenannten Schwellenländer stehen ökonomisch gesehen zwischen den Entwicklungs- und Industrieländern. Ihre Wirtschaft ist gekennzeichnet durch eine relativ hohe Arbeitsproduktivität, ein nach wie vor niedriges Lohnniveau sowie durch eine vielfältig entwickelte Investitionsgüterindustrie. Meist können in diesen Ländern die gesellschaftlichen und sozialen Entwicklungen nicht mit den wirtschaftlichen mithalten (Bsp. Russland, China).

Aufgabe 28 Der Karikaturist zeigt in seiner Zeichnung zur Globalisierung zwei ungleiche Männer, die mit ihren unterschiedlich langen Gabeln Handelsvorteile zu erlangen versuchen. Der große, übergewichtige und gut angezogene Mann scheint mit seiner großen Gabel klar im Vorteil zu sein, da er bereits auf einer Menge Handelsvorteile sitzt. Der abgemagerte Kleine hält seine kurze Gabel in die Luft und signalisiert so seine aussichtslose Situation, der Große jedoch verweist auf die vordergründig gleichen Handlungsmöglichkeiten.

Der große Mann symbolisiert die Industrieländer und deren offensichtliche ökonomische Überlegenheit gegenüber den Entwicklungsländern, die von dem kleinen Mann dargestellt werden. Der Karikaturist kritisiert so, dass trotz scheinbarer Gleichheit allein die entwickelten Staaten Vorteile aus der Globalisierung ziehen, dies aber öffentlich-politisch nicht entsprechend kommuniziert wird.

Aufgabe 29 Mali: Dreieck A
- Geringe Lebenserwartung durch schlechte medizinische Versorgung (Bsp. Arzt je Einwohner vgl. Atlas) sowie mangelhafte Ernährung und Hygiene in einem Land mit sehr niedrigem Entwicklungsstand (LDC, vgl. Atlas)
- Extrem niedriger Bildungsindex aufgrund sehr hoher Analphabetisierungsrate (vgl. Atlas) und fehlendem Kapital für Bildungsinvestitionen

Bangladesch: Dreieck B
- Niedriger Lebensstandard-Index aufgrund relativ geringem BNE je Einwohner (vgl. Tabelle S. 109)
- Niedriger bis mittlerer Bildungsindex durch nach wie vor hohe Analphabetisierungsrate (vgl. Atlas)

Russland: Dreieck C
- Relativ hoher Lebensstandard-Index aufgrund des vergleichsweise hohen BNE je Einwohner (vgl. Tabelle S. 109)
- Hoher Bildungsindex durch geringe Anzahl der Analphabeten (vgl. Atlas)
- Hoher Index bei der Gesundheit durch gute medizinische Versorgung (vgl. Atlas)

Aufgabe 30 Bei beiden Projekten sind Strategien erkennbar, die weder dem Ansatz der Modernisierungstheorie (i. S. einer nachholenden Entwicklung durch einen Big Push von außen) noch der Dependenztheorie (i. S. einer Abschottung des Binnenmarktes) entsprechen. Vielmehr wird versucht, die Grundbedürfnisse der einheimischen Bevölkerung durch angepasste Maßnahmen (Bsp. Düngemittel, Saatgut und Moskitonetze in Malawi oder die Abkehr vom Wanderfeldbau hin zu einer nachhaltigen Landwirtschaft in Brasilien) zu befriedigen. Die Hilfe zur Selbsthilfe steht im Zentrum; sie geschieht z. B. durch Schaffung von Verdienstmöglichkeiten im gewerblichen Bereich oder durch Existenzgründungen auf Grundlage von Mikrokrediten. Inwiefern Frauen gezielt gefördert werden, kann aus dem Text nicht entnommen werden.

Aufgabe 31 Die Bewertung der Projekte unter dem Aspekt der Nachhaltigkeit sollte die vier Dimensionen nachhaltiger Entwicklung berücksichtigen: Neben dem wirtschaftlichen Wohlstand sollte auf die ökologische Verträglichkeit der Maßnahmen sowie insgesamt auf die soziale Gerechtigkeit und politische Stabilität in der Region Wert gelegt werden.
Im POEMA-Projekt sollen z. B. durch eine nachhaltige Landwirtschaft und den Einsatz der Solarenergie die Zerstörung des Regenwaldes unterbunden und die ökologische Verträglichkeit gesteigert werden. Durch entsprechende Verdienstmöglichkeiten werden in beiden Projekten die wirtschaftlichen Verhältnisse verbessert und durch die genossenschaftliche Organisation der Kleinbauern könnte in Brasilien die soziale Gerechtigkeit erhöht werden. Inwieweit die Projekte Einfluss auf die politische Stabilität des Landes haben, kann aus dem Text nicht erschlossen werden.

Globales Problemfeld Verstädterung

Aufgabe 32 Die Trinkwasserversorgung einer Stadt in weniger entwickelten Ländern ist meist unzureichend. Folgende Probleme treten häufig auf:
- Mangel an Trinkwasser
- V. a. in ärmeren Wohnvierteln: unzureichend ausgebautes Trinkwassernetz, eine Versorgung ist nur über zentrale Wasserstellen, Brunnen oder über Tankwagen möglich
- Mangelhafte Qualität des Trinkwassers

Lösungen / 197

Aufgabe 33 Unter Verstädterung versteht man das Wachsen der Städte nach Anzahl, Einwohnerzahl und Fläche. Urbanisierung hingegen bedeutet die Ausbreitung städtischer Lebensweisen und Tätigkeiten in nichtstädtische Räume.

Aufgabe 34 Private und öffentliche Investoren modernisieren Altbauten und alte Gewerbebetriebe zu schicken Wohnungen und Lofts und werten somit die Infrastruktur mit gezielten Angeboten auf. Von diesen neu entstandenen Wohnungen werden v. a. junge, einkommensstarke Arbeitnehmer angesprochen, wodurch die Finanzkraft der Stadt steigt. Durch die junge Bevölkerungsstruktur nehmen öffentliche Ausgaben für Familien mit Kindern zu (Kindergärten, Schulen, Spielplätze etc.) und die Bevölkerungsdichte nimmt durch den hohen Platzbedarf ab.

Aufgabe 35 Die offiziellen (formellen) Wirtschaftsbetriebe sind in Entwicklungs- und Schwellenländern nicht in der Lage, ausreichend Arbeitsplätze für die anschwellende Bevölkerungszahl zur Verfügung zu stellen. Um zu überleben, arbeiten sehr viele Bewohner im informellen Sektor. Der informelle Sektor übernimmt auch Aufgaben, die durch die öffentliche Verwaltung nicht organisiert werden (können), z. B. die Müllentsorgung, die Belieferung mit Trinkwasser und Transportdienste.
Der informelle Sektor ist in fast allen Entwicklungs- und Schwellenländern ein wichtiger Bestandteil der Wirtschaft geworden, der den armen Bevölkerungsgruppen das Überleben ermöglicht.

Aufgabe 36 Europa und Nordamerika hatten bereits 1950 einen hohen Verstädterungsgrad von rund 50 % bzw. 60 %. In Afrika und Asien lag er zu diesem Zeitpunkt bei maximal 20 %.
Bis 2011 nahm der Verstädterungsgrad in Europa und Nordamerika moderat auf ca. 75 % bzw. 80 % zu. Eine stärkere Zunahme im Bereich der Verstädterung erfuhren Asien und Afrika, wo der Verstädterungsgrad bis 2011 auf ca. 45 % bzw. 35 % anstieg.
Die Prognose für 2050 zeigt eine weitere schwache Zunahme der Verstädterung in Europa und Nordamerika auf ca. 80 % bzw. 90 % und eine starke Zunahme in Afrika und Asien auf jeweils ungefähr 60 %.

Aufgabe 37 In den europäischen Industrieländern war im 19. Jh. der Grund für das Städtewachstum in erster Linie die Zuwanderung der ländlichen Bevölkerung in die Städte und kaum die natürliche Bevölkerungszunahme. Ausgelöst wurden die

Wanderungen durch den Strukturwandel in der Landwirtschaft und die Ansiedlung der Industrie in den Städten mit einem hohen Bedarf an Arbeitern.
In den Entwicklungsländern liegen die Gründe vor allem in der Zuwanderung überwiegend jüngerer Menschen als Folge der Landflucht. Ausgelöst wird diese durch vielfältige Push- und Pullfaktoren.

Aufgabe 38 Laut Diagramm hatte in typischen Schwellenländern der informelle Sektor im Jahr 2007 einen Anteil von 37 % (Brasilien) bzw. 21 % (Indien) am Bruttosozialprodukt des jeweiligen Landes. Vergleicht man diese Daten mit den Werten von Großbritannien (12 %) bzw. den USA (8 %) als typische Vertreter der Industrieländer, so wird auf den ersten Blick deutlich, dass die ökonomische Bedeutung des informellen Sektors in den genannten Schwellenländern um ein Vielfaches höher liegt als in den ausgewiesenen Industrieländern.
Allerdings unterscheidet das Diagramm nicht zwischen städtischem und nichtstädtischem informellem Sektor. Deshalb kann anhand des Materials keine Aussage darüber getroffen werden, welche Bedeutung speziell der städtische informelle Sektor in den jeweiligen Ländern hat.
Die Angaben der Textquelle belegen aber eindrücklich, welche Bedeutung der städtische informelle Sektor in Brasilien einnimmt: Fast jeder zweite Brasilianer arbeitet in diesem Bereich.
Im städtischen informellen Sektor sind fast ausschließlich Menschen tätig, die auf dem formellen Arbeitsmarkt durch mangelnde Bildung oder fehlende Angebote keine Arbeit finden und deshalb zum Überleben auf den informellen Sektor angewiesen sind. Somit lässt sich aus den Daten nur der Rückschluss ziehen, dass der städtische informelle Sektor in Brasilien eine enorm hohe soziale Bedeutung besitzt.
In den Industrieländern existiert, im Gegensatz zu den meisten Schwellenländern, eine breite Palette an sozialen Angeboten für die ärmeren Bevölkerungsschichten. Dadurch verliert hier der informelle Sektor als (oftmals einzige) Möglichkeit, das (Über-)Leben zu sichern, an Bedeutung.
Abschließend lässt sich sagen, dass der städtische informelle Sektor in den Städten der Industrieländer eine geringere soziale und ökonomische Bedeutung besitzt als der städtische informelle Sektor in den Schwellenländern.

Aufgabe 39 Bereits im Text gelöst (vgl. S. 152 f.).

Aufgabe 40 Bereits im Text gelöst (vgl. S. 153).

Aufgabe 41 Bereits im Text gelöst (vgl. S. 154 f.).

Aufgabe 42 Die einzelnen Schlüsseldimensionen sind in den Entwicklungsländern nur bedingt umsetzbar. Die Defizite und Probleme sind so groß und die sozialen Gegensätze so stark, dass dieses Leitbild anders gewichtet werden muss. Je nach Problemlage treten dringend zu lösende Vorhaben in den Vordergrund, z. B. Slumsanierung oder Reduzierung der Luftverschmutzung. Es ist aber wichtig, dass diese Ziele unter dem Aspekt der Nachhaltigkeit in Angriff genommen werden.

Aufgabe 43 Wirkungsgefüge über die Ursachen und Folgen der Verstädterung Mumbais:

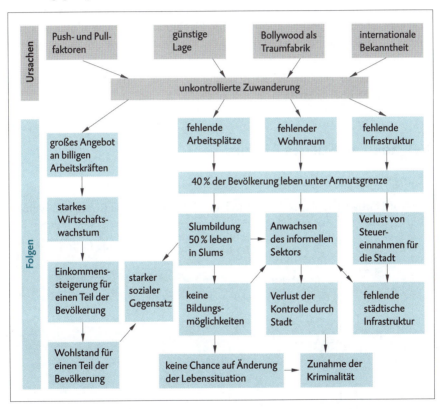

Aufgabe 44 Auf den ersten Blick scheint Dongtan ökologisch nachhaltig zu sein: Geplant war eine treibhausgas-neutrale Stadt. Zum angrenzenden Naturschutzgebiet wurde ein 3,5 km breiter Puffer konzipiert. Das Projekt visierte geschlossene Kreisläufe in den Bereichen Abfallverwertung, Mobilität und Nahrungsmittelversorgung an. Energie sollte ausschließlich aus erneuerbaren Quellen gewonnen werden.

Allerdings hätte überschüssiger Strom an die benachbarte Stadt verkauft und nachts oder bei Windstille zurückgekauft werden müssen. Hier hätte der geplante geschlossene Kreislauf nur sehr unzureichend funktioniert; die Abhängigkeit von einer konventionellen Energiegewinnung wäre bestehen geblieben. Angestrebt wurde eine ökonomische Nachhaltigkeit: Durch die Clusterbildung in den Bereichen Biotechnologie, Arzneimittelforschung, Umwelt- und Ressourcenschutz sowie durch die Autarkie in der Nahrungsmittelproduktion sollte ein außenwirtschaftliches Gleichgewicht erreicht werden.

Ob dieses Konzept zielführend gewesen wäre, kann im Nachhinein nur schwer beurteilt werden. Aber vermutlich wäre die Ökostadt zu klein gewesen, um eine weitgehende Autarkie auf mehreren Gebieten zu erreichen. Ob die angestrebten Clusterbildungen erfolgreich genug gewesen wären, um diese anderen Bereiche aufzufangen, bleibt fraglich.

Über die soziale Nachhaltigkeit in Dongtan kann keine Aussage getroffen werden, da darüber keine Informationen verfügbar sind.

Aufgaben im Stil des Abiturs

Übungsaufgabe 1: Schweiz

Aufgabe 1 a Profil entlang der Linie A – B durch ein Seitental des Val Roseg (Schweiz)

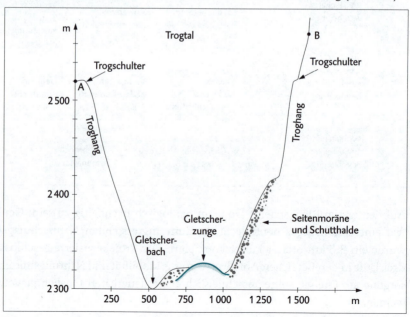

b Die Talgletscher benutzen ehemalige Flusstäler (Kerbtäler) als Leitlinien. Mithilfe des mitgeführten Gesteinsmaterials, teils aus dem Untergrund mitgerissen, teils als Verwitterungsschutt auf den Gletscher gefallen, verbreitert und übertieft das Eis diese Täler und glättet die Talflanken, sodass U-förmige Trogtäler entstehen. Die Trogschultern sind Verebnungen durch die glaziale Erosion in Bereichen, in denen das geringer mächtige Eis weniger Erosionskraft hatte als im Bereich des Trogtals. Seitlich der Gletscherzunge sind Seitenmoränen abgelagert worden. Links sind sie teilweise vom Gletscherbach erodiert, rechts ziehen sie sich weit den Hang hinauf. Das von großen Gesteinstrümmern (Geschiebe) und feinkörnigem Material durchsetzte Gletschereis hobelt vorspringende Felsen am Untergrund ab und glättet die Gletschersohle sowie Wände des Trogtals.

Aufgabe 2 a **Parabraunerde** ist eine Weiterentwicklung der Braunerde, die im gemäßigt feuchten Klima in West- und Mitteleuropa großflächig verbreitet ist. Ihre Ausgangssubstrate sind zumeist Löss, Lehm und lehmige Sande; ihre typische natürliche Vegetation ist der Laubwald. Aus dem abgestorbenen Laub bildet sich durch ein vielfältiges und aktives Bodenleben ein mächtiger Ah-Horizont. Die Wurzeldurchdringung der Waldvegetation sorgt für gute Durchlüftung und Durchlässigkeit des Bodens. Durch den abwärts gerichteten Bodenwasserstrom verlagern sich die Tonminerale aus dem Al-Horizont in den Unterboden und werden im Bt-Horizont angereichert (Lessivierung). Illit und andere Dreischichttonminerale sorgen für gute Austauschkapazität. Durch Mineralverwitterung ist der Bv-Horizont verbraunt.

Podsol (Bleicherde) ist typisch für die kühlgemäßigte, humide Zone borealer Nadelwälder, kommt aber auch im warmgemäßigten Klima auf Sandstein und nährstoffarmen Sanden vor. Durch den Materialtransport bei der Bodenbildung kommt es zu einer klaren Horizontdifferenzierung und einer deutlichen Farbabstufung. Aufgrund reicher Niederschläge werden frei werdende Huminsäuren aus der Rohhumusdecke mit dem Sickerwasser in die Tiefe gespült. Dabei lösen sie die Eisen- und Manganhüllen mineralischer Bodenbestandteile. Der Auswaschungshorizont Ae ist deshalb aschgrau gefärbt, der Unterboden dagegen rotbraun bis schwarz, da sich dort die ausgewaschenen Verbindungen anreichern. Dieser Horizont wird auch Orterde genannt. Mit der Zeit verkitten die eingewaschenen Eisen-, Mangan- und Humusverbindungen hier sämtliche Bodenporen, sodass sich harter, fast wasserundurchlässiger Ortstein bilden kann.

b Aetigkofen, 30 km nördlich von Bern, liegt im Bereich der Grundmoränen der letzten Vereisung. Das Bodenprofil zeigt einen 7 cm starken Ah-Horizont mit 5 % Humusanteil. Es handelt sich insgesamt um einen Lehmboden, bestehend aus 57 % Sand, 28,5 % Schluff und 14 % Ton. Mit zunehmender Tiefe bis 65 cm verändert sich die Korngrößenzusammensetzung. Der Substratanteil Ton verringert sich deutlich auf Werte um 10 % und steigt ab einer Tiefe von 65 cm wieder deutlich bis zu 16 % an. Das weist auf den Vorgang der Lessivierung (s. Aufgabe 2 a) hin. Es handelt sich bei diesem Bodenprofil eindeutig um eine Parabraunerde. Parabraunerden sind im Allgemeinen ertragreiche und tiefgründige Ackerböden. Allerdings sind sie anfällig für Erosion und Verdichtung, vor allem dann, wenn sie bei feuchter Witterung mit schweren Maschinen befahren werden. Auffallend bei diesem Profil ist noch der hohe Kies- und Steinanteil im Bereich des oberen Bl-Horizonts, der auf fluvioglaziale Ablagerungen bei starker Abflussgeschwindigkeit hinweist.

Aufgabe 3 a Zwei Klimaperioden der Station Luzern stehen zum Vergleich.
Es sind deutliche Unterschiede zwischen den Perioden 1961–1990 und 1981–2010 zu erkennen. Die Jahresdurchschnittstemperatur ist um 10 % (0,9 °C) gestiegen. Es gibt mehr Sommertage (+31,5 %) und Hitzetage (+88 %) und weniger Frosttage. Der Schneefall hat mit –24 % deutlich abgenommen. Dies deutet alles auf Veränderungen infolge des Klimawandels hin. Auffallend ist auch, dass der Gesamtniederschlag leicht zugenommen hat (+51 mm). Das Klima von Luzern ist also spürbar wärmer und feuchter geworden.

b Wirkungsgefüge zu den Folgen des Klimawandels in den Alpen im Hinblick auf den Wasserhaushalt unter Berücksichtigung ökologischer und wirtschaftlicher Zusammenhänge: (siehe nächste Seite)

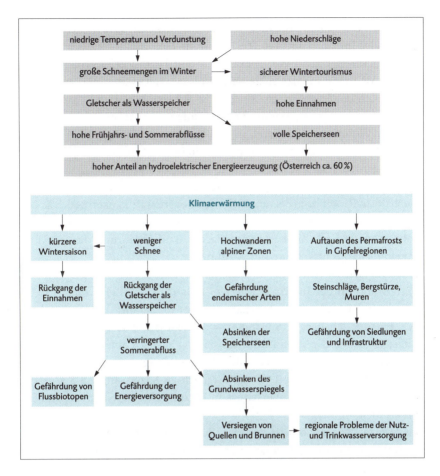

Aufgabe 4 Rickenbach (LU) ist eine ländliche Gemeinde nördlich von Luzern. Schon ein Blick auf die beiden topographischen Karten M 9 zeigt, dass auch Rickenbach von der „Hüslipest", d. h. einer zunehmenden Zersiedelung und Suburbanisierung, betroffen ist. Die Bebauung in der Gemeinde Rickenbach hat deutlich zugenommen, das gilt sowohl für Wohnhäuser als auch für größere Gebäude, wahrscheinlich mit gewerblicher Nutzung. Ebenfalls ist ein starker Ausbau der Verkehrsinfrastruktur erkennbar.

Aus den Balkendiagrammen zur Bevölkerungsentwicklung in Rickenbach und Luzern (M 10) lässt sich schließen, dass hier in den entsprechenden Jahren, bei Zürich ab 1970, ein Bevölkerungsverlust stattgefunden hat; man kann von Stadtflucht in die Umlandgemeinden ausgehen. Davon spricht auch der Text (M 12) zur Verstädterung in den Alpen. Verdeutlicht wird dies des Weiteren durch die kontinuierlich gestiegene Bevölkerungszahl von Rickenbach von ca. 1 600 Einw. im Jahr 1950 auf 3 061 Einw. im Jahr 2012.

Der Wohnungsbestand von Rickenbach und Luzern zeigt erhebliche Unterschiede: Während in Luzern kleinere Wohneinheiten dominieren (85,9 %) bei nur 4 % Einfamilienhäusern, sind es in Rickenbach 43,6 % größere Wohnungen (5 u. m. Zimmer) und 33,8 % Einfamilienhäuser. In Luzern werden 88 % der Wohnungen gemietet, in Rickenbach sind dagegen 52,4 % im Eigenbesitz. Man kann auch erschließen, dass sich in Rickenbach vor allem Familien mit Kindern angesiedelt haben – 24,8 % der Bevölkerung sind unter 19 Jahre alt. In Luzern sind es nur 15,6 %. Außerdem liegt der Anteil der Einpersonenhaushalte in Rickenbach bei nur 25,9 % im Gegensatz zu Luzern 46,1 %. Gründe für die Bevölkerungsentwicklung sind neben dem Wunsch, im Grünen zu wohnen, wohl auch die kostengünstigeren Bauflächen und die gute Erreichbarkeit über eine ausgebaute Infrastruktur.

Ein relativ großer Anteil der Erwerbstätigen vor Ort ist in der Landwirtschaft (12,1 %) und in der Industrie (54,9 %) tätig (M 11). Es gibt zwar 159 Unternehmen in Rickenbach, sie beschäftigen aber im Schnitt nur sechs Arbeitnehmer. Eventuell haben sich Handwerksbetriebe aus Luzern hierher verlagert, d. h. es ist neben der Wohnsuburbanisierung auch zu einer industriellen Suburbanisierung gekommen. Der Anteil der Beschäftigten im Dienstleistungssektor ist in Rickenbach mit 33 % im Vergleich zu Luzern mit 88,3 % relativ gering. Der Dienstleistungsüberschuss in Luzern führt zu einem regen Pendleraufkommen.

Das Umland von Luzern ist von der Suburbanisierung betroffen. Für die Zukunft wird es notwendig sein, weitere Verstädterung sehr sorgfältig zu planen.

Übungsaufgabe 2: Südamerika

Aufgabe 1 Die **Kurve A** spiegelt die Temperaturverhältnisse der Station Antofagasta wider. Aufgrund der Küstenlage am Pazifik ist die Temperaturamplitude mit etwa 6–7 °C gering ausgeprägt. Wegen der Abkühlung der Luftmassen durch den kalten Humboldtstrom herrschen hier die niedrigsten Temperaturen aller drei Stationen.

Die **Kurve B** gibt die Temperaturverhältnisse der Station Rio de Janeiro wider. Wegen der ausgleichenden Wirkung des Atlantiks findet man hier mit etwa 5 °C die geringste Temperaturamplitude. Bedeutender und damit der entscheidende Unterschied zu Antofagasta ist der Einfluss des warmen Brasilstroms, der im Vergleich zu Antofagasta insgesamt höhere Temperaturen, im Vergleich zu Asunción höhere Wintertemperaturen bewirkt.

Bei der **Kurve C** handelt es sich um die Station Asunción. Durch deren kontinentale Lage weist diese die höchsten Sommertemperaturen auf, was auf die starke Erwärmung der Landmasse im Sommer zurückzuführen ist. Durch die Abkühlung des Kontinents im Winter liegen die Wintertemperaturen unter denen von Rio de Janeiro. Dementsprechend hat diese Station mit ca. 12 °C die größte Temperaturamplitude aller drei Stationen.

Aufgabe 2 **Latosol** findet man im Bereich des tropischen Regenwaldes und der Feuchtsavanne. Diese Böden sind aufgrund der jahrtausendelang ungestörten Bodenentwicklung sehr alt. Wegen der hohen Temperaturen und des ausgeprägten Sickerwasserstroms, bedingt durch die hohen Niederschläge (vgl. Atlas: Temperaturen ganzjährig > 25 °C, beständig regenreich mit Jahresniederschlägen > 2 000 mm/Jahr), kommt es zu einer tiefgründigen chemischen Verwitterung. Da auch das organische Material in diesem feuchtheißen Klima sehr schnell zersetzt wird, ist die Streuauflage sehr gering und der Ah-Horizont ist nur wenige Zentimenter mächtig. Der mächtige B-Horizont besteht zum Großteil aus Aluminium- und Eisenoxiden.

Die Nährstoffe aus der organischen Substanz werden entweder sofort von Pflanzen wieder aufgenommen oder sie werden aufgrund der geringen Kationenaustauschkapazität der verwitterten Tonminerale ausgeschwemmt. Dementsprechend ist der Boden im Bereich des tropischen Regenwaldes meist extrem nährstoffarm und unfruchtbar. Die Bäume besitzen nur flache Wurzeln und versuchen, sämtliche Nährstoffe nahe der Oberfläche über die Wurzelpilze (Mykorrhiza) aufzunehmen. Bei Entfernung der ursprünglichen Vegetationsbedeckung ist die Bodenfruchtbarkeit schnell erschöpft. Es kann zur Bildung von Eisen- und Aluminiumkrusten kommen.

Braunerde entsteht unter gemäßigten Klimabedingungen auf unterschiedlichen Ausgangssubstraten. Wichtig für die Bodenbildung sind ausreichend Niederschläge, die für die nach unten gerichtete Auswaschung der löslichen Bodenbestandteile sorgen. Typisch ist die Braunfärbung des B-Horizontes, die auf der Eisenfreisetzung aus eisenhaltigen Mineralien, der Bildung von Eisenoxiden und -hydroxiden sowie der Neubildung von Tonmineralen beruht.

Braunerden entwickeln sich vorwiegend aus Quarz- und Silikatgesteinen. Sie stellen eine Weiterentwicklung verschiedener Rohbodentypen (z. B. des Rankers) dar.

Aufgabe 3 Monatliches Durchschnittseinkommen pro Kopf privater Haushalte 2010 (in Reais):

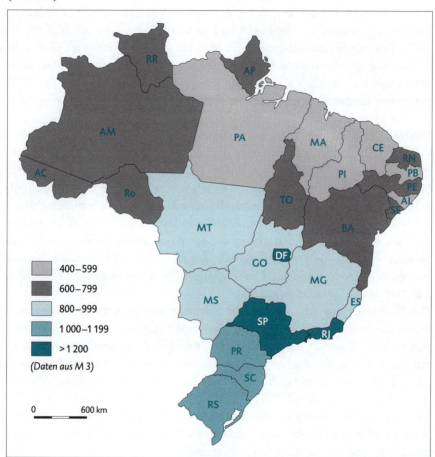

Anteil der ländlichen Bevölkerung 2010 (in %):

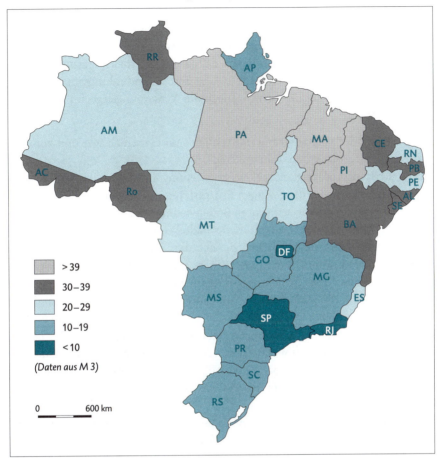

Auswertung der Karten: Beim Vergleich der beiden Karten ist deutlich zu erkennen, dass ein enger Zusammenhang zwischen dem Anteil der ländlichen Bevölkerung und dem durchschnittlichen monatlichen Einkommen pro Kopf besteht. Nur in einem Bundesland (Amapá) beträgt der Unterschied zwischen Einkommen und Anteil der ländlichen Bevölkerung mehr als eine Klasse. In allen anderen Bundesländern liegen Einkommen und Anteil der ländlichen Bevölkerung in der gleichen Klasse oder unterscheiden sich um maximal eine Klasse.
Die Aussage der Aufgabenstellung ist also zutreffend.

Aufgabe 4 In den europäischen Ländern gelten v. a. die ausgezeichnete Infrastruktur (u. a. ÖPNV, Kommunikationsangebote, soziale Einrichtungen), das Arbeitsplatzangebot und die hohe Zentralität (u. a. Dienstleistungseinrichtungen, Gesundheitswesen, Versorgungsangebote, kulturelle Angebote) als Pullfaktoren der Städte. Als Pushfaktoren werden häufig das geringere Arbeitsplatzangebot, fehlende kulturelle Angebote, schlechtere Aus- und Weiterbildungsangebote, längere Wege sowie eine allgemein schlechtere Versorgungslage im ländlichen Raum angeführt.

Die Ursachen der Verstädterung in Brasilien sind vielschichtiger und komplexer als in den europäischen Industrieländern.

So veranlassen eine ungerechte Besitzverteilung im Agrarsektor (u. a. viele landlose Arbeiter) oder die geringen Ernteerträge v. a. im Nordosten Brasiliens (klimatisch und durch die schlechten Böden bedingt) viele Menschen aus ländlichen Bereichen zum Abwandern in die Städte.

Des Weiteren liegen im ländlichen Bereich die Löhne sehr häufig unter dem staatlichen Mindestlohn. Korrupte Militär- und Polizeikräfte vertreiben gemeinsam mit den Großgrundbesitzern Kleinbauern von ihrem Land.

Die Konkurrenz von Viehzüchtern um Land, der Anbau von Biodiesel durch Großkonzerne auf landwirtschaftlichen Flächen sowie die durch hohe Geburtenraten hervorgerufene Nahrungsmittelknappheit zwingen Teile der ländlichen Bevölkerung zum Abwandern in Städte. Hierzu trägt auch die Unerfahrenheit vieler Bauern im Anbau von tropischen Nutzpflanzen und das Scheitern der Agrarsiedlungspolitik der 1960er- und 1970er-Jahre im Amazonasbecken bei (Push-Faktoren).

Als Pullfaktoren der Städte zählen v. a. die dort bessere Versorgung mit Konsumgütern, das höhere Bruttonationaleinkommen, die Möglichkeit zum Schulbesuch und die Hoffnung auf einen Arbeitsplatz. Für einkommensstärkere Schichten zählt auch das kulturelle Angebot der Städte als Pullfaktor.

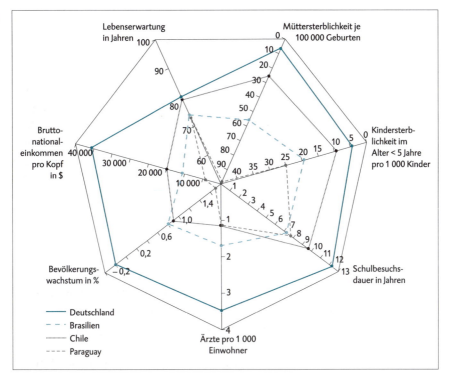

Bei der Erstellung des Netzdiagramms muss einerseits eine sinnvolle Skalierung gewählt sowie andererseits entschieden werden, ob die Werte nach innen zu- oder abnehmen. Durch die Verbindung der Indikatorwerte ergeben sich unterschiedliche Flächen (Polygone) für die abgebildeten Staaten.
Die Analyse verlangt die Erfassung der Einzelindikatoren sowie deren Aussagekraft im Zusammenhang.

Die Lebenserwartung in Jahren zeigt einen direkten Zusammenhang mit der Rangfolge im HDI (M 7). Ebenso steigen die Mütter- und Kindersterblichkeit analog zu einem geringeren HDI-Wert. Da die Lebenserwartung als zentrale Größe in die Berechnung des HDI mit einfließt, ist diese Korrelation nicht überraschend. Als eine Ursache könnte die bessere medizinische Versorgung der höher entwickelten Länder angenommen werden, wobei die Anzahl der Ärzte pro 1 000 Einwohner dies nur für Deutschland eindeutig belegt. Chile weist mit 1,1 Ärzten pro 1 000 Einwohner denselben Durchschnittswert auf wie das deutlich weniger entwickelte Paraguay, und in Brasilien sind die Werte der Lebenswartung bzw. der Mütter- und Kindersterblichkeit trotz höherer

Ärztedichte deutlich ungünstiger als in Chile. Die unterschiedliche Qualität der medizinischen Versorgung kann aus den Daten also nicht abgeleitet werden.

Die Schulbesuchsdauer in Jahren hängt bei den Werten für Deutschland, Chile und Brasilien mit einem höheren HDI-Rang zusammen.

Ebenso lässt sich ein Zusammenhang zwischen höherem Entwicklungsstand, längerem Schulbesuch und geringerem Bevölkerungswachstum zumindest bei einem direkten Vergleich der Daten Deutschlands, Chiles und Paraguays feststellen. Eine Ursache könnte die bessere Sexualaufklärung bei längerer Schulbildung sein, die sich evtl. in einem vermehrten Einsatz von Verhütungsmitteln auswirkt.

Das Bruttonationaleinkommen bildet neben den Werten zur Gesundheit und Bildung eine weitere Datenbasis bei der Ermittlung des HDI und zeigt eindeutige Korrelationen zwischen höherer Entwicklung und höherem BNE/Kopf.

Insgesamt wird deutlich, wie die Auswahl der Indikatoren und die Definition von Entwicklung zu entsprechenden Bewertungen einzelner Staaten führt. Da die Werte, die für eine hohe Entwicklung stehen, im Netzdiagramm außen stehen, entsprechen die Flächen der Vielecke dem Entwicklungsstand der einzelnen Staaten gemäß HDI-Ranking. Dass diese Bewertung kritisch hinterfragt werden sollte, zeigt die „positive" Einschätzung eines geringen Bevölkerungswachstums, das z. B. in Deutschland zu neuen demographischen Herausforderungen führt.

Stichwortverzeichnis

Ablation 15
Albedo 14, 29
Atmosphäre 26

Big Push 115
Boden
– ~arten 76
– ~bildung 71
– ~degradation 96
– ~horizonte 80
– ~kontamination 103
– ~leben 91
– ~nährstoffe 93
– ~regionen 88
– ~typen 81
– ~verdichtung 102
– ~versalzung 101
– ~versauerung 79
BRICS-Staaten 108
Bruttoinlandsprodukt (BIP) 111
Bruttonationaleinkommen (BNE) 111

Central Business District (CBD) 137
City 140

Denudation 1
Dependenztheorie 116
Desertifikation 98
Disparitäten, räumliche 107
Dritte Welt 108
Dunstglocke 66
Durchbruchstal 8

Edge City 137
Entwicklung, nachhaltige 118 f., 152 f.
Entwicklungsländer 108
Erosion 1
– glaziale ~ 17
– rückschreitende ~ 4, 8
– Seiten~ 4
– Tiefen~ 4
Erste Welt 108

Föhn 33
Frontalzone, planetarische 47
Fußabdruck, ökologischer 165

Gentrifikation 142
Glazialmorphologie 12 ff.
Gletscher 14
Global City 128
Großwetterlage 49
Grundbedürfnisse 117

Hilfe zur Selbsthilfe 117
Human Development Index (HDI) 111 f.
Humifizierung 78

Industrieländer 108, 115
Inversion 27

Jetstream 44

Kaufkraftparität 109
Kaufkraftstandard 109

Klima 25
– ~klassifikation 57
Klimate 58

Landflucht 139
Land-See-Windsystem 37
Löss 21
Luftdruck 36
Luftfeuchte 32

Mäander 6
Marginalsiedlung 144
Megapolis 128
Megastadt 128
Metropole 127
Millenniumsdörfer 122 f.
Millenniumsentwicklungsziele 119 f.
Modernisierungstheorie 115
Monsun 41
Moräne 19

Nichtregierungsorganisationen 121

Passatzirkulation 39
Pedosphäre 71
Prozesse, fluviatile 1
Public Private Partnership 122
Pullfaktor 144
Pushfaktor 144

Reurbanisierung 142

Schwellenländer 108
Segregation 142
Sektor, informeller 145
Serie, glaziale 22
Shrinking City 131
Solarkonstante 28

Stadt
– angloamerikanische ~ 137
– chinesische ~ 132 f.
– ~entwicklung, nachhaltige 153
– europäische ~ 134 f.
– islamisch-orientalische ~ 131 f.
– lateinamerikanische ~ 135 f.
– ~modelle 141 f.
– Öko~ 163 ff.
Stadtklima 65, 147 f.
Steigungsregen 33
Suburb 137
Suburbanisierung 140 ff.
Syndrom-Konzept 96 f.

Talformen 4
Taupunktkurve 32
Terms of Trade 110
Terrassen 8 f.
Tonminerale 77
Treibhauseffekt
– anthropogener ~ 28
– natürlicher ~ 28, 30
Trickle-down-Effekt 115

Überdüngung 94
Urbanisierung 125

Verstädterung 125
– Hyper~ 143

Wärmeinsel 68
Wasserkreislauf 31
Wetter 25
– ~geschehen, zyklonales 47
– ~karte 52
Wolken 34

Zirkulation, planetarische 38
Zweite Welt 108

Quellennachweis

Umschlagbild: © f11photo – istockphoto (Horseshoe Bend Canyon, Arizona)

3: verändert nach Ahnert, F.: Einführung in die Geomorphologie, 4. Aufl. Stuttgart: Ulmer 2009 (oben); **6:** Zepp, H.: Geomorphologie. Verlag Schöningh, Paderborn, 6. akt. Aufl. 2014, UTB 2164 (oben); **8:** Wilhelmy, H.: Geomorphologie in Stichworten II – Exogene Morphodynamik, 6. überarb. Aufl., Gebrüder Bornträger, Berlin/Stuttgart 2002, S. 83, Abb. 22; **9:** wie Quelle zu S. 8, hier S. 114, Abb. 42; **13: 13:** Darstellung nach http://wiki.bildungsserver.de/klimawandel/index.php/Datei:Erdbahnparameter.jpg; **14:** nach Bader, H.: Der Schnee und seine Metamorphose, Beiträge zur Geologie der Schweiz 1939; **18:** Leser, H.: Geomorphologie, Reihe: Das Geographische Seminar, Braunschweig: Bildungshaus Westermann, 1993 (oben); **22:** Wagenbreth/Steiner: Geologische Streifzüge, 1990 © Elsevier GmbH, Spektrum Akademischer Verlag, Heidelberg; **25:** © Bernhard Mühr, www.klimadiagramme.de; **26:** wie Quelle zu S. 25 (oben); **34:** eigene Darstellung nach Heyer, E., Witterung und Klima, Teubner Verlag, Leipzig, 1988; **38:** nach Haversath, Johann-Bernhard: Geographie heute. Sammelband Wetter und Klima. Seelze: Friedrich Verlag 2000; **41:** nach H. Flohn; **43:** wie Quelle zu S. 25; **45:** Weischet, W.: Einführung in die Allgemeine Klimatologie. Physikalische und meteorologische Grundlagen. 6. überarb. Aufl., unveränderter Nachdruck. © 2002 Stuttgart, Berlin: Gebrüder Bornträger, S. 63 und 228 (unten); **49:** Wiedersich, B.: Das Wetter: Entstehung, Entwicklung, Vorhersage. Stuttgart: Thieme Verlagsgruppe 1996, S. 38; **51:** © picture alliance/dpa-infografik; **52:** Bundesamt für Meteorologie und Klimatologie MeteoSchweiz; **54:** wie Quelle zu S. 52; **55:** zusammengestellt nach DWD und eigenen Recherchen; **56:** wie Quelle zu S. 52; **64:** erstellt mit GeoKLIMA 2.1; www.w-hanisch.de; **65:** nach www.stadedtbauliche-klimafibel.de; Zugriff März 2011; **67:** Wittig, R./Streit, B.: Ökologie. Stuttgart: Eugen Ulmer Verlag 2004, verändert; **69:** Lawrence Berkeley National Laboratory; **71:** eigene Darstellung nach Bauer, J. u. a.: Physische Geographie; Bildungshaus Schulbuchverlage Westermann Schroedel Diesterweg Schöningh Winklers GmbH , Braunschweig 2011, S. 131; **76:** wie Quelle zu S. 71; **77:** Lamberty, M.: Mineralstoff-Recycling. Aus Geographie heute, Nr. 209, © 2003 Friedrich Verlag, Seelze; **78:** wie Quelle zu S. 76; **79:** nach Bochter, R.: Boden und Bodenuntersuchungen für den Unterricht. Aulis Verlag in der Stark Verlagsgesellschaft mbH, 1995; **87–89:** Kuntze, H./Roeschmann, G./Schwerdtfeger, G.: Bodenkunde. © Verlag Eugen Ulmer Stuttgart 1994, S. 310/311; **90:** wie Quelle zu S. 63 (oben); verändert nach Feine, U.: Bodenzonen der Erde. In: Unterrichtsmaterialien Erdkunde, Stark Verlag, Freising, Beitrag C.2 (unten); **92:** Scheffer, F./Schachtschabel, P.: Lehrbuch der Bodenkunde. Stuttgart 1992, S. 78; **93:** nach Fraedrich, W. (Hg.): Landschaftsökologie. Bayerischer Schulbuchverlag, München 1997 (oben und unten); **95:** wie Quelle zu S. 93; **97:** nach Wissenschaftlicher Beirat der Bundesregierung: Globale Umweltveränderungen: Welt im Wandel. Die Gefährdung der Böden. Jahresgutachten 1994, Bonn 1994, S. 154; **98:** wie Quelle zu S. 25; **99:** Fraedrich, W. (Hg.): Industrieländer im Wandel. BSV Oberstufengeographie, München 2004, S. 50; **101:** Fundamente Kursthemen Dritte Welt, Entwicklungsräume in den Tropen. Stuttgart: Klett Verlag 1990; **103:** Fellenberg, G.: Boden in Not. Stuttgart 1994, S. 48; **109:** Daten zu Bangladesch, Brasilien, China, Deutschland, Ghana, Russland aus: Der neue Fischer Weltalmanach 2014. Zahlen Daten Fakten © S. Fischer Verlag GmbH, Frankfurt am Main; **111:** übersetzt nach HDRO, Fundort: http://hdr.undp.org/en/statistics/hdi/; **112:** eigene Darstellung; Datengrundlage: UNDP: Human Development Report 2013; **114:** © Götz Wiedenroth, Flensburg, www.wiedenroth-karikatur.de (oben), UN Human Development Report 2012 (unten); **118:** übersetzt nach http://www.grameencreativelab.com/a-concept-to-eradicate-poverty/the-concept.html; **119:** Darstellung nach Appelt, D./Engelhard, K.: Die Welt im Wandel. Stuttgart: Omnia Verlag 2007, S. 23 (oben); **120:** Millenniums-Entwicklungsziele, Bericht 2012, © UN; **121:** wie Quelle zu S. 119; **123:** © millenniumpromise via flickr; **126:** nach UN, http://unstats.un.org; **128:** eigene Darstellung, Datengrundlage: http://esa.un.org/unup/Wallcharts/urban-agglomerations.pdf; **129:** © BBSR 2012; **132:** Ehlers, E.: Die Stadt des islamischen

Orients. In: Geographische Rundschau, Heft 1, 1993, S. 32–39 (oben); Taubmann, W.: Die chinesische Stadt. In: Geographische Rundschau, Heft 7/8, 1993, S. 423–427 (unten); **133:** wie Quelle zu S. 132 unten; **134:** Matthäus Merian, Topographia Germaniae, Bd. 2: Topographia Sueviae, Frankfurt am Main 1643, Fundort: Zeno.org; **136:** Bähr, J./Mertins, G.: Idealschema der sozialräumlichen Differenzierung lateinamerikanischer Großstädte. Geographische Zeitschrift 69 (1), S. 1–33; **138:** © Schneider-Sliwa, R., Geografisches Institut, Stadt- und Regionalentwicklung, Universität Basel; **139:** Bähr, J./Jentsch, Ch./Kuls, W.: Bevölkerungsgeographie. Berlin/New York 1992: de Gruyter 1999 (Lehrbuch der Allgemeinen Geographie Bd. 9); **141:** Burgess 1925, Hoyt 1939, 1963, Harris/Ullmann 1945; **143:** aktualisiert nach Clark, D.: Urban World/Global City. London: Routledge 1996, S. 48; **145:** UN-Habitat annual report: Responding to the challenge of an urbanized world, www.unhabitat.org (oben); ILO LABORSTA database; ILO Global Employment Trends, Januar 2009, OECD Development Centre 2009 (unten); **146:** UN Habitat, State of the World's Cities 2012/2013. Prosperity of Cities. 2012, S. 124 f.; **147:** Darstellung verändert nach GeoDZ; http://www. geodz.com/deu/d/Stadt%C3%B6kologie; **149:** Trettin, L.: Abfallentsorgung in Calcutta – Die Rolle des informellen Sektors. In: Geographische Rundschau 12/1999, S. 670; **151:** http://esa.un. org/unpd/wup/Analytical-Figures/Fig_2.htm (oben); Data as at December 31, 2007. Source: The World Bank Development Research Group Poverty and Inequality Team & Europe and Central Asia Region Human Development Economics Unit July 2010 (Mitte); www.niesel.org/gew/ai6.php (unten); **158:** Darstellung verändert nach: Wamser, J. u. a.: Bombay – Indiens Wirtschaftsmetropole unter internationalem Einfluss. In: Geographie heute 221/222, Seelze: Friedrich Verlag 2004, S. 31; **159:** Daten nach Census India 2011; **161:** picture alliance/dpa; **163:** Le Monde diplomatique (Hg.), Atlas der Globalisierung spezial: Klima, Berlin (taz Verlag) 2008, S. 87; **165:** nach Daten von Arup, London; **166:** © 2011 Masdar City; **167:** Benedikt Loderer: „Der wahre Naturschützer ist der Stubenhocker", www.beobachter.ch; 06.05.2010 (Zitat „Hüslipest"); **168:** reproduziert mit Bewilligung von swisstopo (BA14036) (M 1), © 2011, Amt für Umwelt, Abtlg. Boden, Solothurn (M 2); **169:** © 2005 – 2014 MeteoSchweiz (M 3); **171:** eigene Zusammenstellung nach www.repower.com, www.oesterreichsenergie.at (M 6); © VAW/ETHZ & EKK/SCNAT (2013); http://glaciology.ethz.ch/messnetz/glaciers/morteratsch.html (M 7); CIPRA Compact 03/2011: Wasser im Klimawandel, S. 10 f. (M 8); **173:** wie Quelle zu S. 168/M 1 (M 9); nach Daten von www2.lustat.ch (M 10); **174:** zusammengestellt nach www2.lustat.ch; **175:** nach Bätzing, W.: Die Alpen – Brücke, Grenze und Insel in Europa. Bayerische Akademie der Wissenschaften. In: Akademie Aktuell H. 3/2010; www.badw.de (M 12); **177:** eigene Darstellung nach Müller, M. J.: Handbuch ausgewählter Klimastationen der Erde. Trier 1987, S. 249, S. 251 und S. 253 (M 1); Darstellung nach http://www.portalbrasil.net/brasil_solo.htm; Ministero de Agricoltura, Pecuária e Abastecimento do Brasil (M 2); **178:** Instituto Brasileiro de Geografia e Estatística, www.ibge.gov.br/estadosat/perfil.php? (M 3); **181:** © Bernhard Heim; http://www.zum.de/Faecher/Ek/BAY/gym/Ek13-1/stadt. htm, verändert (M 5); zusammengestellt nach HDI Report 2013; DSW 2012; gapminder (M 6); **182:** HDI Report 2013 (M 7); Darstellung nach LMZ BW (M 8).

Wir danken allen Rechteinhabern für die Abdruckerlaubnis.
Der Verlag hat sich bemüht, die Urheber der abgedruckten Bilder und Texte ausfindig zu machen.
Wo dies nicht gelungen ist, bitten wir diese, sich ggf. an den Verlag zu wenden.

Erfolgreich durchs Abitur mit den STARK-Reihen

Abitur-Prüfungsaufgaben

Anhand von Original-Aufgaben die Prüfungssituation trainieren. Schülergerechte Lösungen helfen bei der Leistungskontrolle.

Abitur-Training

Prüfungsrelevantes Wissen schülergerecht präsentiert. Übungsaufgaben mit Lösungen sichern den Lernerfolg.

Klausuren

Durch gezieltes Klausurentraining die Grundlagen schaffen für eine gute Abinote.

Kompakt-Wissen

Kompakte Darstellung des prüfungsrelevanten Wissens zum schnellen Nachschlagen und Wiederholen.

Interpretationen

Perfekte Hilfe beim Verständnis literarischer Werke.

Und vieles mehr auf www.stark-verlag.de

(Bitte blättern Sie um)

Abi in der Tasche – und dann?

In den STARK-Ratgebern finden Abiturientinnen und Abiturienten alle Informationen für einen erfolgreichen Start in die berufliche Zukunft.

Alle Titel zu Beruf & Karriere
www.berufundkarriere.de

Bestellungen bitte direkt an:
STARK Verlagsgesellschaft mbH & Co. KG · Postfach 1852 · 85318 Freising
Tel. 0180 3 179000* · Fax 0180 3 179001* · www.stark-verlag.de · info@stark-verlag.de
*9 Cent pro Min. aus dem deutschen Festnetz, Mobilfunk bis 42 Cent pro Min.
Aus dem Mobilfunknetz wählen Sie die Festnetznummer: 08167 9573-0

Lernen · Wissen · Zukunft